技术丛书

对象存储
实战指南

罗庆超◎著

电子工业出版社

Publishing House of Electronics Industry

北京·BEIJING

内 容 简 介

对象存储作为云计算的数据存储基石，实现了计算逻辑的存储卸载，自身就可以提供数据的存储和访问服务。本书权威详解了对象存储的历史由来（从块存储到文件存储，再到对象存储）；存储技术架构（存储区域网络架构、网络附加存储架构、对象存储架构，以及公共云对象存储服务实现架构）；对象存储的技术细节（协调和复制、命名和同步、容错和数据完整性、元数据索引设计）；对象存储的操作和使用（快速上手、迁移数据到对象存储、安全与合规、数据保护、应用与实践）；对象存储的未来展望（数据湖存储、混合云存储、移动网络 5G 存储、人工智能存储、存储新技术趋势）。

本书适合云计算开发、使用和运维人员，或作为资深技术专家全面分析对象存储的参考书，还适合信息管理专业技术人员、IT 经理人等专业人士、技术专家、高校学生，以及更多愿意了解和投入存储事业的人们参考阅读。

图书在版编目（CIP）数据

对象存储实战指南 / 罗庆超著. —北京：电子工业出版社，2021.9

（阿里巴巴集团技术丛书）

ISBN 978-7-121-41602-6

Ⅰ. ①对… Ⅱ. ①罗… Ⅲ. ①数字信息－存储 Ⅳ.①G202

中国版本图书馆 CIP 数据核字（2021）第 141207 号

责任编辑：孙学瑛　　　　特约编辑：田学清
印　　刷：三河市双峰印刷装订有限公司
装　　订：三河市双峰印刷装订有限公司
出版发行：电子工业出版社
　　　　　北京市海淀区万寿路 173 信箱　　　邮编：100036
开　　本：787×980　　1/16　　印张：17.25　　字数：387.5 千字
版　　次：2021 年 9 月第 1 版
印　　次：2021 年 9 月第 1 次印刷
定　　价：89.00 元

凡所购买电子工业出版社图书有缺损问题，请向购买书店调换。若书店售缺，请与本社发行部联系，联系及邮购电话：（010）88254888，88258888。

质量投诉请发邮件至 zlts@phei.com.cn，盗版侵权举报请发邮件至 dbqq@phei.com.cn。

本书咨询联系方式：010-51260888-819，faq@phei.com.cn。

推荐序一

存储，在人类发展的漫长历史长河中，始终扮演着至关重要的角色。远古时代结绳记事中的"绳"是记录事件的载体，随着文字和图画的产生，记载甲骨文的龟壳和承载先人绘画的岩壁成为历史的印记。但是这些信息记录方式原始且效率低下，中国发明的造纸术和活字印刷术，让信息以书的形式得以大规模传播和保存，大大提高信息记录和传播的效率。

20世纪中叶，以电子计算机为代表的第三次科技革命，推动了信息技术急风骤雨般的演进，也激发了专业存储厂家的创新浪潮，从早期大型机的纸带存储到广泛使用的光盘存储、磁盘存储，从单机存储到分布式存储，从存储区域网络到网络共享存储，无一不见证着数据的爆炸式增长。

21世纪初，云计算技术风起云涌，从商业和技术上改变了企业的IT技术设施，掀开了信息科技发展的新篇章。云计算以其崭新的商业模式、按需付费的使用方式、弹性伸缩的扩展能力，迅速得到业界的广泛认可。

对象存储作为云计算的数据存储基石，是首批商业化的云存储服务。对象存储作为创新的云存储服务，它不同于存储区域网络和网络附加存储技术需要额外的服务器加载数据才能对外提供服务；对象存储实现了计算逻辑的存储卸载，自身就可以提供数据的存储和访问服务。用户只需要将网站的页面和图片存放到对象存储，客户端就可以直接通过对象存储提供的域名访问网站，从而提供一站式的网站托管服务，最终实现高效的信息访问。

对象存储支持互联网访问的公网地址和云计算访问的私网地址，因此，服务器、移动设备、物联网设备等均可访问对象存储。由于提供多类设备的广泛接入能力，必然要支持不同数据类型的存取，以及多种应用的灵活访问方式，从而让各类数据都能流入对象存储；并且对象存储因其安全、稳定、可靠、弹性的特性，天然就是海量数据存放的最佳选择。随着存储空间和对象数呈指数级增长，对象存储自然而然地成为数据湖。管理超大数据湖的容量空间，提供接近无限规模的对象数保存能力，保证多租户下数据的安全性和隔离性，实现不同热度数据的生命周期管理达到领先的性价比优势，也成为对象存储的本质特征和巨大挑战。

本书为阿里云内部核心技术人员所著，从分布式存储基础架构入手，结合技术原理和产品实践展开讨论，并从入门和使用维度深入介绍对象存储的应用实战。阿里云对象存储的产品验证和客户场景最佳实践，具有重大的参考意义和示范效应。

尽管云计算已发展十多年，但是与其相关的计算、存储、网络等技术还远未成熟，未来还有巨大的创新空间。希望未来的云能够跟随数字化转型深入各行各业，滋养越来越多的应用，进而促进全球信息技术的演进。

舒继武

清华大学教授

中国计算机学会信息存储技术专业委员会主任

2021 年 7 月于北京

推荐序二

回顾过去一个世纪的技术变革，从 19 世纪末内燃机替代蒸汽机、20 世纪初汽车替代马车、20 世纪 70 年代电话替代电报，新旧技术的交替往往以拐点的形式出现，现在是云计算全面替代传统 IT 的拐点。云计算作为一项新兴技术，经历过去 10 年的发展，已经在关键技术和应用规模上实现对传统 IT 的全面超越，云、大数据、AIoT 和移动化技术引领时代，"全面上云是时代必然"。

云计算是新一代的 IT 技术，也是数字化转型的新基础设施。数据本质上跟云计算有关系，但没有必然的关系，因为在没有云计算之前也有大数据处理。有了云计算平台后，大数据得以迅猛发展，怎样获取、存储、处理、应用数据，是一整套方法论，也要有一整套的工具。对象存储因云而生，是面向各种计算应用的存储资源池，提供弹性的服务化能力。

云计算本质就两件事：一是用分布式技术替代了集中化技术，取代了原有的小型机、大型机、集中式存储、集中式数据库等，这是互联网公司崛起带来的一个显著现象。分布式技术巨大地提升了运行效率，把 IT 设施更加统一化和一致化，被产品化之后就成了如今的云计算；二是云本身也发生了很大的变化，把所有计算资源整合成计算资源池，所有存储资源整合成存储资源池，通过数据在计算资源池和存储资源池之间流动产生价值。

企业全面上云，经过了基础设施上云、大数据上云、云上中台和云上智能四个阶段，对象存储随之也经历了安全性、稳定性、扩展性、智能化的发展过程。相比传统的计算机硬盘、固态盘、移动硬盘等只能提供有限的存储空间，对象存储为云计算提供网络访问的海量存储空间。基于对象存储构建的应用可以无须规划容量、随时随地访问、按需付费，大大降低了业务创新的数据存储门槛。

因其安全可靠、弹性扩展、性价比高等突出优势，对象存储成为多种类型数据备份等的不二选择。同时对象存储构建了丰富的计算分析平台技术生态，让各种数据都能方便地流入对象存储，从而对象存储成为数据湖存储的理想选择。"城市大脑"是阿里云数据智能的一个突破，对象存储通过高可靠、高性能支撑了海量图片和视频的存储，为数据智能技术提供 7×24 的服务保障，让城市变得更加聪明。2020 年，新冠肺炎疫情期间，钉钉增加了 1 亿用户，浙江省有 134 多万公务员通过钉钉办公，阿里巴巴集团自身每天 1500 万条信息在平台上流动，背后就有对象存储在疫情早期实现 1 周内 10 倍扩容的关键技术，通过其扩展性支撑了钉钉业务的业务波峰。在奥运会期间，对象存储以高可用、智能化的视频存储能力，保障精彩的体育内容能够快速向全球推送，让世界更便捷地享受数字技术浪潮。

"数字经济之所以与过去的发展模式不同，是因为数据已成为新的生产要素。"未来，随着新型基础设施的普及，每一个城市、每一个工厂、每一条道路、每一个下水道都将实现数据化、智能化。

"稳定安全高性能、普惠智能新存储"是阿里云存储的理念，不断优化服务质量、降低使用成本、提高客户易用性，让数据存取随处可得。

本书通过最佳实践介绍如何更好地配置和使用对象存储，有助于读者了解对象存储并对数字时代创新有更加深入的认识。

张建锋（行癫）

阿里云智能总裁

2021 年 7 月于杭州

推荐序三

互联网业务的发展，推动着互联网技术的发展，后者对底层技术的需求也改变着以往底层技术的形态。无论技术形态如何变化，只要抓住互联网的技术本质，就可以看清技术的发展方向。

我认为，互联网技术有两个本质：一是"极低的成本要求"，因为业务发展的不确定性及算力代替人力的大方向，必然会采用基于廉价、普惠硬件的技术路线；二是"极高的吞吐要求"，那么只能是分布式技术，因为单机提供的算力和存储都是有限的。

要实现这两个要求，除技术创新外，往往要考虑分布式带来的两大挑战：一是运维复杂度问题；二是稳定性问题，这些都是非常关键的课题。本书不仅从使用哪种技术的角度，告诉大家如何更好地选择存储系统，更重要的是从存储技术的发展、架构方式上给出了两个本质和两个挑战的思路。

阿里云的产品是基于飞天操作系统进行建设的，而飞天操作系统是由三大关键技术组成的，分别是代表计算的神龙架构、代表虚拟网络的洛神架构，以及代表存储的盘古架构。阿里存储从早期的 TFS 演化到今，经受了大规模业务的考验，已经是世界上最为成熟的产品之一。本书介绍的对象存储基于盘古存储引擎实现，后者和存储产品相结合以进行研发演进。

盘古架构为大量的存储产品提供了底层的架构支撑，这种架构设计为存储产品线的快速创新提供了可能，除对象存储外，如数据库使用的 DBFS，使得分布式架构的数据库存储和计算进行了分离，分布式数据库也实现了资源预估的灵活性，计算资源和存储资源可以按需扩展。当然类似的存储产品还非常多，在阿里云官网上，我们可以看到数十种存储产品，随着客户需求的迭代发展，新的存储产品会不断诞生。

阿里云的研发体系，正经历一个从研发到研究的历史性进程。对象存储的技术研究不局限于某一种实现，更希望为产业带来系统化的提升和思考。

蒋江伟（小邪）

阿里云高级研究员

2021 年 7 月于杭州

推荐序四

存储领域一直围绕着高可靠、高可用、高扩展、低成本和高性能而不断发展。随着互联网应用的蓬勃发展和企业数字化的转型，数据迎来爆炸式增长，2020年全球产生的数据预估是59ZB，2025年预计达到175ZB。一方面，数据的形态多样化，尤其是非结构化数据（如文本、图片、音频和视频的数据）的增长速度更快，2025年占比将达到80%。另一方面，数据是新的"石油"，基于数据的智能分析和智能决策成为数字经济的新常态。尽管产生了大量的数据，但是只有大约10%的数据被存储下来，大约只有5%的数据被分析过，低成本、易管理、易分析的存储需求驱动了对象存储的产生和发展。

对象存储提供简单易扩展的名字空间，它通过RESTful接口提供了在任何时间、任何地点、任何互联网设备上进行上传和下载数据的能力。通过分布式存储技术的加持，跨数据中心和跨地域的容错能力，对象存储具备低成本、高可靠和易扩展的优势。对象存储在合规性、安全性、管理、生态、数据湖等领域不断发展，满足业务的需求，促进业务的创新。随着云计算的发展，对象存储已成为事实标准的云存储。

存储的基本要求是数据不丢不错，随时可以访问。这些看似简单的要求在数据中心规模和互联网访问规模下对技术带来极大的挑战。本书结合阿里云十几年在分布式存储领域和对象存储领域的研发实践，理论结合实践阐述了对象存储领域的关键技术，深入地分析和总结了阿里云存储的实践和创新，希望能帮助读者更加深入地了解分布式存储的核心技术，更好地认识对象存储的技术挑战及其在阿里云实践过程中的经验和教训，从而更高效地用好云存储，更快更好地借助云计算进行业务创新。

吴结生

阿里云高级研究员

2021年7月于西雅图

推荐序五

欣欣然，见本书付梓。

履职阿里云以来，我一直以推动云计算相关的技术专著出版为己任，一是因为市面上的技术图书大部分都与计算相关，鲜有云计算的元素和内容；二是我对技术生态情有独钟，我认为科技企业的成功，首先是生态的成功，而高质量的技术图书是建立生态的有效途径。

2020年7月初，庆超和我说想写一本与对象存储相关的书。考虑到工作繁忙，技术图书一般会由多个作者共同完成，我提出是否给庆超找几个合著者，庆超婉言谢绝了，他信心满满地说："我有足够多的资料和想法，人多了写作进度可能会更慢。"几天后，看到他拿出的图书大纲，我对本书的质量有了充分的信心。

庆超是我的好朋友，也是国内存储领域的资深技术专家，他拥有十多年的技术研发经验，至今还带领着对象存储团队战斗在技术研发一线。今天看到的这本书，无论从行文还是思想上都有着单一作者带来的高度连贯性。无论从思想理论还是生产实践的角度来看，本书无疑都具备了极高的阅读价值！

我对本书的评价是两个字：严谨，本书兼具教科书的架构感和工具书的实用性。虽然对象存储不是云计算特有的，但是阿里云的对象存储是服务云计算的，是因云而生的新技术和产品。本书给大家展示的是数千PB数据下的大规模实践。

特别希望本书成为一次成功的技术"布道"，将对象存储的知识以"大道至简"的结构化方式奉献给产业，为中国正在从事或者有志于投身云计算产业的朋友们架起一座通向未来的彩虹之桥。

陈绪　阿里云技术战略总监

2021年7月于杭州

前言

随着 21 世纪初云计算的诞生，对象存储服务始终作为云计算的数据存储基石，并随着行业需求不断演进发展。最初，对象存储服务通过静态网站托管功能为企业提供网站服务，通过创建对象存储服务的存储空间就可以生成网站域名，上传网页文件、图片到存储空间后即可实现网站的访问。在移动网络升级到 4G 后，由于对象存储服务能够提供互联网访问，短视频天然选择通过对象存储服务实现大规模的数据分发，而对象存储服务的海量数据扩展能力、BGP 和静态网络管理能力、防攻击能力成为核心竞争力。

对象存储服务数据量的极速增加，不断要求服务提高可靠性、可用性和强大的数据管理能力，从而对象存储服务成为数据湖存储的理想选择，大量的数据湖分析应用基于它构建，也打造了更强的多租户隔离、细粒度权限能力。由于对象存储服务基于互联网的 HTTP/HTTPs 访问能力是架构设计的关键，从而也形成互联网的全球扩展能力，伴随着更多的行业相关企业上云，对象存储服务将会持续发展、进一步壮大。

存储技术的发展历史，见证着存储规模的壮大过程。从计算机产生开始，纸带就作为存储介质，业界为了提高存储效率发明了硬盘，并且将机械硬盘扩展到固态硬盘；尽管硬盘的容量和性能持续提升，但它通常只能连接到单台计算机，一旦该计算机出现故障就无法提供存储服务，因此其可靠性和存储容量有限（机械硬盘典型容量为 10TB 级）。

为了解决该问题，存储区域网络技术通过外置的存储阵列为计算机提供存储空间，存储阵列采用集中式架构，使用两个控制器提供高可靠能力并通过管理多块硬盘提供更大的存储容量；由于存储区域网络只能提供线性的存储空间，应用还需在存储空间上格式化文件系统来支持文件的访问，为了让多台计算机方便地访问共享文件系统，业界发明了网络附加存储，它采用类似存储阵列的集中式架构并把文件系统能力卸载到存储侧，提高了存储易用性。

尽管集中式架构提高了扩展性，但通常也只能满足 PB 级存储需求，为了支持互联网 EB 级存储规模，需要采用分布式架构的对象存储服务，通过分布式领域的技术实现全球级扩展能力。

为了实现对象存储服务的全球扩展性，采用分布式架构中的 DNS 域名解析技术，通过分级域名体系来管理对象存储服务的存储空间，在不同地域的各个存储空间拥有不同的域，从而灵活地支撑对象存储服务的静态网站托管功能。由于对象存储服务要支持 EB 级存储，大规模系统在异常场景时需要分布式架构中的协调技术来提供仲裁功能，从而支撑分布式软件对异常达成共识，便于对象存储服务正确地恢复工作。

为了达成高可靠，对象存储服务在硬盘故障、服务器故障、机柜故障、数据中心故障、可用区故障、地域故障时需要采用分布式架构中的复制、容错技术来实现数据冗余功能，保证数据不丢失。

为了达成高可用，对象存储服务发现各种故障时需要采用分布式架构中的数据保护功能，保证能够持续提供数据访问能力。因此，对象存储服务的理论基础是建立在分布式技术原理之上的，掌握好分布式技术原理的知识点可以更好地理解对象存储服务。

本书从分布式存储基础架构入手，结合技术原理和产品实践展开讨论，并从入门和使用维度深入介绍对象存储服务的应用实战。全书分为三篇：

第一篇，基础与原理，从存储技术发展历史切入，讲解块存储、文件存储、对象存储的技术原理、特性及应用场景，从而引出对象存储是卸载计算能力的高级形态，并且从公共云对象存储服务的角度重点阐述在安全性、高可靠、高可用、扩展性、性价比方面的关键功能，然后围绕针对实现这些核心功能的"协调、复制、命名、同步、容错、数据完整性、元数据索引"等分布式原理展开讲解，并对理论结合业界对象存储实现进行分析，从而在掌握好理论前提基础下能够恰当应用到实际产品设计开发中。

第二篇，操作和使用，以阿里云对象存储服务 OSS 为实验平台，介绍公共云对象存储服务的快速上手、迁移数据到对象存储、安全与合规、数据保护、应用与实践，从而让读者能够从实战的维度正确配置对象存储，为企业应用业务保驾护航。

第三篇，总结与展望，介绍数据湖、混合云对存储的需求，讨论移动网络 5G、人工智能对存储的影响，分析硬盘、固态硬盘、内存对存储演进带来的变化，从而从技术原理、操作使用、趋势分析角度，让读者在对象存储领域有全面的认识和理解。

本书提到的业务需求痛点、存储发展历史、技术原理细节来自业界客户的反馈、行业专家的观点、高校学者的讨论，正是这些来自不同领域的不同观点和碰撞促进了笔者的思考，在此对他们深表感谢。同时，感谢所有陪伴阿里云对象存储 OSS 成长的用户和开发者，正是你们对产品的深入使用、持续反馈，才让 OSS 逐步走向成熟，在安全性、高可靠、高可用、扩展性、性价比等维度构建了竞争力。同时，也感谢阿里云基础产品团队、存储团队、对象存储同事的长期拼搏奋斗，正是你们在 DevOps 的开发运维机制下，不断追求卓越的辛苦付出才成就了本书。

罗庆超

阿里云对象存储负责人 资深技术专家

2021 年 7 月于杭州

读者服务

微信扫码回复：41602

加入本书读者交流群，与本书作者互动

获取【百场业界大咖直播合集】（持续更新），仅需 1 元

目录

第一篇　基础与原理

第二篇　操作和使用

第三篇 总结与展望

第一篇　基础与原理

对象存储是海量数据存储系统，采用分布式架构实现。掌握分布式系统的基本原理，可以更好地掌握对象存储。本篇结合分布式系统的相关技术概念和基本原理，分析实际存储系统实现，从而使读者更好地了解对象存储的基础知识和基本原理。

第 1 章

对象存储概述

随着技术的发展，个人和企业都会产生大量的数据。对于 GB 级数据，最便捷的方式就是将移动硬盘连接到计算机，快速保存数据。对于 TB 级数据，可以购买服务器插上硬盘，格式化文件系统实现数据保存。但是对于 PB 级数据，就不能简单地购买服务器快速搭建，必须考虑海量数据安全、稳定、高可用的存取，以及解决网络、服务器、硬盘的故障，此时需要采用基于分布式技术的对象存储。

1.1 什么是对象存储

对象存储不是突然出现的新鲜事物，是随着技术的演进、业务的需求逐步发展而来的，通过回顾存储的发展历史，可以更好地理解为什么使用对象存储。

1.1.1 存储发展历史

1956 年，IBM 发布 350 Disk Storage Unit，它是第一代真正意义上的磁盘存储（Hard Disk Drive，HDD）。它的体积约为 2 个中等大小的冰箱，只能存放 3.75 MB 数据，只有 1 个机械臂（包含 2 个读/写磁头）。2020 年的 20TB 硬盘容量是第一代硬盘的 560 万倍，尺寸也只有普通人手掌大小。而且，介质技术逐步发展为固态硬盘（Solid State Drives，SSD），将硬盘的机械技术变革为电子存储技术，存储密度和访问时延大幅提升，盘发展历史如图 1-1 所示。

IBM 350
Disk Storage Unit   磁盘存储   固态硬盘

图 1-1　盘发展历史

存储技术的发展除围绕盘自身技术的演进外，还围绕着数据的高可靠性、高性能、易管理、易分享等需求在存储系统层不断创新，存储技术发展历史如图 1-2 所示。

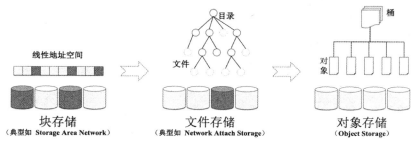

图 1-2　存储技术发展历史

尽管盘的技术在飞速发展，但是它无法解决单块盘出现故障带来的数据丢失问题。为此，业界引入了廉价磁盘冗余阵列（Redundant Arrays of Inexpensive Disks，RAID）技术，如 20 世纪 70 年代实现的镜像技术（RAID1），以及此后演化的存储区域网络（Storage Area Network，SAN）。通常，SAN 是一台外置存储设备，可以装入多块盘，在单块盘出现故障后还能继续工作。使用存储区域网络，在主机层面就像使用普通硬盘一样。例如，SAN 为主机提供 16TB 的逻辑单元号（Logical Unit Number，LUN），使用体验和 16TB 的普通盘完全相同。

盘本身只提供线性地址空间，主机访问盘时通常按照逻辑区块地址（Logical Block Address，LBA）读/写数据，比如指定将 64KB 数据写入盘的 LBA 地址为 1TB 偏移处。盘本身不具备数据管理能力，无法直接存放一张图片、一首音乐、一段视频，可以通过在盘上格式化文件系统（File System）来解决这个问题，文件系统对外体现为树形结构的目录和文件，应用和使用者可以放入图片、音频、视频文件，简单易用。但是，不管是单机的文件系统还是集群的文件系统，都不利于更多的机器共享使用，于是，20 世纪 80 年代，业界发明网络附加存储（Network Attach Storage，NAS），它通过网络文件系统（Network File System，NFS）协议或通用互联网文件系统（Common Internet File System，CIFS）协议提供文件共享服务，主机通过 NFS 或 CIFS 客户端指定 NAS 的网络 IP 地址访问共享文件夹，实现数据的共享。

过 NAS 的共享文件服务可提供很好的数据分享平台，但是随着访问客户端数目的增加，再加上每个客户端存储的文件越来越多，海量文件存储的难题呈现在我们眼前。

- 文件系统目录深度和海量文件存储扩展性的矛盾。文件系统目录树是纵向设计的，为了满足应用，用户按如同图书目录的方式一级一级地管理文件。如果不同的客户端主机存放上亿的文件，而且目录深度是几十层，那么将是矩阵式的乘法效应，这对 NAS 来说是巨大的挑战。

- 文件系统基于目录的功能影响海量文件存储的横向扩展设计。典型问题如文件系统的目录访问权限（Access Control List，ACL）继承、目录配额（Directory Quota）。一旦在某层目录设置权限、配额，就需要将信息同步到下面的子目录和文件，这会存在难度很大的同步设计。
- 主机挂载 NAS 时采用的可移植操作系统接口（Portable Operating System Interface，POSIX），本身并不是为海量扩展而设计的。主机基于 POSIX 访问 NAS 时采用的虚拟文件系统（Virtual File System，VFS）接口并未针对海量文件进行优化设计，在单个文件系统达到上亿量级时，其通用设计逻辑会消耗主机的大量资源，从而导致性能严重下降。

为了解决海量文件存储的难题，20 世纪 90 年代，对象存储技术诞生了。随着公共云对象服务 AWS S3、阿里云对象存储 OSS 的逐步成熟，对象存储服务在海量文件场景下的独特竞争力逐步体现出来。对象存储服务采用桶和对象的平坦模式数据组织模型，对比文件系统树形目录结构数据模型，元数据管理大大简化，从而便于横向扩展。同时，对象存储采用域名系统（Domain Name System，DNS）作为访问的入口，可将域名和多个网络 IP 关联，轻松实现网络扩展。

1.1.2　块存储

块存储，本质是一块盘，就像用笔记本电脑连接 USB 盘。主机使用块存储，使用的就是一段线性地址空间，只有安装文件系统、数据库、虚拟机等软件后，才能使用应用软件。块存储的基础功能特点主要是基本读/写访问的稳定性，其次是数据保护的高级特性，最后是性价比设计，如图 1-3 所示。

图 1-3　块存储介绍

主机能管理的磁盘数目有限，Windows 环境按照 C 盘、D 盘、E 盘等方式管理盘，Linux 通过/dev/sda、/dev/sdb、/dev/sdc 等方式挂载盘，而且每块盘的空间根据某些系统的寻址空间约束还有 2TB 的限制，因此单台主机的总空间有限。

1.1.3 文件存储

文件存储，具体而言是企业员工通过网络 IP 地址访问共享文件夹，其典型应用场景有企业办公、媒体编辑、高性能计算等。文件存储的功能特点主要围绕目录、文件等基础特性、数据保护的高级特性及性价比而设计。这和 SAN 存储很相像，所以在企业存储领域会把 SAN 和 NAS 融合设计，叫作统一存储。文件存储介绍如图 1-4 所示。

主机在 Linux 系统下可以通过网络文件系统、通用互联网文件系统协议挂载（mount）NAS 的共享文件夹。但 mount 工具是基于 POSIX 的虚拟文件系统框架实现的，因此在海量文件情况下资源占用非常多，有较大性能影响。

图 1-4　文件存储介绍

1.1.4 对象存储

对象存储，具体而言是云账号通过互联网（或移动互联网）访问网络内容，其典型应用场景是当下广泛流行的短视频、图片、音乐等 App，它可为 App 提供全网共享的数据资源池，非常适合作为互联网的内容存储底层平台。和 SAN/NAS 不同，对象存储更强调底层 HTTP 稳定性、扩展性、可用性，以及数据的持久度，并且更关注数据生命周期管理，如图 1-5 所示。对象存储会保存多年的历史数据，满足用"生命周期策略"管理历史数据，并降低综合成本等企业应用的关键需求。

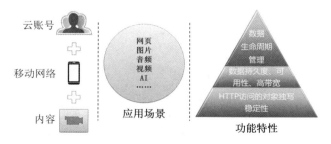

图 1-5　对象存储介绍

5

公共云的对象存储服务是基于对象存储技术发展而来的，而对象存储技术并非近期出现的新技术，它具有 20 多年的历史，大致可以分为如下 3 个阶段。

- **技术创新阶段**，从 1998 年到 2005 年左右。1996 年，Paul Carpentier 创建内容寻址存储（Content Addressed Storage，CAS）初创公司 FilePool，该公司于 2001 年被 EMC 收购。此阶段诞生了 Bycast（2010 年被 NetApp 收购）、Evertrust（2005 年被 Nexsan 收购）、Permabit、Archivas（2007 年被 Hitachi Data Systems 收购后更名为 Hitachi Content Platform）、Caringo 等对象存储系统公司。
- **产品成熟阶段**，从 2005 年左右到 2009 年左右。此阶段的公司有 CleverSafe、Amplidata、Compuverde、Ceph 等，特别是 2006 年 AWS 发布了 S3（Simple Storage Service）对象存储服务，在云计算领域得到了大规模应用。
- **业界流行阶段**，2009 年左右至今。从 OpenStack Swift、Minio、OpenIO、Skylable 等开源技术，到商业公司 Linkedin 的 Ambry、CoreOS 的 Torus 等产品，以及云计算厂家的阿里云 OSS（Object Storage Service）、Microsoft Azure Storage、Google Cloud Storage 等公共云对象存储服务，被业界广泛接受并使用。

通过分析对象存储技术的发展历史，可以将对象存储技术分为 3 类。

- **对象存储设备（Object Storage Device）**。典型的对象存储设备由存储部件 HDD、SSD 供应商提供，如 Seagate 发布的 Kinetic 硬盘直接基于 Ethernet 提供对象接口，以及 Samsung 发布的 Key Value SSD 从存储介质层面提供对象存储能力。它的客户通常是存储供应商或云存储服务供应商，由供应商整合后向最终客户提供服务。
- **对象存储系统（Object Storage System）**。典型的对象存储系统由存储供应商提供，如 EMC Centera、EMC Atmos、HCP（Hitachi Content Platform）、NetApp StorageGRID 存储硬件系统，以及基于通用服务器和开源软件（如 OpenIO、Minio、OpenStack Swift）搭建的系统。对象存储系统通常售卖给专有云客户（On-Premise Private Cloud），由客户整合后对外提供对象存储服务。
- **对象存储服务（Object Storage Service）**。典型的对象存储服务由公共云供应商提供，如 AWS S3、阿里云对象存储 OSS、Microsoft Azure Storage、Google Cloud Storage 等。

1.2　存储技术对比分析

交互模式（机机交互、人机交互、移动互联网交互）极大地影响了存储技术背后的设计哲学，为了更好地理解，本节将从使用范围（网络边界）、使用者（用户）、访问协议/接口、后端技术、特点等维度对比上述三种存储技术，如表 1-1 所示。

表 1-1　存储技术对比

维度	块 存 储	文 件 存 储	对 象 存 储
使用范围 （网络边界）	数据中心内	数据中心内	互联网、移动互联网（3G/4G/5G） 数据中心内
使用者 （用户）	机器	办公账号（AD/LDAP） 机器	云账号、社交账号 兼容办公账号 机器
访问协议/接口	快协议 （ATA/SCSI）	文件协议 （NFS/CIFS/SMB）	对象接口（S3/Blob/OSS）
后端技术	Drive、DAS、SAN	File System、NAS	Object Storage
特点	机机交互	人机交互 机机交互	移动互联网交互 人机交互 机机交互

- **使用范围（网络边界）不同**。块存储（典型如 SAN）和文件存储（典型如 NAS）都是面向数据中心内访问设计的，而对象存储诞生的目的根本就不是在数据中心内使用，对象存储是面向互联网、移动互联网（3G/4G/5G）而产生的，是为大量使用网页、视频、图片、音频、文档访问而设计的。但对象存储技术诞生后，为了做前向兼容，特别是为了在公共云上被同地域（Region）内的弹性计算服务（Elastic Compute Service，ECS）访问，也提供虚拟专有网络（Virtual Private Cloud，VPC）访问能力。
- **存储的使用者（用户）不同**。
  - ➢ 块存储的使用者是机器，它映射逻辑单元号（Logical Unit Number，LUN）给机器，被机器识别为盘，然后创建文件系统、数据库。
  - ➢ 文件存储（典型如 NAS）的使用者是办公账号，如 Windows 环境的 AD（Active Directory）账号和 Linux 环境的 LDAP（Lightweight Directory Access Protocol）账号，使用该账号登录 NAS 设备的 IP 地址就可以访问共享文件夹。同时，为了兼容机器访问 NAS 设备，也可以让机器加入 AD，从而可以便捷地让机器访问 NAS 共享的文件夹。
  - ➢ 对象存储的使用者是云账号或者社交账号，使用该账号成功登录云服务后就可以存储数据，为了兼容历史应用，对象存储也兼容 AD 账号接入，以及支持 ECS 关联访问控制（RAM）角色的机器访问。
- **访问协议/接口不同**。块存储和文件存储基于数据中心内的协议，而对象存储基于互联网访问协议。
- **后端技术**。块存储后端采用线性地址空间管理地址块，为主机提供指定容量空间的访问。文件存储后端则使用树来管理目录和文件的层级结构，目录类似树的中间节点，文件类似树的叶子结点，从而实现灵活的文件管理。而对象存储后端则采用桶和对象模型，在桶内采用平坦模式管理对象，提供线性扩展能力。

- **特点不同。**总结各类存储的特点，关键在"交互模式"上的差别。
  - ➢ 块存储的机机交互（机器和盘设备之间交互）模式最简单，就是要求盘时延低、带宽大。
  - ➢ 文件存储的人机交互模式需求多，就像人管理图书那样会分门别类（目录）和书名（文件名）、重命名、移动，还有复杂的权限、配额管理等。
  - ➢ 对象存储的移动互联网交互模式是通过互联网应用对外服务的，可以做得比人机交互更简单，因此可采用平坦的名字空间来管理对象，从而绕开文件存储场景下大目录、海量小文件的管理难题。

1.3　存储技术架构

前面介绍了块存储、文件存储、对象存储的技术，本节将围绕这些存储技术介绍其架构原理和功能模块。

1.3.1　存储区域网络架构

采用服务器硬盘存储数据可以满足小型应用要求，但最大的问题是只要服务器或硬盘发生故障就无法访问数据。企业级应用需要提供 7×24h 持续服务，采用简单的服务器硬盘存储数据肯定无法满足需求，为了解决该问题，使用存储区域网络（Storage Area Network，SAN）技术。该技术最早广泛应用于 IBM 大型机，提供专门的外置存储阵列（SAN 存储），可以允许多台大型机通过光纤通道（Fibre Channel，FC）协议连接存储阵列并访问数据，并且通过存储阵列的独立冗余磁盘阵列（Redundant Arrays of Independent Disks，RAID）或纠删码（Erasure Code，EC）技术有效预防硬盘发生故障。因此，SAN 典型应用场景为企业应用，通过多台应用机器连接存储阵列，实现业务连续性，SAN 存储阵列的高可用架构如图 1-6 所示。

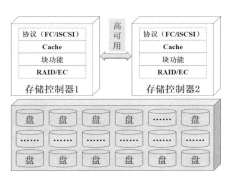

图 1-6　SAN 存储阵列的高可用架构

SAN 存储阵列由存储控制器和盘框组成，两个存储控制器连接到盘框（Just a Bunch Of Disks，JBOD），能够同时访问盘框中的盘，从而在某个存储控制器发生故障后另一个存储控制器仍然可以快速访问盘上的数据，实现无缝切换。此时两个存储控制器运行相同的分层子系统，通常包括如下模块。

- **RAID/EC 模块**。它可实现数据跨盘冗余，即使盘发生故障也不会丢失数据。
- **块（Block）功能模块**。SAN 提供存储池、逻辑卷、快照、复制等功能，以满足企业应用的各种场景需求。
- **缓存（Cache）模块**。SAN 作为数据库应用场景中重要的数据存储架构，满足数据库的时延需求是其关键能力，通过缓存模块可以优化系统响应时延。
- **协议模块**。SAN 存储通常采用 FC 协议和 Internet 小型计算机系统接口（Internet Small Computer System Interface，iSCSI）协议为应用主机提供服务，所以要提供服务端的协议模块。

1.3.2　网络附加存储架构

网络附加存储（Network Attached Storage，NAS）是从主机间网络文件系统（Network File System，NFS）共享数据的应用演进而来的，目的是解决数据在多台主机访问共享目录场景下的易用性。随着访问共享数据的应用扮演越来越重要的作用，NAS 也要具备高可用性。

为了保障 NAS 设备的稳定性，NAS 领域的产品也像 SAN 领域的产品那样，普遍采用双控的高可用架构，以避免发生单点故障，如图 1-7 所示。

图 1-7　NAS 架构

NAS 的基本部署架构与 SAN 的类似，都是两个存储控制器连接到盘框，并且都能够同时访问盘框中的盘，从而在某个存储控制器发生故障后另一个存储控制器仍然可以快速访问盘上的数据，实现无缝切换。两个存储控制器运行相同的分层子系统，包括的模块也和 SAN 非常类似，除核心层（文件系统功能层和协议）外，其他层次大多可以复用。

- **文件系统功能层**。NAS 提供存储池、文件系统、目录、文件、权限、配额等功能，以满足企业应用的各种场景需求，特别是企业办公应用。
- **协议**。NAS 存储通常采用 NFS 协议和通用 Internet 文件系统（Common Internet File System，CIFS）协议为机器提供数据共享，所以需要提供服务端的协议模块。

正是因为 SAN 和 NAS 具有类似的逻辑视图和物理视图，所以企业市场的厂家会这把两种产品融合起来作为企业存储（也称为统一存储），实现同一产品既支持块功能又支持文件功能，并提供多种协议接入的功能。

1.3.3　对象存储架构

对象存储是通过 HTTP/HTTPs 协议对外提供服务的，需要更高的扩展性，但是采用集中式架构无法满足海量业务请求的负载，因此需要采用分布式架构。

为了保证通用性和成本竞争力，对象存储在物理视图设计时通常不会采用双控架构，而是基于通用服务器来构建的。每台服务器有固定数量的盘，然后通过对象存储的分层子系统实现分布式功能，支撑弹性伸缩，如图 1-8 所示。

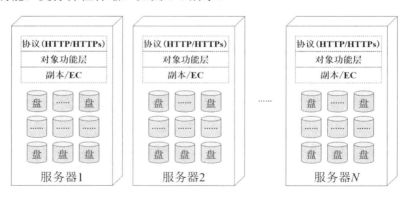

图 1-8　对象存储架构

- **副本（Replica）/EC**，该模块实现数据跨服务器的盘级冗余。例如，3 个副本分布在 3 台服务器上，即使发生盘故障、机器故障，也不会丢失数据。
- **对象功能层**，包括认证、授权、加密、审计、多版本、跨地域复制、数据生命周期等丰富的特性。对于具体的功能模块部署，可能会采用不同的机器来实现。

随着对象存储越来越普及，企业存储（同时支持 SAN 和 NAS 功能）也在文件系统上封装了对象存储协议，因此单套设备同时支持块、文件、对象的多协议访问，降低了企业的投入成本。但是由于企业存储在集中式架构的文件系统上封装了对象功能，所以其扩展性、弹性伸缩能力有限，只能满足小规模使用场景。

1.4　公共云对象存储服务实现架构

公共云对象存储服务是基于互联网为全球提供服务的，它需要实现大规模、高弹性、高可靠、高可用、高性能等核心目标。由于为全球提供服务时，公共云对象存储服务出现异常的概率会更大，为了解决异常状态下准确仲裁问题，可通过一致性仲裁解决该问题。同时，公共云对象存储服务无须客户做 IT 运维，所以必须由云服务厂家完成全面运维，此时通过管控运维模块来实现。

公共云对象存储服务作为线上售卖的存储服务，虽然都会参考上述对象存储架构，但是不同的云服务厂家基于其技术栈会有实现上的差异。业界典型的公共云对象存储服务有两类实现，分别是 3 层架构和 2 层架构，如图 1-9 所示。

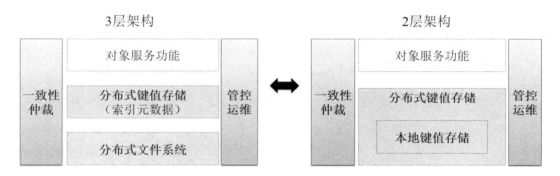

图 1-9　公共云对象存储服务架构

1.4.1　基于分布式文件系统构建

将对象存储从逻辑视图层面切分为 3 层：分布式文件系统（如 HDFS）、索引元数据（分布式键值存储，如 HBASE）、对象服务功能，抽象出专门的分布式文件系统是为了更好地平台化，便于被其他产品复用。

此架构设计方法如同领域驱动设计（Domain Driven Design，DDD）所描述那样，抽象了专门的分布式文件系统，解决了分布式领域的难题，如数据切分逻辑、复制逻辑、容错逻辑、弹性扩展能力等。

构建了稳定的分布式文件系统后，可以将上层的产品开发聚焦到自身业务的功能开发，无须为每个产品都投入大量精力来解决分布式系统难题。分布式文件系统性能、稳定性提升后，上层产品还可以享受到该红利。而且对于有分布式弹性扩展的新业务开发，也会带来极大的便利。新业务通过架构设计，充分利用分布式领域的积累，就可以在分布式文件系统上快速开发功能模块，从而提升新业务的开发速度，实现快速落地。业界 Google Cloud Storage、Azure Blob Storage、Aliyun OSS 均采用该架构，使分布式文件系统提供更多的平台化能力。

1.4.2　基于本地键值存储构建

将对象存储从逻辑视图层面切分为 2 层：分布式键值存储、对象服务功能，通过减少分层，便于做垂直优化。

此架构设计方法中，分布式键值存储（如 Ceph 对象存储）构建在本地键值存储（如基于 RocksDB 实现的 BlueStore）的基础上，聚焦解决数据切分逻辑、复制逻辑、容错逻辑、弹性扩展能力等分布式问题。而本地键值存储集中做好服务器内的存储空间管理，并提供键值接口，从而在空间管理层面降低了分布式系统对网络的开销。

不管是 3 层架构，还是 2 层架构都能够实现对象存储功能，而选择不同的架构则需要综合考虑平台化、垂直优化、开发效率等因素。

1.5　公共云对象存储服务的关键能力

公共云对象存储服务需要保存 EB 级数据，除了提供基本的存储功能，还需要保障安全性、高可靠、高可用、扩展性、性价比等关键能力，这些关键能力的重要性并非完全相同，而是具有不同的优先级，在公共云上，安全性是具有最高优先级的关键能力，如图 1-10 所示。

图 1-10　公共云对象存储服务的关键能力和优先级

1.5.1   安全性

公共云对象存储服务作为数据存取的服务,最关键的问题就是要解决安全顾虑,需要从以下几个方面提供安全能力。

- **AAA 能力**,即认证(Authentication)、授权(Authorization)、审计(Accounting)。通过该能力可保证指定用户访问指定数据,并且访问信息可跟踪。
- **数据加密能力**,支持客户端和服务端加密。客户端在数据上云之前就已完成加密,云存储服务无法解读内容,数据安全性保护效果更佳,但读/写时会消耗客户端资源。
- **防御网络攻击**。公共云对象存储服务提供的是互联网服务,因此防御黑客攻击是刚需,通过分布式拒绝服务(DDoS) 提供 4 层、7 层的安全防护能力,为数据提供软猬甲似的防护性。

通过上述安全能力,让数据在公共云上提供严密的防护,从而可以支撑客户安心上云,更多详细的技术请参考第 8 章。

1.5.2   高可靠

公共云对象存储服务需要存放海量的数据,因此如何防止数据的不丢不错至关重要。业界公共云对象存储服务典型可以提供 12 个 9 的可靠性,即使出现数据中心级灾难也能保证数据的可靠性。

公共云对象存储作为 EB(Exabyte)甚至 ZB(Zettabyte)级存储,需要管理百万级/千万级的硬盘、服务器,而且它们会被部署在成百上千的数据中心。但是硬盘、服务器(包含 CPU、内存、网卡等部件)、网络、数据中心都存在故障概率,在如此大规模的样本下必然会出现错误,如何解决这些问题请参考第 4 章。

为了提高公共云对象存储服务的可靠性,需要将数据在多个数据中心服务期间做冗余复制,而复制数据时必须解决一致性问题,保障不同数据中心的数据内容相同,需要使用复制技术,详细技术请参考第 2 章。

1.5.3   高可用

公共云对象存储服务不仅基于公网地址提供互联网访问,同时还提供云上服务器的内网访问。访问数据的成功率将影响应用的客户体验,如果访问数据的链路异常,即使数据保存完好也无法正常访问。业界公共云对象存储服务提供 99.995%的可用性服务等级协议,如果未能达到服务等级将进行赔付。

为了提高公共云对象存储服务的可用性，除了需要对数据本身进行冗余复制，还需要对数据访问路径做冗余保护，详细技术请参考第 9 章。

1.5.4 扩展性

公共云对象存储服务是全球级存储服务，可以在世界多个地域存取数据，所以必须要实现全球扩展性。同时，随着存取数据量的不断增加及时间积累，会保存万亿级甚至百万亿级对象，所以必须提供大规模的元数据访问能力。

对于全球级扩展能力的需求，需要采用域名解析技术来管理不同地域的服务名，并且对每个地域内的海量服务器和硬盘做好命名管理和时间同步，从而便于灵活地扩展，详细技术请参考第 3 章。

对于大规模对象的元数据访问能力需求，需要做好元数据的组织，而且必须要采用分布式技术才能支撑规模化的扩展，详细技术请参考第 5 章。

公共云对象存储服务需要支持长时间的数据访问，而数据中心、网络、服务器、硬盘都有生命周期，绝大部分硬件的生命周期都在 3～5 年。如果公共云对象存储服务要支撑能够访问十年前的数据，就必须要解决硬件生命周期结束后的数据搬迁难题，因此需要使用数据迁移，详细技术请参考第 7 章。

1.5.5 性价比

公共云对象存储服务会保存丰富的数据类型，有访问频度高的热数据，也有访问频度低的冷数据。

业界公共云对象存储服务都会提供多种存储类型，它们具有不同的性能和价格。通常，性能越高价格越贵，性能越低价格越低。同时，随着时间的推移，热数据也会变成冷数据，需要使用数据生命周期管理来自动将热数据从高性能存储类型移动到低成本存储类型，详细技术请参考第 10 章。

1.6 小结

本章介绍了存储发展历史，讲解了存储区域网络、网络附加存储、对象存储技术，并结合应用场景进行了对比分析。然后从架构维度解读了不同的存储技术，特别是公共云对象存储服务的不同实现架构的对比，同时重点分析了公共云对象存储服务除功能外的关键能力和背后的依赖技术。

第 **2** 章

协调和复制

分布式系统需要管理大规模服务器，而软件就需要运行在海量服务器之上。管理的服务器越多，越需要在系统中提供协调（Coordination）的仲裁服务，从而让运行在多台服务器上的软件达成共识（Consensus）、形成一致（Agreement），典型如对象存储核心元数据。

协调服务本身也是由运行在多台服务器上的软件组成的，当某台服务器发生故障并且无法修复时，还需要继续提供服务。此时引入复制（Replication）技术将数据在多台服务器之间复制，即使某台服务器发生故障也能快速、无缝地切换到其他服务器，从而继续提供仲裁服务，最终让客户端无感知地调用仲裁功能。

复制技术也大规模应用到分布式存储系统中，实现数据的副本冗余或者纠删码冗余，支撑多台服务器的盘发生故障后，数据仍然可用，还能继续提供数据服务。

因此，协调和复制存在一定的联系，本章将通过介绍学术界和产业界的技术发展过程来加强对它们的理解。

2.1 协调

2.1.1 协调技术发展史

先让我们从学术界研究过程和产业界实践过程回顾下协调技术发展史。

1. 学术界研究过程

1975 年，Akkoyunlu、Ekanadham 和 Huber 在论文 *Some Constraints and Trade-offs in the Design of Network Communications* 中首次提出两组匪徒通信的问题。1978 年，Jim Gray 在论文 *Notes on Data Base Operating Systems* 中将该问题正式命名为两将军问题（Two Generals' Problem），描述在不可靠通信环境中如何协调达成共识。

1982 年，基于两将军问题的不可靠通信环境，继续出现拜占庭故障（Byzantine Fault，将军故意传递伪造的错误消息）的新挑战，Leslie Lamport（2013 年图灵奖获得者）提出拜占庭将军问题，从而解决拜占庭故障下的共识问题。

1985 年，Birman Kenneth 在论文 *Replication and Fault-Tolerance in the ISIS System* 中提出 Broadcast 技术，并于 1987 年和 Joseph Thomas 共同发表论文 *Reliable Communication in the Presence of Failures*，构建组播（Group Broadcast，GBCAST）协议基础，实现基于组播成员视图（View）的原子广播（Atomic Broadcast，ABCAST），从而解决共识问题。

1988 年，Brian Oki 和 Barbara Liskov（2008 年图灵奖获得者）在论文 *Viewstamped Replication: A New Primary Copy Method to Support Highly-Available Distributed Systems* 中详细描述基于主复制（Primary Copy）技术实现高可用分布式系统的过程。该论文的核心思想是主服务器负责复制数据逻辑，以及主服务器故障发生后的重组（Reorganize）过程，从而应对服务器崩溃和网络分区的故障场景。由于采用类似时间戳（Timestamp）的 Viewstamp 来检测复制中丢失的信息，所以简称视图复制（Viewstamped Replication，VR）。

1989 年，Leslie Lamport（提出过拜占庭将军问题）发表文章 *Paxos island in Greece*，当时并未引起太多重视，直到 1998 年，他在论文 *The Part-Time Parliament* 中将 PAXOS 进行了严格的数学证明，之后基于 PAXOS 的各种变体将该理论不断完善优化，形成当今业界最流行的技术之一。

2013 年，斯坦福大学的 Diego Ongaro 和 John Ousterhout 在 RAFT 论文 *In Search of an Understandable Consensus Algorithm* 中将复杂的 PAXOS 理论用更简单的方式描述，同时参考 VR 的工程落地性，极大地帮助了开发人员对 PAXOS 的理解，从而以 RAFT 为基础的开源代码展现出蓬勃生机。

2. 产业界实践过程

1）企业领域高可用集群

产业界多服务器的协调产品发展过程是从双机高可用集群系统逐步演进到大规模分布式系统。双机系统从 1960 年的研究项目演进到 Datapoint ARCnet 商用产品，再逐步发展为 DEC VAXcluster。在大型机领域，IBM 在 1990 年发布了 Systems Complex 系统，提供双机容错能力。早期的双机系统，通常都是通过主/从（Primary/Secondary）模式实现系统协调的，正常时都由主（Primary）来裁决，异常时 Secondary 角色切换为新的 Primary 角色继续提供裁决功能。高可用集群如图 2-1 所示。

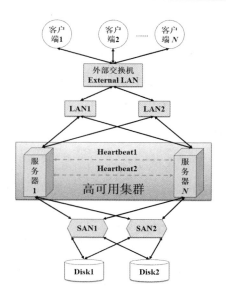

图 2-1　高可用集群

20 世纪 90 年代，随着业务的迅速增长，多个厂家都发布了支持超过两个节点的高可用集群产品。例如，IBM 的 PowerHA SystemMirror 产品 、HP 的 Serviceguard 产品、Oracle 的 Solaris Cluster 产品、Red Hat 的 Cluster 产品、开源的 Linux-HA、Microsoft 的 MSCS（Microsoft Cluster Server）产品，以及 Veritas 公司的 VCS（Veritas Cluster Server）产品。

特别是 VCS 产品，它引入了原子广播技术实现全局成员服务和与原子广播（Global membership services and Atomic Broadcast，GAB）模块，提供了集群仲裁和共识服务。

全局成员服务和与原子广播模块运行在专有网络中，与数据访问路径的业务网络隔离。该专有网络的交换机提供集群节点间通信和协调的能力，实现独立的控制网络，保证控制平面的服务质量。但是，该网络存在交换机异常时集群出现脑裂（Split Brain）的问题，此时某些服务器之间无法通信协调，但是数据通路都是正常的，如果所有服务器都继续写入数据，那么很可能出现数据一致性问题，为此引入 IO Fencing 技术。

如图 2-2 所示，当专有网络交换机异常时，集群可能会被分为两个子集群，子集群内的服务器可以相互通信。为了解决子集群同时写入出现的数据一致性问题，需要通过 IO Fencing 技术选取某个子集群继续工作。由于专有网络异常，只能依赖正常的数据路径支撑选取，同时数据路径如果错误，就会导致业务中断，也就没有新数据写入，所以数据路径非常适合完成该工作，其步骤如下。

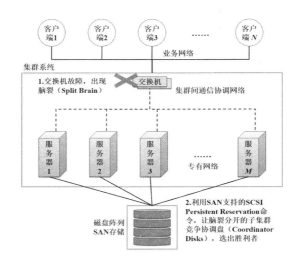

图 2-2　IO Fencing 技术原理

- 配置磁盘阵列（SAN 存储）支持 SCSI（Small Computer System Interface）的预留（Persistent Reservation）命令。登录 SAN 存储，配置奇数个协调盘（Coordinator Disks），保证集群的服务器都能发送预留命令给协调盘。其中预留命令就像原子操作，多台服务器给某个协调盘发送该命令，只允许其中一台服务器预留成功，其他服务器预留失败。
- 当集群间通信协调网络交换机异常时，集群出现脑裂，子集群内的服务器相互确认。当交换机异常时，协调网络心跳探测包返回部分失败并确认无法和对应服务器通信，从而使能相互通信的服务器形成子集群，并且从子集群中选取一个代表参与协调盘的竞争（通常加入集群的服务器会分配 ID，此时选择 ID 较小的服务器作为代表），避免子集群的多台服务器同时去竞争，导致竞争算法成功率降低。
- 代表两个子集群去竞争的服务器 A 和服务器 B，分别在 SAN 存储竞争奇数个协调盘，竞争到多数的服务器将胜利，如服务器 A。竞争成功的服务器所在的子集群将继续工作，如服务器 A 所在的子集群。竞争失败的服务器所在的子集群将停止工作，如服务器 B 所在的子集群。

通过 IO Fencing 实现脑裂时的协调能力，提高集群在异常场景的可用性。对于特别极端的异常场景，如专有网络交换机全部出现故障，可以结合子集群的服务器数目、服务器集群 ID 的数值作为竞争协调盘的优先级输入（如竞争时间间隔），从而从工程上支撑协调成功。

2）互联网领域的协调服务

尽管高可用集群在企业领域广泛使用，但是对于互联网企业来说，采购企业级服务器和存储阵列（SAN）来做协调服务和基于通用服务器（Commodity Server）来搭建协调服务，后者更匹配互联网的硬件思路。

因此，谷歌公司在 2006 年发表的论文 *The Chubby lock service for loosely coupled distributed systems* 中详细描述了基于通用服务器实现经过学术界严格证明的 PAXOS 协调共识算法，最终提供互联网标杆的协调服务的全过程。

如图 2-3 所示，5 台 Chubby Cell 服务器部署在不同的机柜，降低了故障影响。通过 PAXOS 算法从 5 台 Chubby Cell 服务器中选取主（Master）节点，并将主节点的处理逻辑复制到其他服务器，主节点发生故障后能够选取出新的主节点，由于新的主节点存有前期的处理逻辑，所以可以快速接收客户端（Client）发起的请求，实现无缝切换。客户端的读/写请求都发送给主节点，有利于控制请求顺序，从而保证数据一致性。

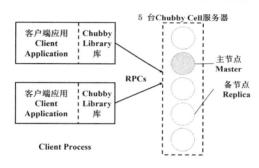

图 2-3　谷歌公司 Chubby 架构

随着谷歌公司的 *The Chubby lock service for loosely coupled distributed systems* 论文详细描述的协调服务被业界广泛接受，2008 年，开源 Apache 社区以谷歌公司的 Chubby 为模型，推出由 Yahoo 主导开发的 ZooKeeper 服务。如图 2-4 所示，ZooKeeper 的核心是原子广播技术，通过 ZooKeeper Atomic Broadcast 模块实现更新请求的顺序性，提供协调服务。

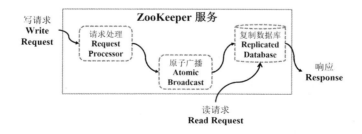

图 2-4　Apache ZooKeeper 技术原理

ZooKeeper 被广泛应用于名字服务（Naming Service）、配置管理（Configuration

Management）、数据同步（Data Synchronization）、主选取（Leader Election）、消息队列（Message Queue）、通知系统（Notification System）等场景。

随着 RAFT 协议对 PAXOS 的简化，从 2013 年开始 CoreOS 公司开始用 Go 语言实现 RAFT 的协调服务 ETCD，如图 2-5 所示。ETCD 因其简单、安全、高效、可靠，被广泛应用于元数据存储、服务发现、选主等场景。

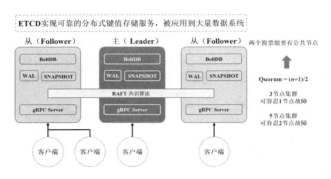

图 2-5　ETCD 技术原理

2.1.2　两将军问题

如图 2-6 所示，两支友军分别由 A1 将军和 A2 将军带领，两军约定上午 10 点同时攻击山谷中的敌军。正常情况下，A1 将军派通信兵经过敌军占领的山谷通知 A2 将军于上午 10 点进攻敌军（图 2-6 中的第 1 步），然后 A2 将军安排通信兵告知 A1 将军确认信息已经收到（图 2-6 中的第 2 步）。但是 A2 将军还需要等待 A1 将军的确认信息，否则 A2 将军不知道"A1 将军是否收到 A2 将军的确认信息（第 2 步的信息）"，所以还需要执行第 3 步"A1 将军派通信兵通知 A2 将军，第 2 步确认已经收到"。

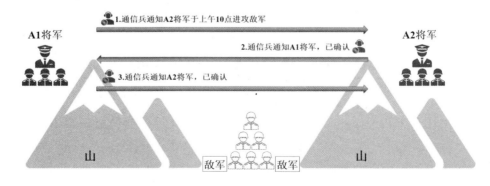

图 2-6　两将军问题

如果没有发生异常（如通信兵被敌军俘获），通过上述三步的通信，A1 将军和 A2 将军基本达成"上午 10 点进攻敌军"的计划。但是战线封锁、路况不好会导致通信兵传递信息超时，或者通信兵被俘获/击毙导致传递的信息石沉大海，因此需要超时重传机制保障通信正常。通过两将军问题，采用固定次数的消息确认，解决通信网络不可靠时的共识问题。同时，也可以解释 TCP/IP 通信中的三次握手设计。

2.1.3　拜占庭将军问题

在两将军问题中，如果通信兵被敌军俘获并且叛变，将会传递错误的信息给 A1 将军和 A2 将军，从而更难达成共识。为了解决通信中传递错误信息的问题，业界提出了拜占庭将军问题。

如图 2-7 所示，6 支军队分别由 6 位拜占庭将军（A1～A6）率领，他们共同围攻城池内的敌军。各支军队的行动策略为进攻/撤退两种，如果部分军队进攻、部分军队撤退可能会造成灾难性后果，因此 A1～A6 将军必须通过投票来达成共识，即所有军队一起进攻或所有军队一起撤退。因为各位将军分处城市的不同方向，他们只能通过通信兵互相联系。在投票过程中，每位将军都将投票给出进攻还是撤退的信息，然后通过通信兵分别通知其他将军，从而根据自己的投票和其他将军送来的信息，每位将军就可知道共同的投票结果并决定行动策略。

拜占庭将军的难题在于拜占庭故障，即通信兵可能被敌军俘获并且叛变，从而传递错误信息，还有将军也有可能成为叛徒。例如，错误消息让将军判断出 3 人以上要求进攻，但实际上并没有这么多进攻的投票，最终导致误判。

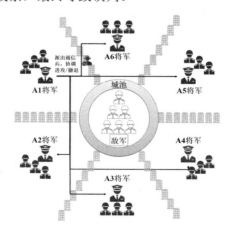

图 2-7　拜占庭将军问题

在分布式系统中，典型的拜占庭故障，就是某台服务器的进程因 CPU 繁忙、内存申请超时、网络拥塞、磁盘响应慢等原因出现工作状态不正常，却继续带病工作的亚健康状态。在非安全网络中，通过伪装来窃取信息，也是安全中要预防的典型的拜占庭故障。分布式系统为了解决拜占庭故障，可以采用以下解决方案。

- 根据分布式系统的服务器总数，限定发生拜占庭故障的服务器数，来确保解决该问题。例如，服务器总数为 *N*，那么发生拜占庭故障的服务器数不能超过 1/3*N（服务器总数的 1/3），剩下的服务器还能通过多数派达成共识。
- 根据数字签名识别伪装的服务器，或者根据序列号识别亚健康服务器的错误消息，并及时将它们隔离。通过防护手段，尽早地隔离系统中的不稳定因素，从而支撑共识的达成。

1999 年，Miguel Castro 与 Barbara Liskov 在论文 *Practical Byzantine Fault Tolerance and Proactive Recovery* 中通过高性能的运算方法，提升了拜占庭故障的容错和恢复性能。

2.1.4 原子广播

分布式系统中，原子广播把消息发送给多个接收服务器，实现某种形式的组播，而且对于多条顺序消息，在多个接收服务器侧能够保证完全顺序（Total Order）。也就是说，发送端发送消息 X，多个接收服务器要么收到消息并处理，要么都不处理。若消息 X 先于消息 Y 发送（表示为 X->Y），则多个接收服务器都是先处理消息 X，再处理消息 Y，保证完全顺序。原子广播技术原理如图 2-8 所示。

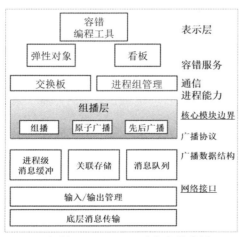
（a）组播（GBCAST）内部架构分层

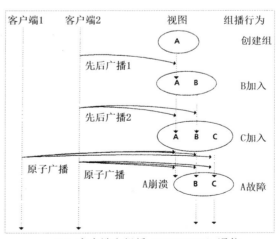
（b）客户端和组播（GBCAST）通信

图 2-8　原子广播技术原理

图 2-8（a）所示为 Birman Kenneth 关于原子广播的论文架构，其中组播层包含组播（Group Broadcast，GBCAST）、原子广播（Atomic Broadcast，ABCAST）和先后广播（Causal Broadcast，CBCAST），实现多台服务器之间的 Broadcast 协议。

核心的交互流程如图 2-8（b）所示，每次有新的成员加入将进行视图（View）变换。例如，B 加入 A 形成新的视图（A、B），或者 A 离开旧视图（A、B、C）形成的新的视图（B、C），视图变换期间暂停客户端请求，从而提高视图变化效率。而当视图内部较多成员出现异常时，将基于多数派投票（Quorum）机制形成新的稳定视图。例如，在系统总共有 N 个成员的情况下，如果成员出现异常，那么只有出现异常的成员个数大于或等于（$N+1$）/2，才能形成新的视图。

视图变换成功进入稳态后，客户端就能以原子广播形式给视图中的成员发送信息，并且保证完全顺序，如图 2-8（b）所示。在视图（A、B、C）形成后，如果客户端 1 先于客户端 2 发送消息给该视图，那么在保证该视图的成员 A、B、C 都处理完客户端 1 的消息后，再处理客户端 2 的消息。

原子广播技术可以在某种程度上解决两将军问题，或者非拜占庭故障下的多将军共识问题。把原子广播中的成员当作将军，若将军间通信出现异常，则将通过多数派投票淘汰异常的将军，形成新的共识，一旦形成新的共识，那么后续的消息通信将保证完全顺序。

产业界的 VCS（Veritas Cluster Server）就是基于 GAB 来实现集群的共识，以及保证集群消息通信在成员间的原子性和顺序性的。

2.1.5　视图复制

视图复制（Viewstamped Replication，VR）的正式发表时间比 PAXOS 早一年，某些文章介绍两位图灵奖获得者 Barbara Liskov 和 Leslie Lamport 各自独立发表，并未相互借鉴。不过从工程理解维度看，VR 是设计完备度非常好的高质量论文，甚至可以直接指导开发工作，这可能和 Barbara Liskov 擅长编程和计算机科学，而 Leslie Lamport 更擅长理论研究有关，毕竟 Barbara Liskov 因其面向对象编程的杰出贡献而获得图灵奖，著名的里氏替换原则（Liskov Substitution Principle）就是她的杰作。从笔者的角度看，VR 绝对是被低估的论文，值得认真研究和分析。

基于原子广播技术之所以无法实现数据复制，是因为在原子广播的固定视图内只保证消息的顺序性。为了保证在成员出现异常后数据的持久度和可用性，VR 在原子广播视图的基础上针对数据复制进行了优化，可以用于数据复制系统。如图 2-9（a）所示，VR 描述了架构组件。

- 副本（**Replica**）。通过分层的 VR 复制代码（VR Code）和业务层代码（Service Code），实现复制逻辑的解耦，并且会选举某个副本为主（Primary）。
- 客户端。它由用户代码（User Code）和 VR 复制代理（VR Proxy）组成，VR 复制代理负责给 VR 发送请求。

图 2-9（b）描述 VR 复制的核心逻辑，它由副本中的主统一负责处理客户端的请求顺序来实现请求顺序性，并结合复制的日志支撑发生主节点故障后的数据恢复，从而提供完备的数据复制系统。

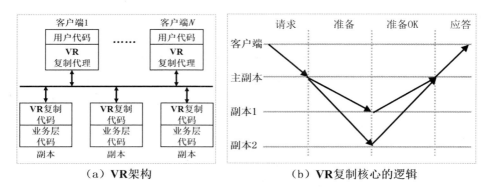

（a）**VR**架构　　　　　　　（b）**VR**复制核心的逻辑

图 2-9　VR 技术原理

VR 在发生成员故障后，会在正常的副本中选主。

- 选主是基于日志做恢复，而原子广播没有日志恢复的过程。
- 选主会基于视图的逻辑时钟序号和日志的顺序号完成。
- 客户端复制代理发送请求时会携带缓存的视图序号，主会比对本地视图序号和请求视图序号，只有相同才允许执行，从而避免视图切换时请求到不匹配的数据。

VR 的全流程围绕视图序号和日志顺序号展开，是数据复制的核心技术，常被用于分布式存储和数据库，但原子广播无法实现该功能。

2.1.6　PAXOS

基于维基百科的描述，PAXOS 是一组解决共识问题的协议集，它详细描述需要持久化（Durability）处理的共识实现过程。PAXOS 技术原理如图 2-10 所示。

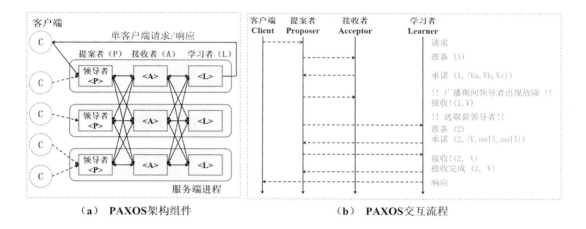

（a）　PAXOS架构组件　　　　　　（b）　PAXOS交互流程

图 2-10　PAXOS 技术原理

PAXOS 协议运行在网络环境，对于 N 个成员的系统，能够容忍 F 个成员的崩溃停机故障（Crash Stop），但是必须满足 $N \geqslant 2F+1$。PAXOS 包含如下角色。

- **客户端。**该角色负责发送请求给 PAXOS 分布式系统，然后等待返回响应。
- **接收者（Acceptor 或 Voter）。**该角色起到容错的作用，多个接收者形成投票组，所有客户端请求必须被发送到投票组的接收者。
- **提案者（Proposer）。**该角色负责响应客户端请求，当它收到请求后，会把请求发送给所有接收者并达成一致，提案者起到协调的作用，并推动协议的状态机运行，同时通过协调控制多个请求写入同一对象的冲突。
- **学习者（Learner）。**该角色负责处理如何响应客户端，目的是提高可用性和支撑一致性模型。
- **领导者（Leader）。**该角色由 PAXOS 选取某个提案者担当，成员都必须信任它。在出现故障后，多个成员希望成为领导者，此时会选取出新的领导者，通过它实现选主。

在实际部署中，PAXOS 的成员可能同时担任提案者、接收者、学习者，而领导者就是承担主角色的成员，和 VR 的角色定义形成对应关系，如图 2-11（a）所示。VR 的副本和 PAXOS 的成员（提案者、接收者、学习者）对应，VR 的主和 PAXOS 的领导者对应，VR 用重配置（Reconfiguration）重新选主，而 PAXOS 用提案者扮演领导者实现选主，如图 2-11（b）所示。

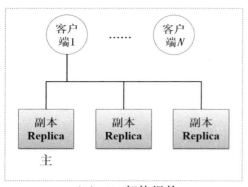 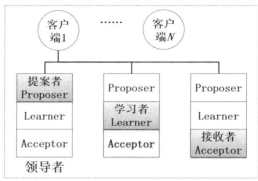

（a）VR架构组件　　　　　　　　（b）PAXOS架构组件

图 2-11　PAXOS 和 VR 架构组件对比

PAXOS 采用类似两阶段提交（2 Phase Commit，2PC）技术实现某请求在提案者、接收者中达成一致。2PC 有两个阶段，共四个步骤分别为 Phase 1a: Prepare、Phase 1b: Promise、Phase 2a: Accept、Phase 2b: Accepted。而 VR 在实现请求达成一致的过程中，采用的是基于日志的复制，通过日志顺序号和业务代码结合解决故障时的重做（Redo）、回滚（Undo）等问题。

经过 VR 和 PAXOS 经典论文对共识的探索，业界发表了大量相关文章。1990 年，Schneider Fred 在论文 *Implementing Fault-Tolerant Services Using the State Machine Approach: A Tutorial* 中将状态机复制（State Machine Replication）作为共识的关键解决方案。

2.1.7　RAFT

2013 年，斯坦福大学的 Diego Ongaro 和 John Ousterhout 发表的 RAFT 论文综合前人的成果，将复杂的 PAXOS 协议理论用更简单的方式描述，同时在细节上大量借鉴 VR 工程实现上的落地性，最终让 RAFT 被学术界和产业界广泛接受。

如图 2-12 所示，首先根据共识理论的成果，定义架构核心为状态机复制和日志，然后描述故障发生后角色（领导者、跟随者、候选者，类似 PAXOS 角色）的状态切换，接着描述成员变换后的视图（Term，类似 VR 的 View 视图）序号更新，最后描述复制日志的顺序号（Log Index，类似 VR 的 Log），从而成为共识理论的最新集大成者。

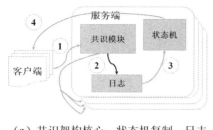

（a）共识架构核心：状态机复制、日志

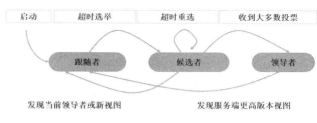

（b）故障后的角色切换

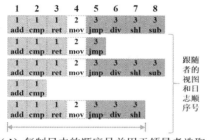

（d）复制日志的顺序号并用于领导者选取

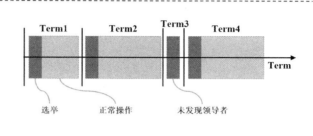

（c）成员变换后的视图（**Term**）序号更新

图 2-12　RAFT 架构原理

2.1.8　协调达成共识算法分析

通过学术和产业两个角度的介绍及算法分析可以看出，共识算法解决的核心问题是系统成员正常时如何解决多个请求提案的顺序处理问题并保证每个提案能够被系统成员投票达成一致，以及系统成员异常时如何重新选取成员并让系统重新进入正常状态。现实生活中，美国国会开会的"罗伯特议事规则"就是解决共识的经典方案，团队开会也是简单的共识解决方法。

- **会议的 *N* 位成员正常时的议题处理方法。**会议秘书收集议题，秘书会按顺序编号议题，对于相同的议题进行合并或排序。会议主持人发出评审议题 X，参会人对该议题反馈同意/反对，然后主持人根据会议成员的投票结果（如多于一半的成员同意）给出议题的结论。评审完议题 X，再次评审下个议题，直到所有议题结束。
- **会议的 *N* 位成员异常时的议题处理方法。**如果成员出现异常，如主持人请假、参会人请假、新增参会人等，就必须形成新的会议投票机制。
  - 若主持人请假，则需要选出新的主持人。需要有机制、流程选出新的主持人，新主持人必须能掌握会议运作机制和投票机制（如成员变为 *N*-1 位）。

> ➤ 若参会人调整（如参会人请假、新增参会人），则需要调整新的投票机制。假设有 1 人请假，那么新的会议成员为 M 位，$M=N-1$。若投票时，超过一半（$\geqslant M/2$）成员同意，则该议题通过。

1. 状态机复制

共识在成员正常时，采用主来控制议题的顺序性，并且由主来推动成员的投票，就像会议的主持人推动参会人投票议题，并按议题顺序推进会议，直到议题结束。

2. 投票

若想要请求在共识的多个成员中达成一致，则需要采用投票机制进行决策。类似会议主持人要求参会人投票，对议题 X 达成同意/反对的结论。成员投票只是给出反馈，还需要以下决策方案。

- **同等权重决策**。成员每人 1 票，权重相同，假设总分为 N，那么只有同意的结论分大于或等于 $N/2$ 时，该议题才能被同意。
- **不同权重决策**。成员每人 1 票，权重不相同，如主持人为 3 分，参会人为 1 分，假设总分为 M；那么只有同意的结论分大于或等于 $M/2$ 时，该议题才能被同意。

3. 故障类型

共识协议能实现故障的容错，分布式系统中典型的故障如下。

- **崩溃故障（Crash Failure，也叫作 Fail-Stop）**。成员在发生故障后会停止运行（Fail Stop）。例如，服务器直接崩溃重启，由于及时从系统中离开，所以让状态机的后续运行更简单。
- **拜占庭故障**。成员发生故障但并不停止运行，进入不稳定状态，甚至给出错误的反馈。例如，扮演成员的进程因系统繁忙偶发挂住（Hang），时而响应，时而不响应，甚至返回错误的消息。由于成员处于亚健康状态，会干扰系统的状态机运行，所以更难处理。

4. 选主

共识协议中的成员发生故障时，特别是主成员发生故障时需要进行选主动作，如会议主持人请假。通常来说，选主有以下解决方案。

- **基于投票选举**。参与选主的成员进行投票，按照投票的半数得分决策原则选主。

- **优先级（Priority）选举**。参与选主的成员被指定优先级 ID，由 ID 号最小的成员作为主，就像权利的顺位继承，该方法决策速度快。选择日志顺序号最小的成员作为新主可以提高恢复效率，因为其他成员只需向新主获取有差量的日志，而无须日志回退的处理逻辑。

5．日志复制

支持数据持久化能力的共识算法在复制状态机中需要引入日志复制。也就是说，将复制状态机中涉及数据变更的请求（创建、删除、更新等）按更新操作的日志顺序号保存，从而支持成员发生故障后的恢复。

每个成员根据状态机运行，无依赖地独立记录自己的日志。在成员发生故障时，根据选主策略对日志顺序号进行比对，选择日志顺序号最大的成员作为新主。由于新主有最多的日志记录，所以未成为主的成员向它申请修复差量的日志，然后正确地进入新状态。控制日志的存储空间大小，以及如何设计日志组织（如 Checkpoint）是成员快速恢复的关键技术。

2.1.9　对象存储服务的共识应用

对象存储作为典型的分布式系统，必须要有一致性共识服务。阿里云对象存储依赖女娲共识服务，女娲是阿里云飞天系统底层核心模块之一，女娲对外提供一致性共识、分布式锁、消息通知等服务。与业界类似功能的开源软件（ZooKeeper、ETCD）相比，女娲在性能、可扩展性和可运维性上有明显的优势，如图 2-13 所示。

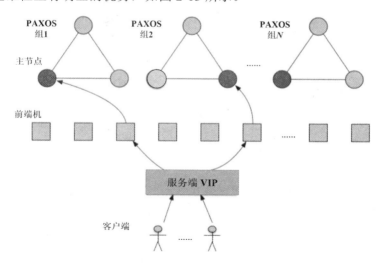

图 2-13　阿里云女娲一致性（共识）服务

女娲服务采用两层架构，后端是实现一致性的功能模块，前端是达到分流效果的前端机，从而提供更好的扩展能力，支持大规模云业务的接入。

- 前端机通过 VIP 做负载均衡，主要实现两个功能：第一个，负责维护众多客户端的通信，从而保证客户端请求能够均衡到后端；第二个，向客户端隐藏后端的切换过程，同时提供高效的消息通知功能。
- 后端由多台服务器组成 PAXOS 组，形成一致性共识协议核心。为客户端使用的资源（文件、锁等）提供 PAXOS 组仲裁并采用 PAXOS 分布式共识协议进行同步，保证资源的一致性和持久化。为了提供更好的扩展能力，后端提供了多个 PAXOS 组。

因此，通过多 VIP 冗余、前端机透明切换、冗余的一致性共识 PAXOS 组，实现发生故障时的快速切换，从而为一致性共识提供高可用性。

2.2 复制

分布式系统应用到存储和数据库时，数据需要冗余，而复制技术就是将数据复制到多台服务器，从而在某台服务器发生故障后，仍然能够提供服务。

2.2.1 数据冗余技术

在计算机系统中，为原始数据增加额外的辅助数据来帮助错误检测和数据恢复，就叫作数据冗余（Data Redundancy）。例如，循环冗余校验（Cyclic Redundancy Check，CRC）、副本、独立硬盘冗余阵列（Redundant Array of Independent Disks，RAID）、纠删码就是典型的数据冗余技术。

1．副本

将数据写入为多份副本，如 2 副本、3 副本，从而在单个副本发生故障后还能够读出数据，并进行数据修复。按副本方式写入数据会存在存储放大比，如 2 副本的存储放大比为 2。

2．RAID

RAID 将多块盘组合在一起，通过算法提供数据冗余，典型情况下支持多种 RAID 类型：

- **RAID0 类型**。将数据切片存放到多块盘。例如，将 1MB 数据切为 8 份，每份为 128KB，存放到 8 块盘。该类型通过多块盘同时存储数据，达到提升性能的目的，此时没有数据冗余，存储放大比为 1。

- **RAID1 类型**。将数据冗余存储，也叫作数据镜像，可以写 2 份或多份，没有校验计算代价。此时有数据冗余，存储放大比为 N（N 表示镜像份数）。

- **RAID2 类型**。将数据按位（bit）做条带（Striping），同时用汉明码（Hamming Code）计算校验保证冗余。例如，将 1MB 数据存放到 9 块盘，其中第 9 块盘专门存放汉明码校验值，其他 8 块盘按位存放 1MB 数据，第 1 位存放到第 1 块盘，第 2 位存放到第 2 块盘，……，第 8 位存放到第 8 块盘，前 8 位的汉明码校验值存放到第 9 块盘，第 9 位存放到第 1 块盘，依此类推。

- **RAID3 类型**。将数据按字节（Byte）做条带，同时用校验（Parity，典型如 XOR 异或）保证冗余。例如，将 1MB 数据存放到 9 块盘，其中第 9 块盘专门存放校验值，其他 8 块盘按字节存放 1MB 数据，第 1 字节存放到第 1 块盘，第 2 字节存放到第 2 块盘，……，第 8 字节存放到第 8 块盘，前 8 字节的校验值存放到第 9 块盘，第 9 字节存放到第 1 块盘，依此类推。

- **RAID4 类型**。将数据按块（Block）做条带，同时用校验（Parity，典型如 XOR 异或）保证冗余。例如，将 1MB 数据存放到 9 块盘，其中第 9 块盘专门存放校验值，其他 8 块盘按条带大小存放 1MB 数据，其中分块大小为 4KB。那么，第 1 块存放到第 1 块盘，第 2 块存放到第 2 块盘，……，第 8 块存放到第 8 块盘，前 8 块（共 32KB）的校验值存放到第 9 块盘，第 9 块存放到第 1 块盘，依此类推。

- **RAID5 类型**。由于 RAID4 是固定的盘存放校验，在发生数据故障时都需要读取校验盘，因此该盘成为系统瓶颈，RAID5 为了解决该问题，将校验数据轮转存放到不同盘。例如，数据按 128KB 分片存放到 9 块盘，第 1MB 的数据按顺序存到盘 1～盘 8 而校验数据存放到盘 9，第 2MB 的数据按顺序存到盘 2～盘 9 而校验数据存放到盘 1，依此类推。从而将系统的校验数据分布到所有的盘上，在数据修复时就可以充分发挥多盘的能力，提高数据修复性能。

- **RAID6 类型**。由于 RAID5 只有一块盘存放校验数据，在盘容量大（如 20TB）时修复时间很长，在此期间可能再次发生盘故障，从而出现数据丢失，为了解决该问题引入 RAID6，它计算两份校验数据（P 和 Q），然后将它们存储在额外存储空间内，如 10 块盘存数据、2 块盘存校验。同样，为了降低固定盘存放校验数据对修复的性能影响，会像 RAID5 那样将校验块分布到所有盘上，提升修复性能。

将 RAID2～RAID5 数据存到 N 个盘，校验数据只有 1 个盘，存储放大比为 $(N+1)/N$；将 RAID6 数据存到 M 个盘，校验数据只有 2 个盘，存储放大比为 $(M+2)/M$。

3．纠删码

RAID6 技术最多提供 2 个校验块的计算，为了支撑更多校验块计算，业界引入基于里德–所罗门（Reed-Solomon）算法。该算法支持基于 N 个数据块计算 M 个校验块，存储放大比为（$N+M$）/N。

2.2.2　复制一致性

业界的一致性由以下两个术语来描述：CAP 和 ACID。

- **CAP**。该术语于 1998 年由 Eric Brewer 提出，其中 C 表示一致性（Consistency，读请求应该得到最新写入数据，或者返回错误），A 表示可用性（Availability，读/写请求尽量得到响应，读可以不用返回最新写入数据），P 表示分区容错能力（Partition tolerance，网络节点丢包后，系统能够继续工作），对于典型的分布式系统，最多只能满足以上的两项。CAP 常用于分布式系统，特别是副本数据冗余场景，最终一致性（BASE）就是选择满足 A 和 P 而牺牲 C。

- **ACID**。该术语于 1983 由 Andreas Reuter 和 Theo Harder 在 Jim Gray 的成果上提出，其中 A 表示原子性（Atomicity），C 表示一致性（Consistency），I 表示隔离性（Isolation），D 表示持久性（Durability）。ACID 常用于数据库系统，它不关注底层副本数据冗余，而是重点描述多个并发事务请求对数据库记录的表现，特别是写事务和写事务请求间、读事务和写事务请求间的表现。

所以，CAP 的 C 描述数据多副本之间的一致性，而 ACID 的 C 和 I 结合起来描述多事务并发请求在单份数据库记录上的读、写的一致性，本书重点描述 CAP 的分布式系统多副本数据的一致性。

1．一致性模型

对于典型的客户端/服务端系统，通常都是从客户端衡量一致性的。但是分布式系统存放多副本时，会有两种维度的一致性模型（Consistency Model），如图 2-14 所示。

- **客户端一致性模型**。多个客户端会同时访问服务端，如图 2-14 中的客户端 1 写对象 X，表示为 $W(X)$；客户端 2 也写对象 X，表示为 $W(X)$；客户端 3 读对象 X，表示为 $R(X)$；客户端 N 写对象 Y，表示为 $W(Y)$。此时客户端 N 访问 Y 和客户端 1～3 访问 X 没有关联，可以同时执行。而客户端 1～3 都是访问 X，所以执行的顺序和返回值决定一致性，应用和编程语言非常关注该一致性行为。

- **数据副本一致性模型**。服务端采用分布式系统的多数据副本时，正常状态时，多个副本保存的值相同，但某些故障状态时，不同副本可能保存的值不全相同。例如，图 2-14 中的副本 1～3 中 X 对象的值为 101，而副本 M 因为某些故障导致 X 对象的值为旧值 100。此时，多副本针对 X 对象的值并未完全达成一致，还需要将副本 N 的 X 值更新为 101；

如果系统设计不当，将 X 对象的新值 101 返回给部分客户端，将副本 M 的旧值 100 返回另外部分客户端，那么就导致不同客户端得到对象 X 的不同值。

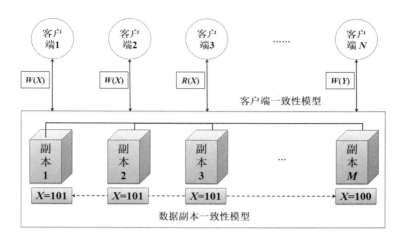

图 2-14　一致性模型

2．客户端维度的一致性模型

客户端维度的一致性定义访问不同对象及相同对象并发读/写的表现，2007 年，Andrew Tanenbaum 在 *Distributed Systems: Principles and Paradigms* 一书中定义如下典型类型。

- **单调读一致性**。若读对象 X 返回值为 V，则其后所有读取对象 X 的请求必须返回 V。
- **单调写一致性**。在客户端的同一进程内，只有写对象 X 的请求从服务端返回后，才能执行新的写请求。
- **读自己写一致性**。在客户端的同一进程内，写对象 X 的请求从服务端返回后，后续读请求必须返回新的写入值。
- **读后写一致性**。在客户端的同一进程内，在写对象 X 前，必须先读取对象 X 的值，根据该旧值再写入新值。读后写一致性常用于 MVCC 的多版本并发控制机制。

上面从教科书的维度描述了一致性模型，而从应用编程的角度看，客户端维度的一致性模型最好满足如下要求。

- 不同对象的访问请求（读、写）可并发执行、互不干扰。
- 相同对象的读请求可并发执行、互不干扰。
- 相同对象的读、写请求可并发执行，但写请求（如写入对象 X 的值为 111）返回成功后，再发起的读请求必须返回新值（如读取对象 X 的值必须为 111），不管是在哪个客户端发起的请求。

33

- 若针对相同对象同时发起写请求，则以最后的写请求为准（Last Write Win）。例如，客户端 1 的请求 A 写入对象 X 的值为 111，此时客户端 2 的请求 B 写入对象 X 的值为 112，两个请求几乎同时从客户端写入对象 X。请求 A 和请求 B 通过网络后，会有先后顺序到达服务端，服务端将以最后收到的那个请求来更新对象 X 的值，假设由于网络问题请求 B 最后到达服务端，那么对象 X 的值最终被保存为 112。由于网络影响，客户端并发写请求的一致性控制方案，最好是应用根据业务逻辑采用锁机制进行控制。

在某些情况下，为了提高读请求的成功率，应用接收返回的旧值，叫作最终一致性（Eventual Consistency）。例如，写请求（如写入对象 X 的新值为 111）返回成功后，再发起的读请求可以返回刚写入的值（如读取对象 X 的值返回最新的 111），也可以返回旧值（如读取对象 X 的值返回旧的 100）。

3．数据副本维度的一致性分类

服务端数据副本维度的一致性，定义服务端多个数据副本的不同对象访问表现及相同对象并发访问表现，如图 2-15 所示。2007 年，Andrew Tanenbaum 在 *Distributed Systems: Principles and Paradigms* 一书中定义如下典型类型。

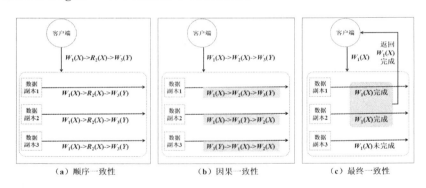

图 2-15　数据副本一致性模型对比

- **顺序一致性**（**Sequential Consistency**）。所有请求在多个数据副本间按相同顺序执行。例如，$W_1(X)$ 表示对象 X 的写请求 1，$R_2(X)$ 表示对象 X 的读请求 2，$W_3(Y)$ 表示对象 Y 的写请求 3，如果数据副本 1 按 1～3 顺序执行，表示为 $W_1(X)\text{->}R_2(X)\text{->}W_3(Y)$，那么所有数据副本都必须按该顺序。此时服务端需要进行全局序列化控制，对所有请求进行访问排序，类似于提供全局的锁，对性能有较大影响。
- **因果一致性**（**Causal Consistency**）。存在先后依赖关系的写（因果关系），必须在所有数据副本中都表现为相同的顺序，而没有因果关系的写在不同数据副本中则可以表现为不同的顺序。例如，$W_1(X)$ 表示对象 X 的写请求 1，$W_2(X)$ 表示对象 X 的写请求

2，如果 $W_1(X)$ 和 $W_2(X)$ 存在因果关系，并且 $W_1(X)$ 先于 $W_2(X)$ 发生，表示为 $W_1(X)\text{->}W_2(X)$，那么所有数据副本存储的顺序为 $W_1(X)\text{->}W_2(X)$。如果有 $W_3(Y)$ 表示对象 Y 的写请求 3 同时发生，则数据副本 1 写入顺序可以表示为 $W_1(X)\text{->}W_2(X)\text{->}W_3(Y)$，而数据副本 2 写入顺序可以表示为 $W_1(X)\text{->}W_3(Y)\text{->}W_2(X)$。相比较于顺序一致性，因果一致性只需要在相同对象上控制并发，无须对所有对象的请求做并发控制，类似细粒度的锁，从而提供更好的性能。

- **最终一致性**（**Eventual Consistency**）。多个数据副本不需要全部同时更新完毕才返回，只需要最后将所有数据副本更新为相同值即可。例如，服务端 3 个数据副本收到更新对象 X 的值为 101，只需要 2 个数据副本完成更新就可以返回客户端，第 3 个数据副本可能在 1min 后更新为 101。相比前面的一致性模型要求所有数据副本必须全部更新完才返回，最终一致性可以降低数据更新开销，在某数据副本发生异常时保证时延。

尽管服务端数据副本为最终一致性，但只要服务端读/写控制得当，在客户端读请求就只能得到最新写入数据，客户端因而有更高的一致性。

2.2.3　复制协议

服务端数据副本维度的一致性和复制协议紧密相关，复制协议控制多个请求的顺序，以及单个请求的持久化保存成功的决策。客户端维度的数据一致性也和复制协议紧密相关，因为复制协议控制请求的响应返回逻辑。

2007 年，Andrew Tanenbaum 在 *Distributed Systems: Principles and Paradigms* 一书中定义如下典型类型的复制协议：基于主复制协议（Primary Based Protocols）、客户端写复制协议（Client Replicate Write Protocols），如图 2-16 所示。

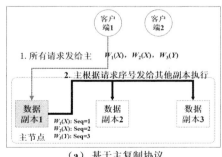 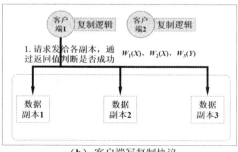

（a）基于主复制协议　　　　　（b）客户端写复制协议

图 2-16　复制协议对比

从图 2-16 中可见，正常情况下，基于主复制协议完成请求至少需要 2 跳（第 1 跳由客户端发送请求给主（Primary），第 2 跳由主并行将请求发给多个副本）。客户端写复制协议完成请求需要 1 跳（客户端并行发送请求给多个副本）。因此客户端写复制协议的时延更短，但在并发冲突时代价很大。而基于主复制协议增加了时延，但是高效地解决了并发冲突问题。

1. 基于主复制协议

基于主复制协议要求所有客户端将请求发给主，由主节点为请求编号，如图 2-16（a）所示。$W_1(X)$ 的序列号为 1、$W_2(X)$ 的序列号为 2、$W_3(Y)$ 的序列号为 3，由主将请求发给其他副本，其他副本根据数据副本的一致性模型（顺序一致性、因果一致性、最终一致性）执行请求。

同时主节点控制请求返回的决策机制。例如，复制副本总数为 N 时，采用最终一致性模型，保证主写入 $W_1(X)$ 成功，并且主收到其他副本写入 $W_1(X)$ 的响应。如果成功响应的总数 $\geq N/2+1$，则返回客户端 $W_1(X)$ 写入成功，在后端保证所有副本都写入 $W_1(X)$。当节点出现故障时，甚至主节点出现故障时，基于投票机制仍然保证能返回最新的 $W_1(X)$ 写入数据，从而在客户端维度体现为强一致性。

为了保证基于主复制协议在节点出现故障后能够快速恢复，可以采用日志复制技术，在实现上 VR/RAFT 是非常好的参考算法。

2. 客户端写复制协议

客户端写复制协议要求客户端部署复制逻辑代码实现数据复制，并且所有客户端能够并发地执行写入请求。由于不像基于主复制协议那样，由主节点负责请求的顺序性，因此并发冲突是客户端写复制协议的挑战，它只适合并发冲突较少的场景。为了解决并发冲突，客户端写复制协议提供了以下 2 种方案。

- 主动复制（**Active Replication**）。为了控制客户端并发冲突，客户端指定专用的协调节点生成序列号，由该协调节点负责为所有客户端请求生成序列号，序列号就是逻辑时钟（Logical Clock）技术，从而可以保证所有请求的先后顺序。但是该方法存在扩展性问题，因为所有客户端的请求都需要向它申请序列号，所以非常容易形成系统瓶颈。

- 投票复制（**Quorum-based Replication**）。投票是解决冲突的机制，定义系统的副本总数为 N，读该对象时成功返回的副本数为读投票 R_Q，写该对象时成功返回的副本数为写投票 W_Q，那么必须满足如下条件。

  条件 1：$R_Q + W_Q > N$

  条件 2：$W_Q > N/2$

  由于 $R_Q + W_Q > N$，表示读、写存在重叠，因此能够读到最新数据。同时 $W_Q > N/2$，表示写入超过一半成功，因此在副本节点出现故障后仍然能够让系统最终更新为最新值。如果写入冲突少，则投票复制非常好；如果冲突较多，则将带来复杂的冲突处理，并影响系统性能。

2.2.4　存储领域的复制技术应用

1．SAN/NAS 的复制技术

对于 SAN 的块和 NAS 的文件，应用需要复制时间点 $T_1 \sim T_2$ 的数据，基于复制数据源可以分为如下两种复制类型。

- **基于快照的复制**。在 T_1 时刻对块/文件打快照 1，T_2 时刻对块/文件打快照 2，只需要复制快照 1 和快照 2 的差量数据。
- **基于 IO 日志的复制**。记录 T_1 时刻到 T_2 时刻之间的数据更新 IO 请求，并把它记录到日志（对于文件系统来说，通常是文件变化日志），然后根据日志进行数据复制，技术上类似 VR 的日志复制。

从技术角度分析，基于快照的复制可以节约复制带宽，因为在 T_1 时刻到 T_2 时刻之间可能多次更新相同的数据块/文件（如 1000 次更新 100MB 文件 A），此时就只需要复制 1 次（文件 A 只占用 100MB 带宽）。基于 IO 日志的复制，可以实现更细粒度的时间点的恢复，业界基于该技术实现持续数据保护（Continuous Data Protection，CDP）功能。因为每次更新数据块/文件都需要复制，所以需要消耗更大的带宽。

针对数据从位置 A 复制到位置 B 的需求，基于业务定义的恢复点目标（Recovery Point Objective，RPO）和恢复时间目标（Recovery Time Objective，RTO），又分为如下 2 种复制方法。

- **同步复制**。请求写入时，必须同时写入位置 A 和位置 B 的存储，即使位置 A 的存储发生故障，位置 B 存储上的数据仍然存在，从而实现"零"恢复点目标。
- **异步复制**。请求写入时，只要位置 A 存储成功就返回客户端成功，在后端写入位置 B 存储，在位置 A 的存储发生故障后，位置 B 存储上的数据还能继续使用，但可能几分钟前的数据因未复制到 B 而丢失，从而实现分钟级的恢复点目标。

2．对象存储的复制技术

开源系统 CEPH 的对象存储构建在底层 RADOS（Reliable Autonomic Distributed Object Store）技术上，其核心是基于 OSD（Object Storage Device）的数据复制，而 OSD 采用的就是基于主复制协议，如图 2-17 所示。客户端将所有写请求都会发送给主 OSD，由主 OSD 向

从 OSD 复制数据，当所有从 OSD 完成写请求处理并成功响应后，主 OSD 才返回，客户端写请求完成。客户端读请求为保证强一致性，也会通过主 OSD 来执行，而不能去从 OSD 读数据，这尽管会增加主 OSD 的负载，但也保证能够读到最新的数据。

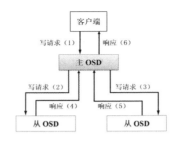

图 2-17　CEPH 的数据复制技术

CEPH 的 RADOS 采用基于主复制协议保证强一致性，因为块和文件存储语义上有迫切的强一致性要求，从而方便在此基础上支持 CEPH 块存储、文件存储、对象存储，但是强一致性会带来如下的不足。

- **主节点的性能瓶颈**。所有客户端的写、读请求都会到主节点，再加上主节点还要负责往多个从节点复制数据，因此主节点必然承受更大的性能压力。
- **时延增加**。客户端的写请求有 2 次网络转发，第 1 次到主节点，第 2 次到从节点，再加上网络往返，会增加请求的时延。

然而对象存储具有不可修改（Immutable）属性，写入的对象无法更新写，只能全部覆盖写，该特性决定对象的数据可以设计为无须支持并发写，只有对象的元数据存在并发写。也就是说，在整个数据路径上不需要所有环节都具备强一致性，所以可以进行如下优化。

- **基于主复制协议、客户端写复制协议分场景组合使用优化性能**。对象元数据存在并发请求访问，采用基于主复制协议实现强一致性，尽管会增加时延，但是会降低并发请求的处理难度。因为对象存储数据不可以修改，所以采用客户端写复制协议，它只需 1 次网络转发，而且可降低网络时延。综合起来，元数据的强一致性、数据的不可修改属性，使得对象存储具备强一致性。
- **优化投票，减少错误时的抖动**。数据冗余复制时，默认所有冗余数据被成功保存后再返回成功，但是分布式系统中网络异常、服务器故障、硬盘亚健康是常态，为了减少错误带来的抖动，可允许投票时无须所有冗余数据都完成处理的响应就可以返回成功，从而减少异常对时延的影响。例如，3 副本时可以完成 2 副本就返回（多数完成），RAID 和纠删码的 $N+M$ 冗余（N 份数据块、M 份校验块）时可以完成$(N+M)/2+1$块就返回（校验块多数完成），从而可以快速响应请求，减少抖动。

- **优化读并发，提高带宽。** 由于对象数据的不可修改属性，客户端可以并行地向多个副本读取数据，提高访问带宽。例如，客户端读取 3MB 数据，可以在主节点读取 1MB 数据，在另外两个从节点并行读取其他 2MB 数据，从而快速从三个节点读取数据，比只在一个节点读取数据性能优化了 3 倍。

公共云对象存储服务面对的场景和负载众多，通常会在不同的场景对本章所讲解的技术进行优化，保证对应场景应用的使用体验。

对象存储的同城冗余存储和跨地域复制特性，从功能定义层面类似于 SAN/NAS 存储的同步复制和异步复制，它们都关注复制的恢复点目标和恢复时间目标。

2.3　小结

在分布式系统中通过协调达成共识是普遍需求，部署在多台服务器间的进程都需要通信协调将关键数据达成一致。两将军问题首先提出不可靠网络的共识问题，然后逐步演化为存在拜占庭故障的拜占庭将军问题，通过对问题的分析提出原子广播解决方案，鉴于原子广播无法支撑数据持久化能力，业界提出改进优化的视图复制（VR）和 PAXOS，鉴于 PAXOS 的理论复杂度，业界又提出 RAFT，它将 PAXOS 用更简单的方式描述，同时参考 VR 的工程实现优化，如图 2-18（a）所示。

共识技术要支持数据持久化能力会用到日志复制技术。而分布式存储系统需要做数据冗余，也需要实现数据复制。数据复制需要基于一致性模型设计，分为客户端一致性模型、数据副本一致性模型。一致性模型的需求影响数据复制协议的实现，复制协议分为两类：基于主复制协议和客户端写复制协议，如图 2-18（b）所示。

共识技术和复制技术存在的关联性，就是基于主复制协议。同时复制协议也影响一致性，并和 CAP 理论有关联，值得深入的分析和研究。

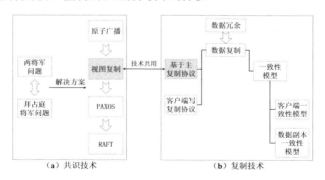

图 2-18　共识和复制对比

第 **3** 章

命名和同步

在分布式系统中制定好服务器命名（Naming）规则，是管理大规模机器的关键，每台服务器和每个部件都根据命名规则设置名字（Name），就可以快速定位所在位置，就像根据学校的班级、学号、姓名可以清晰地找到学生。例如，通过机器名字可以快速找到机器所在地域、数据中心、机架、机位等信息，同样通过机器的 IP 地址也可以快速确定内网、公网等信息，通过对象的名字也可以快速确认应用名信息。

分布式系统的数据会在多台机器之间传递，当跟踪数据路径优化性能或搜集系统日志分析问题时，通常会使用机器名字和时间作为参考，此时就需要分布式系统的多台机器之间的同步时间。业界典型时间同步技术有物理时钟同步、全球定位系统及原子钟同步技术。除此之外，由于多台机器之间物理时间无误差、精确的同步代价大，所以业界还会使用逻辑时钟技术，简便地实现机器间交互时序和同步数据。

3.1 命名技术

3.1.1 命名方式

命名方式分为名字、地址、标识符三种。

- **名字**。在信息科技领域，名字用字符串表示，它指定到具体的实体（Entity），如主机、打印机、邮箱、文件、网页等。
- **地址（Address）**。在信息科技领域，地址是寻址访问实体位置（Location）的信息，众所周知，在网络环境中常用 IP 地址来访问机器，这里分为三种：IPv4 地址、IPv6 地址和 MAC 地址。
- **标识符（Identifier）**。在信息科技领域，标识符就是字符串，可以表示各类实体，如通用唯一标识符（Universally Unique Identifier，UUID）。

通常来说，网页用统一资源定位符（URL）的名字展现，先通过域名系统（DNS）解析为 IP 地址，然后基于 IP 地址访问数据。而 URL 名字和 IP 地址都算是一种标识符，用来标记具体的资源实体。

1. URL 命名

URI（统一资源标识符）、URL、URN（统一资源名称）都是名字的具体应用。其中，URI 用于描述资源，URL 是 URI 的特定类型，用地址定位资源，URN 是 URI 的特性类型，用名称定位资源。

URI 的命名策略如图 3-1 所示，通常包含 scheme、authority、path、query、fragment 等参数。

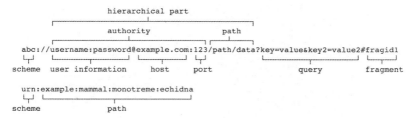

图 3-1　URI 的命名策略

URI 最常见的形式是 URL，通常用来描述网址。URI 较少见的形式是 URN，它是 URL 的补充，用资源标识符来寻址。

URL 遵从 URI 的命名规范，例如"http://www.example.com/index.html"。其中 http 就是 scheme，www.example.com 就是 authority（也叫作 hostname）、index.html 就是 path（对应文件）。URL 最常用于网页（scheme 为 http），也用于文件传输（scheme 为 ftp）、邮箱（scheme 为 mailto）、数据库访问（scheme 为 JDBC）等。

URN 也遵从 URI 的命名规范，只是使用 urn 作为 scheme，如下是典型示例。

- urn:ietf:rfc:2648 表示 IETF 发布的 RFC 2648 标准。
- urn:uuid:6e8bc430-9c3a-11d9-9669-0800200c9a66 表示 UUID 信息。

2. IPv4 地址

IPv4（Internet Protocol version 4，互联网协议版本 4）是互联网协议开发过程中的第 4 个修订版本，也是该协议第 1 个被广泛部署和使用的版本。

IPv4 使用 32 位（4 字节）地址，因此地址空间中只有 4 294 967 296（2^{32}）个地址，典型的 IPv4 地址为 101.207.252.145。尽管有 2^{32} 个地址，但某些地址段为特殊用途保留，如专用网络地址（约 1800 万个地址）和多播地址（约 2.7 亿个地址），这减少了互联网上可用地址的数量。

1）分类地址

基于 IPv4 地址的首字节，按照二进制将 IPv4 地址分为 A 类地址、B 类地址、C 类地址、D 类地址、E 类地址，如表 3-1 所示。

表 3-1　IPv4 分类地址

	A 类地址	B 类地址	C 类地址	D 类地址	E 类地址
网络标志位	0xxxxxx.*.*.*	10xxxxxx.*.*.*	110xxxxx.*.*.*	1110xxxx.*.*.*	11110xxx.*.*.*
IP 地址范围	1.0.0.0~ 127.255.255.255	128.0.0.0~ 191.255.255.255	192.0.0.0~ 223.255.255.255	224.0.0.0~ 239.255.255.255	240.0.0.0~ 247.255.255.255
主机是否可用	是	是	是	否	否
每个网络可容纳主机数	16 777 214（2^{24}–2）	65 534（2^{16}–2）	254（2^8–2）	NA	NA
适用范围	大量主机的大型网络	中等规模主机数的网络	小型局域网	留给 Internet 体系结构委员会使用，组播地址	保留，仅作为搜索、Internet 的实验和开发用

在域名出现大约 10 年后，基于分类网络（A/B/C/D/E 类地址）进行地址分配和路由 IP 数据包的设计就出现了扩展性不足的问题。因为分类网络的 C 类地址可分配的最小地址块有 256 个（24 位前缀，8 位主机地址，2^8=256），而这对大多数企业来说太少。而 B 类地址块有 65 536 个（16 位前缀，16 位主机，2^{16}=65 536），而这对大公司来说都太多。因此导致不能充分使用 IP 地址块，并且路由配置也不方便。

2）无类别域间路由

为了解决以上问题，互联网工程工作小组在 1993 年发布一新系列的标准——RFC 1518 和 RFC 1519，它们描述了重新分配 IP 地址块和路由数据包的方法，这就是无类别域间路由（Classless Inter-Domain Routing，CIDR）技术。该技术的核心是基于可变子网掩码（Variable Length Subnet Masking，VLSM）的地址前缀分配，包括如下特点。

- 可变子网掩码技术。遵从 CIDR 规则的地址，会用数字指定前缀位数。例如，192.168.0.0/16 就是用 16 指定前缀长度，从而更高效地使用地址。
- 将多个连续的前缀聚合成超网，总体上减少路由表的表项数目，聚合使得互联网的路由表不用分为多级。

CIDR 地址块表示方法和 IPv4 地址块表示方法类似，如 A.B.C.D/*N*。其中 A.B.C.D 为四部分组成的点分十进制地址，后跟一个斜线（/），最后是范围在 0～32 的一个数字（表示前缀的长度，也就是从左到右被地址块中的地址共享的比特位数目）。如图 3-2 所示，指定 CIDR 块为 10.10.1.32/27，根据 CIDR 从左到右的比特位比较 27 位原则，10.10.1.44 属于该块，但 10.10.1.90 不属于该块。

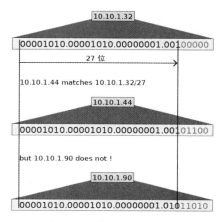

图 3-2　IPv4 无类别域间路由（CIDR）

3）CIDR 地址块包含主机数

CIDR 通过前缀路由聚合，将多个原有的 C 类（/24）网络聚合，对外显示为 a.b.c.d/20 的网络（假设这些网络的地址前 20 位都相同），从而有效地减少了对外显示的网络数，防止了路由表爆炸。如表 3-2 所示，CIDR 斜线后的数字 N 决定该网络的主机数（该值为 2^{32-N}）。通过合理设置 N 值，可以灵活地支持不同规模的子网，而不像 A/B/C/D 类地址那样以 8 位为粒度。

表 3-2　IPv4 CIDR 地址计算主机数

CIDR 地址块	地址差值	掩码	主机数(*)
a.b.c.d/32	+0.0.0.0	255.255.255.255	1（N=32，$2^{32-N}=2^{32-32}=1$）
a.b.c.d/31	+0.0.0.1	255.255.255.254	2（N=31，$2^{32-N}=2^{32-31}=2$）
......	......	......	......
a.b.0.0/16	+0.0.255.255	255.255.000.000	65 536（N=16，$2^{32-N}=2^{32-16}=65\ 536$）
a.b.0.0/15	+0.1.255.255	255.254.000.000	131 072（N=15，$2^{32-N}=2^{32-15}=131\ 072$）
......	......	......	......
a.0.0.0/8	+0.255.255.255	255.000.000.000	16 777 216（N=8，$2^{32-N}=2^{32-8}=16\ 777\ 216$）
a.0.0.0/7	+1.255.255.255	254.000.000.000	33 554 432 2（N=7，$2^{32-N}=2^{32-7}=335\ 544\ 322$）

4）CIDR 地址块用途

基于 IPv4 CIDR 的地址块用途如表 3-3 所示。

表 3-3　基于 IPv4 CIDR 的地址块用途

CIDR 地址块	描　　述	参 考 资 料
0.0.0.0/8	本网络（仅作为源地址时合法）	RFC 6890
10.0.0.0/8	专用网络	RFC 1918
100.64.0.0/10	电信级 NAT	RFC 6598
127.0.0.0/8	环回	RFC 5735
169.254.0.0/16	链路本地	RFC 3927
172.16.0.0/12	专用网络	RFC 1918
192.0.0.0/24	保留（IANA）	RFC 5735
192.0.2.0/24	TEST-NET-1，文档和示例	RFC 5735
192.88.99.0/24	6to4 中继	RFC 3068
192.168.0.0/16	专用网络	RFC 1918
198.18.0.0/15	网络基准测试	RFC 2544
198.51.100.0/24	TEST-NET-2，文档和示例	RFC 5737
203.0.113.0/24	TEST-NET-3，文档和示例	RFC 5737
224.0.0.0/4	多播（之前的 D 类网络）	RFC 3171
240.0.0.0/4	保留（之前的 E 类网络）	RFC 1700
255.255.255.255/32	受限广播	RFC 919

基于 IPv4 CIDR 创建的地址由互联网号码分配局（Internet Assigned Numbers Authority，IANA）和区域互联网注册管理机构（Regional Internet Registries，RIR）管理，每个 RIR 均维护着一个公共的 WHOIS 数据库，以此提供 IP 地址分配的详情。由于 IPv4 的地址空间有限（总共 2^{32} 个地址），因此分配地址时应考虑到各种用途，如表 3-3 所示，特别是专有网络的 3 个地址。

- 10.0.0.0/8 的 A 类专用网络地址。地址范围为 10.0.0.0～10.255.255.255，支持 16 777 216 台专用网络主机。
- 172.16.0.0/12 的 B 类专用网络地址。地址范围为 172.16.0.0～172.31.255.255，支持 1 048 576 台专用网络主机。
- 192.168.0.0/16 的 C 类专用网络地址。地址范围为 192.168.0.0～192.168.255.255，支持 65 536 台专用网络主机。

3．IPv6 地址

随着互联网用户激增，App 也迅速繁荣发展，IPv4 地址被快速消耗，可用的公网地址接近枯竭，为此引入 IPv6。为了支持更大的地址空间，IPv6 长度从 IPv4 的 32 位增长到 128 位。

IPv6 的地址长度为 128 位，以 16 位为一组，每组以冒号 ":" 隔开，可以分为 8 组，每组以 4 位十六进制数表示。

IPv6 计划作为未来互联网扩展的基础，其目标是取代 IPv4，虽然 IPv6 在 1994 年就已被 IETF 指定为 IPv4 的下一代标准，但由于早期的路由器、防火墙、企业的资源计划系统及相关应用程序皆须改写，因此在世界范围内使用 IPv6 部署的公网与 IPv4 相比还少很多。技术上仍以双架构并存居多，预计在 2025 年前 IPv4 仍会被支持，以便给 IPv6 的修正留下足够的时间。

IPv6 与 IPv4 不同之处在于定义了新的分组格式，目的是最小化路由器处理的消息标头。由于 IPv4 消息和 IPv6 消息标头有很大不同，因此这两种协议无法平滑升级。但是在大多数情况下，IPv6 仅仅是对 IPv4 做了保守扩展，因此除了嵌入互联网地址的那些应用协议（如 FTP、NTPv3），大多数传输层协议和应用层协议几乎不怎么需要修改就可以在 IPv6 上运行。同时，IPv6 包含以下三类地址。

- **单播地址（Unicast Address）**。它指定网络的地址，常用于点对点通信，类似 IPv4 地址，包含如下的子类。
  - ➤ **本地链路地址（Local-Use IPv6 Unicast Addresses，LUA）**。前缀是 "fe80::/10" 的地址，用于本地网络。当网络包的目标地址包含 IPv6 的 LUA 时，路由器不转发该网络包，所以 IPv6 的 LUA 在某种程度上可理解为 IPv4 的专有网络地址。
  - ➤ **全局地址（Global Unicast Addresses，GUA）**。前缀以二进制数 001 开头的地址，可在任何网络上使用。某种程度上，可理解为 IPv4 互联网地址。
  - ➤ **未指定地址（Unspecified Address）**。地址 "0:0:0:0:0:0:0:0" 就是未指定地址，表示没有地址且决不会将它分配给主机使用。例如，在主机学习自己地址时，就会发送源地址为 "未指定地址" 的网络包。
  - ➤ **回送地址（Loopback Address）**。地址 "0:0:0:0:0:0:0:1" 就是回送地址，也可以缩写为 "::1"，节点使用该回送地址向其自身发送信息包。
- **多播地址（Multicast Address）**。如果单播地址是点对点的机器通信，多播地址则是单个地址对应多个机器，实现一对多的通信。多播地址的前缀是 "ff"，如果向多播地址发送数据包，就会向该组的每个成员都传递该数据的副本。
- **广播地址（Anycast Address）**。介于单播地址和多播地址之间，结合 CIDR 的子网前缀，将数据包发送给子网内的所有地址的机器，如图 3-3 所示，广播将发给 2^{128-n} 个地址的机器。

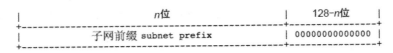

图 3-3　广播的子网前缀

4．MAC 地址

MAC 地址，也称为局域网地址（LAN Address）、以太网地址（Ethernet Address）或物理地址（Physical Address），用来确认网络设备位置的地址。在 OSI 模型中，第三层网络层负责 IP 地址，第二层数据链接层则负责 MAC 地址。MAC 地址用于在网络中唯一标示网卡，一台设备若有多个网卡，则每个网卡都会有唯一的 MAC 地址。

假设某路由器有 1 个 WAN 端口和 4 个 LAN 端口，那么 WAN 端口会有 1 个如 61.61.61.61 的 IP 地址，也会有 1 个如 00:0A:02:0B:03:0C 的 MAC 地址。它的 4 个 LAN 端口各自会分配到典型如 192.168.1.0/24 的 IP 地址（共 4 个地址），4 个 LAN 端口各自会有不同的 MAC 地址。

MAC 地址共 48 位（6 字节），通常以十六进制表示。第 1 位控制地址类型，为 0 表示单播地址（Unicast），为 1 表示多播地址（Multicast）；第 2 位控制用途，为 0 表示全局地址（Globally），为 1 表示本地地址（Locally）。前 3～24 位由 IEEE 决定如何分配给每一家制造商，且不重复，后 24 位由实际生产该网络设备的厂商自行指定且不重复。MAC 地址格式如图 3-4 所示。

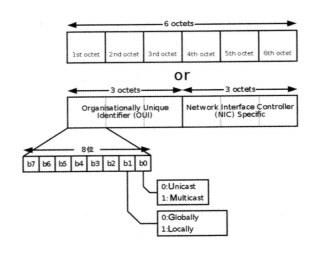

图 3-4　MAC 地址格式

例如，"ff:ff:ff:ff:ff:ff" 是 MAC 的广播地址，"01:xx:xx:xx:xx:xx" 是 MAC 的多播地址。

5．UUID

通用唯一标识符（Universally Unique Identifier，UUID）是在计算机体系中用于标记信息的 128 位标识符，也叫作全局唯一标识符（Globally Unique Identifier，GUID）。它在单机内就可以生成，并且多台机器生成的 UUID 冲突率接近为零。

UUID 由 16 字节的数组成，理论上总数为 2^{128}。按照 UUID 基于时间生成的原理，即使每纳秒（ns）产生 1 万亿个 UUID，也要花 100 亿年才会将所有 UUID 用完。UUID 的标准格式，包含 32 个十六进制数，以连字号分为 5 段，形式为 8-4-4-4-12 的 32 个字符。UUID 格式如图 3-5 所示。

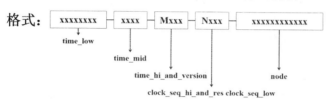

例如：123e4567-e89b-12d3-a456-426655440000

图 3-5　UUID 格式

UUID 包含 time_low、time_mid、time_hi_and_version、clock_seq_hi_and_res clock_seq_low 和 node 字段，具体描述如表 3-4 所示。

表 3-4　UUID 格式字段描述

字段名	长度（字节）	描　　述
time_low	4	系统时间值整数的低位（32 位）
time_mid	2	系统时间值整数的中间位（16 位）
time_hi_and_version	2	前 4 位是版本（图 3-5 中的 M），后 12 位是系统时间值整数的高位
clock_seq_hi_and_res clock_seq_low	2	前 3 位是变体（图 3-5 中的 N），后 13 位是时钟序列
node	6	48 位的节点 ID

3.1.2　命名分类

基于前面的命名介绍，可以从技术上将命名分为三类：平坦命名（Flat Naming）、结构化命名（Structured Naming）和基于属性命名，它们各自有特色。

1. 平坦命名

平坦命名也叫作非结构化命名（Unstructured Naming），该命名方式下名字本身就是一串字符串，没有包含额外的信息。例如，IP 地址、MAC 地址、UUID 就采用了平坦命名策略。

对于平坦命名的实体，典型的寻址方式有两类。

- **按字节比对寻址。** 该方法就是根据实体的名字，逐字节比较寻址。

```
% netstat -rn
Routing Table: IPv4
Destination          Gateway              Flags  Ref   Use      Interface
-------------------- -------------------- ----- ----- ------ ------------
----
  192.168.5.125        192.168.5.10          U     1    5879       ipge0
  224.0.0.0            198.168.5.10          U     1    0          ipge0
  default              192.168.5.10          UG    1    91908
  127.0.0.1            127.0.0.1             UH    1    811302     lo0
```

- **按哈希计算寻址。** 该方法通过计算实体名字得到哈希值，然后利用类似一致性哈希（Distributed Hash Table，DHT）寻址，如图 3-6 所示。将名字通过哈希函数（Hash Function）计算得到寻址键（Key）。在点对点的（Peer-to-Peer，P2P）分布式网络中，Key 存放数据的机器节点（NodeID）直接通过 Hash（Key）得到，从而实现快速地寻址。

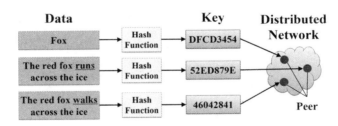

图 3-6　一致性哈希（DHT）寻址

2. 结构化命名

平坦命名的名字简单，不包含太多意义，非常适合机器使用，但是人为管理则不太容易用，也不容易读懂。例如，IP 地址本身就不包含太多意义，对人来说就是一串数字。为了让人类可读易记，结构化命名被提出。此时名字可以用图的方式表示，特别是用树的分层结构表示。例如，文件系统的绝对路径和相对路径就是树形结构的命名，而互联网 URL 中的主机名（hostname）也是类似树形结构的命名。如图 3-7 所示，将域名划分为各个子域，子域还可以继续划分为子域的子域，从而形成顶级域名、主域名、子域名等。

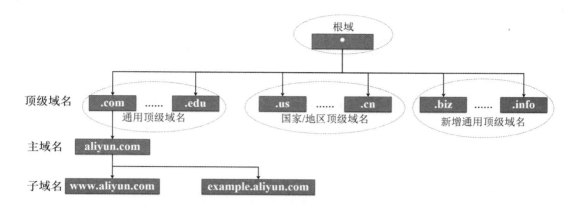

图 3-7　DNS 域名分层结构

图 3-7 中，".com" 是顶级域名；"aliyun.com" 是主域名（也可称托管一级域名），主要指企业名；"example.aliyun.com" 是子域名（也可称为托管二级域名），它位于 ".com" 顶级域名之下；"www.example.aliyun.com" 是子域名的子域（也可称为托管三级域名）。

3．基于属性命名

平坦命名和结构化命名从某种程度看都是单维度的名字信息，但是在分布式系统中，希望每个实体包含更多的信息，因此常常需要为实体关联一组属性（通常采用"属性、值"来表示），并从多个维度来描述实体。例如，业界常用的轻型目录访问协议（Lightweight Directory Access Protocol，LDAP），其单条记录就包含如图 3-8 所示的多维度属性。

```
dn: uid=user,ou=people,dc=example,dc=com
changetype: add
objectClass:top
objectClass:person
uid: user
sn: last-name
cn: common-name
userPassword: password
```

图 3-8　LDAP 多维度属性

3.1.3　对象存储命名应用

对象存储作为复杂的云服务，综合应用了结构化命名、平坦命名、基于属性命名技术，支撑不同的场景和功能需求。

客户端请求访问"image-demo.oss-cn-hangzhou.aliyuncs.com/example.jpg"对象时，将按照如下步骤执行，如图 3-9 所示。

图 3-9　对象存储命名技术应用

（1）解析 URL 的主机名 image-demo.oss-cn-hangzhou.aliyuncs.com，得到对象存储服务主机的 IP 地址，该过程采用结构化命名的树形解析方法。

- 解析域名时，从 com 顶级域名查询到 aliyuncs 机构/企业。
- 企业在内部解析时按照 aliyuncs→oss-cn-hangzhou→image-demo 顺序，找到该域名绑定的主机的 IP 地址，如 118.31.219.189 的 IPv4 地址。

（2）客户端将请求包发送到 IPv4 地址为 118.31.219.189 的机器（如服务器 X），同时包含完整的 URL 名。此时服务器 X 会将请求和 URL 发送到对象存储的后端服务器（如服务器 B）。

（3）服务器 B 通过传入的 URL 得到对象名 example.jpg，然后按照平坦空间寻址方法找到数据所在硬盘的 UUID。其中平坦空间寻址方法通常有两种：按范围分区（Range Partition）的字节比对查找和按哈希分区（Hash Partition）的计算查找。

（4）根据对象名 example.jpg 对应的硬盘的 UUID，就可以取回数据。

（5）同时，对象存储支持标签功能。标签按照基于属性命名技术组织，提供 Key-Value 的键值对，从而为该对象提供更多维度的信息。

1．域名解析

域名系统（Domain Name System，DNS）除定义域名规则外，其核心是要做域名解析，以下是典型的域名配置记录。

```
NAME              TTL      RPT     VALUE
www.example.com   400      NS      example.com
```

```
www.taobao.com          400      A         101.37.183.170
```

其中 NAME 字段表示要解析的名字，TTL 表示记录的缓存有效时间，RPT 表示 DNS 记录的类型，VALUE 表示该类型的值，第二条记录就是将名字 www.taobao.com 解析为 IPv4 地址 101.37.183.170。

DNS 支持常见的记录类型（RPT 字段）如下。

- **A 类型**。IPv4 记录，支持将域名映射到 IPv4 地址。
- **AAAA 类型**。IPv6 记录，支持将域名映射到 IPv6 地址。
- **CNAME 类型**。别名记录，支持将域名指向另外一个域名。
- **MX 类型**。电子邮件交互记录，支持将域名指向邮件服务器地址。
- **TXT 类型**。文本记录，是任意可读的文本 DNS 记录。
- **SRV 类型**。服务器资源记录，用来标志某台服务器使用了某个服务，常见于微软系统的目录管理。
- **NS 类型**。名称服务器记录，支持将子域名委托给其他 DNS 服务商解析。
- **CAA 类型**。证书资源记录，可以限定域名颁发证书和 CA（证书颁发机构）之间的联系。

域名查询的解析方法有两种：递归查询和迭代查询，如图 3-10 所示。DNS 客户端查询服务时，通常都采用递归查询，DNS Resolver 全权处理客户端的 DNS 查询请求，直到返回最终结果，如图 3-10 中的步骤 1 和步骤 8。而 DNS 服务端之间，通常采用迭代查询，如图 3-10 中的步骤 2～步骤 7。

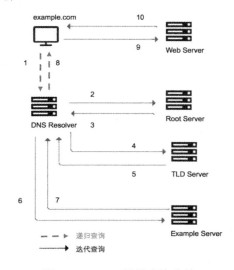

图 3-10　DNS 解析查询方法

2．公网地址路由

通过 DNS 查询到对象存储域名 image-demo.oss-cn-hangzhou.aliyuncs.com 的互联网 IP 地址（也叫作公网 IP 地址）为 118.31.219.189，客户端将数据包的目的地址填写为 118.31.219.189，通过互联网的路由就可以到达对象存储服务。

互联网带宽通常分为普通线路和边界网关协议（Border Gateway Protocol，BGP）线路，BGP 线路质量高，绑定单个 IP 地址就可以支持多个运营商的链路，并具有链路冗余备份、消除环路等特性，只是价格比普通线路贵。

3．专有网络地址交换

对象存储服务提供海量数据存储能力，数据中心内的大规模服务器不需要使用公网 IP 对外提供服务，而且也不安全，为此采用专有网络地址来进行通信。例如，IPv4 的专有网络地址段 10.0.0.0/8、172.16.0.0/12、192.168.0.0/16，常常作为数据中心内服务器的地址。

专有网络通常采用数据中心交换机进行数据交换，通过将专有网络地址转换为 MAC 地址，从而在交换机内实现 MAC 地址转发端口的映射，最终可以将数据包发送到和交换机连接的服务器。

4．MAC 地址访问

地址解析协议（Address Resolution Protocol，ARP）将 IP 地址转换为 MAC 地址，从而支撑数据包的转发。例如，服务器 X 的 IP 地址为 172.16.1.1，对应的 MAC 地址为 0A-12-34-56-78-91；服务器 Y 的 IP 地址为 172.16.11.2，MAC 地址为 0A-12-34-16-38-91。当服务器 X 要与服务器 Y 通信时，ARP 将服务器 Y 的 IP 地址（172.16.11.2）解析成服务器 Y 的 MAC 地址，处理步骤如下。

（1）根据服务器 X 的路由表，确认访问服务器 Y 的 IP 地址是 172.16.11.2。服务器 X 在本机 ARP 缓存中检查服务器 Y 的 MAC 地址。

（2）如果服务器 X 在 ARP 缓存中未找到服务器 X 的 MAC 地址，那么 ARP 将查询得到它的 MAC 地址，此时 ARP 将请求包广播到本地专有网络上的所有服务器，并且服务器 X 的 IP 地址和 MAC 地址都包含在请求中。本地网络的每台服务器都将接收到 ARP 请求，并且检查是否与自己的 IP 地址匹配。若服务器 Y 发现 ARP 请求中的 IP 地址与自己的 IP 地址不匹配，则丢弃 ARP 请求。

（3）若服务器 Y 发现 ARP 请求中的 IP 地址与自己的 IP 地址匹配，则将服务器 X 的 IP 地址和 MAC 地址映射添加到本地 ARP 缓存。

（4）服务器 Y 将包含自身 MAC 地址的 ARP 响应直接返回给服务器 X。

（5）服务器 X 收到从服务器 Y 发来的 ARP 响应后，用服务器 Y 的 IP 地址和 MAC 地址信息更新 ARP 缓存。本机缓存具有有效期（Time To Live，TTL），TTL 结束后将再次重复上述过程。

通过 ARP 得知到服务器 Y 的 IP 地址和 MAC 地址后，服务器 X 就能通过交换机向服务器 Y 发送数据包。

5．盘标志符

每台服务器上的硬盘都有 UUID，保证在服务器重启、更换盘槽位后都能提供固定的硬盘访问路径，如 Linux 操作系统下的/dev/sda、/dev/sdb、/dev/sdz 盘符。

基于盘的 UUID 和访问路径，就可以保证对象存储的数据访问请求会发送到正确的盘，从而得到正确的数据，并最终将它返回给客户端。

3.2　物理时钟同步

对象存储分布式系统基于 DNS 管理海量的服务器，而且需要在服务器之间通信并交互信息，因此服务器之间的时间同步就非常重要，不仅在数据平面、管理平面、控制平面，而且在系统监控、日志分析时也需要基于时间顺序来处理记录。因此，分布式系统的时钟同步显得极其重要。

3.2.1　物理时钟同步技术

服务器的软、硬件运行需要时间信息，特别是软件运行时常常要获取系统时间。服务器系统时间依赖时钟源，它可以来自服务器本地（如服务器主板的晶体振荡器）或者外部时钟源（如外部的全球定位系统）。对于分布式系统来说，多台机器组成集群或者云服务，它们之间的时间一致非常重要，因此需要做好时钟同步。

1．物理时钟

掌握物理时钟，需要了解如下技术。

- **硬件时间**。服务器硬件的主板上有个晶体振荡器，通过独立电池给它供电就会产生振荡信号，通过该信号就可以计算时间，该时钟源就是服务器本地的物理时钟。例如，频率为 32 768Hz 的振荡器，振荡 32 768 次就表示 1s。

- **系统时间**。基于服务器的硬件时间，操作系统可以计算出系统时间。例如，Linux 系统下执行 date 命令，就可以显示系统时间，操作系统的所有时间调用几乎都是使用该时间的。
- **世界协调时间（UTC）**。UTC 是依据原子钟（世界上已知最准确的时间测量和频率标准）为基础，指定的主流世界时间标准。它把时间分为天、小时、分钟和秒，并提供精准的时间参考。
- **本地时间**。由于不同地区会处于不同时区，通常与 UTC 不同，需要做换算，换算公式为"本地时间=UTC+时区"。

服务器晶体振荡器的硬件时间在正常情况下会有一定的误差，在典型情况下每天误差为±1s，而且在极端温度下（如-20℃），误差会变大。

2．全球定位系统

服务器晶体振荡器的硬件时间随着服务器运行时间增加，误差会增加到分钟级，甚至小时级，为此需要时间精度更高的时钟源，如全球定位系统和中国北斗卫星导航系统。

全球定位系统（Global Positioning System，GPS），又称全球卫星定位系统，是美国国防部研制和维护的中距离圆形轨道卫星导航系统。它可以为地球表面绝大部分地区（98%）提供准确的定位、测速和高精度的标准时间。GPS 可满足位于全球地面任何一处或近地空间的军事用户连续且精确地确定三维位置、三维运动和时间的需求。GPS 系统主要由空间星座部分、地面监控部分和用户设备部分组成。空间星座部分最初由 24 颗卫星组成（21 颗为工作卫星，3 颗为备用卫星），截至 2018 年 10 月在轨的工作卫星共有 31 颗（不包括备用卫星）。地面监控部分由 1 个主控站、12 个地面天线站和 16 个监测站组成。用户设备部分为 GPS 接收机，主要作用是从 GPS 卫星收到信号并利用传来的信息计算用户的三维位置及时间。GPS 所能接收到的卫星信号越多，解码出来的信息就越精确，通常能够达到 40ns 的时间精度。

中国北斗卫星导航系统（BDS）是中国自行研制的全球卫星导航系统，也是继 GPS、GLONASS 之后的第三个成熟的卫星导航系统。中国 BDS、美国 GPS、俄罗斯 GLONASS 和欧盟 GALILEO，是联合国卫星导航委员会已认定的卫星导航系统供应商。BDS 由空间段、地面段和用户段三部分组成，可在全球范围内全天候、全天时为各类用户提供高精度、高可靠的定位、导航、授时服务，并且具备短报文通信能力，已经初步具备区域导航、定位和授时能力，定位精度为 dm、cm 级别，测速精度为 0.2m/s，授时精度为 10ns。

服务器可以连接 GPS 或者 BDS，将其作为系统的外部时钟源来设置硬件时间，从而提供比晶体振荡器更加精确的时间。

3．原子钟

随着 CPU 的主频提升，更高精度的时间需求也越来越迫切，为此需要比 GPS 或者 BDS 的 10ns 级精度更高的时钟源。

原子钟（Atomic Clock，AC）是以原子共振频率标准来计算时间的技术。它是世界上已知最准确的时间测量和频率标准，也是国际时间和频率转换的基准，用来控制电视广播和全球定位系统卫星的信号。例如，意大利国立计量研究所于 2016 年 2 月报道的铯原子钟在 1 亿 8 千 7 百万年的时间内的误差不会超过 1s。

谷歌公司在 2012 年的 *Spanner: Google's Globally-Distributed Database* 论文中就提道基于原子钟的 Truetime 技术有效地支撑分布式系统的设计。

3.2.2 对象存储物理时钟同步应用

作为分布式系统的对象存储云服务，需要管理大规模的服务器，它们之间的时钟同步通常基于网络时间协议（Network Time Protocol，NTP），即基于网络包交换实现计算机系统间的时钟同步协议，位于开放式系统互联（Open System Interconnection，OSI）模型的应用层。

NTP 希望将所有参与时间同步的服务器时间与 UTC 时间同步到几毫秒的误差内，它使用 Marzullo 算法的修改版来选择准确的时间服务器，目的是减轻网络延迟造成的影响。NTP 通常可以在互联网保持几十毫秒的误差，并在理想的专有局域网环境中实现 1ms 级别的精度。NTP 构架分层如图 3-11 所示。

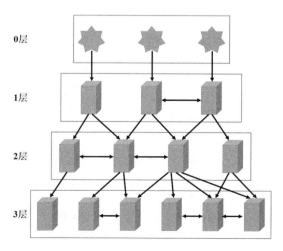

图 3-11　NTP 架构分层

NTP 时间源系统架构的每个层次称为"Stratum"，分层的数字表示与参考时钟的距离，用于防止层次结构中的循环依赖。阶层并不一定表示质量或可靠性，也许 3 层时间源可以得到比 2 层时间源更高的时间质量。0 层、1 层、2 层、3 层的简要描述如下。

- **0 层（Stratum 0）**。该层是高精度时间源设备，如原子钟、BDS 或 GPS。它们生成非常精确的时钟信号，触发连接计算机上的中断和时间戳，生成参考（基准）时钟，形成 NTP 的时钟源头。
- **1 层（Stratum 1）**。该层的服务器与 0 层设备相连，可以在几微秒误差范围内。该层的服务器可以实现对等相连，以进行完整性检查和备份。该层的服务器也叫作主时间服务器。
- **2 层（Stratum 2）**。该层的服务器与 1 层设备相连实现时钟同步。该层的服务器可以实现对等相连，为该层的所有服务器提供更健全、更稳定的时间。
- **3 层（Stratum 3）**。该层的服务器与 2 层设备相连实现时钟同步，它们使用与 2 层相同的算法进行对等相连和数据采样，并可以继续为下层服务器做时钟同步，依此类推。

层的上限为 15，16 层被标志为设备未同步。通过这种树形、分层的架构，可以实现大规模系统内海量服务器的时钟同步。

除对象存储内的时钟同步外，发送请求的客户端也有可能和对象存储云服务出现时间误差问题。为了保证客户端和服务端的时间误差在可控范围内，对象存储服务端会检查"客户端本地时间和对象存储服务端时间误差是否超过 15min"。若超过 15min，则服务端会给客户端返回错误码为 RequestTimeTooSkewed 的响应。

3.3　逻辑时钟

在分布式系统中，如果物理时钟精度不够或者误差太大，就会使用逻辑时钟（Logical Clock）来控制系统不同组件、进程之间事件的时间先后顺序。

3.3.1　逻辑时钟技术

业界逻辑时钟的典型实现有软件序号器的兰伯特时间戳（Lamport Timestamp）、时间偏序（Partial Ordering）的向量时钟（Vector Clock）、副本顺序（Order Replicas）的版本向量（Version Vector）等。

1．逻辑时钟

1978 年，图灵奖获得者 Leslie Lamport 在其发表的论文 *Time, clocks, and the ordering of events in a distributed system* 中详细描述了逻辑时钟实现，核心点是先后顺序（Happened Before）和序号计数（Software Counter）。

先后顺序按照数学理论偏序的定义如下。

- 相同进程内，如果事件 a 先于事件 b 发生，就表示为 a->b。
- 不同进程内，如果事件 X 是进程 A 发送消息，事件 Y 是进程 B 接收该消息，那么事件 X 一定先于事件 Y 发生，就表示为 X->Y。

事件发生的先后顺序，可以很方便地用软件计数（Software Counter）实现序号，而序号的大小可以判断先后顺序。如图 3-12 所示，如果没有逻辑时钟技术，第 3 步发生时可能第 1 步因为网络问题还没有完成数据写入磁盘的操作，从而导致第 3 步读到磁盘的历史数据。但是引入逻辑时钟后，可以通过序号值确定先后顺序，保证系统设计正确性。

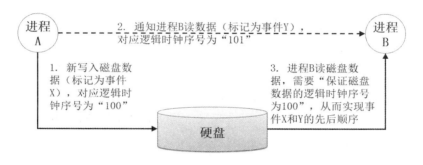

图 3-12　逻辑时钟示例

2．向量时钟

基于逻辑时钟非常容易实现两台服务器或两个进程间的事件先后顺序裁决，但是如果在多台服务器或多个进程的情况下继续使用就需要选出唯一的序号生成器，众多服务器都向该序号生成器申请序号以判断先后顺序，此时会导致序号生成器成为系统瓶颈。

向量时钟通过组合多个本地计数器来判断事件的先后顺序，不需要唯一的序号生成器就可以实现关联事件的先后顺序裁决。如图 3-13 所示，事件 1-1 到事件 1-10 具有先后顺序，每个事件都由一个或多个本地计数器组成。例如，事件 1-5（由[A:2，B:2，C:1]三个本地逻辑时钟组成）和事件 1-6（由[A:2，B:4，C:1]三个本地逻辑时钟组成）之间存在先后顺序，而事件 2-1（由[B:3，C:1]两个本地逻辑时钟组成）和事件 1-5（由[A:2，B:2，C:1]三个本地逻辑时钟组成）之间就无法判断先后顺序，是独立的两个事件。

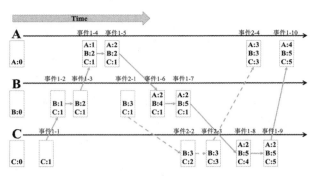

图 3-13   向量时钟示例

在分布式对象存储服务中，读/写不同的对象就是独立的事件，而先写对象、再读取对象就存在先后顺序，特别是大规模客户端并发读/写相同对象时就需要控制先后顺序。

3．版本向量

不管是逻辑时钟还是向量时钟，它们都集中解决事件的先后顺序问题。而版本向量可以在分布式系统中跟踪数据的变化，特别是多个客户端在不同的时间更新数据的变化。

客户端 1 和客户端 2 在不同时间更新数据存储 R1 上的对象 X。每次更新记录版本时，R1 按时间顺序记录数据更新有 3 个，组合起来就是[X:1=AAA，X:2=BBB，X:3=CCC]，从而形成版本向量，如图 3-14（a）所示。针对分布式系统，数据会保存为多个副本，每个副本都会有版本向量，将多个副本的版本向量组合起来就形成了版本矩阵（Version Matrix），如图 3-14（b）所示。

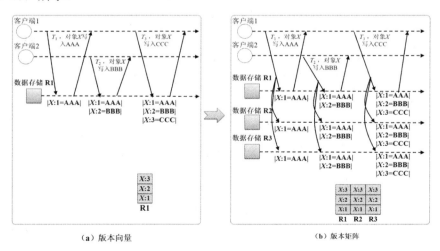

图 3-14   版本向量示例

由于系统的更新有依赖关系，每次更新只有在确认上次版本写入成功后才能覆盖，此时就会存在历史版本的清理问题，因此需要在数据存储侧对版本向量进行合并删减。而在分布式冗余存储中，还需要结合多个副本的一致性进行处理，这些都是分布式系统的挑战点。

4．多版本并发控制

数据库领域中广泛使用的多版本并发控制（Multi-Version Concurrency Control，MVCC），就是与版本向量非常类似的一种技术。它是数据库管理系统常用的并发控制技术，其目标是优化读/写锁造成的多个长时间的读操作饿死写操作问题。它的核心机制是每次事务读到的数据项都是历史快照，而每次事务的写操作不覆盖已有数据项，而是创建新的版本。

MVCC 使用系统时间戳（TS）或逻辑时钟序号，在写入数据时将其作为版本标识符（ID），读/写时采取如下规则。

- **基于 MVCC 的读操作**。事务 T_i 读取对象时，将选择比事务 T_i 时间更早，且最接近事务 T_i 的有效版本返回。
- **基于 MVCC 的写操作**。若事务 T_i 和 T_j 要以先后顺序写入相同对象，则必须保证 T_i 先于 T_j 发生，也就是 $T_i<T_j$，因此写入时需要做更多的版本时间检查，才能保证数据一致性。

在保证一致性的前提下，MVCC 通过类似于乐观锁的机制提供并发控制，在写冲突较少的情况下可以大幅提升系统性能。

3.3.2　对象存储逻辑时钟应用

对象存储通常使用逻辑时钟来提供序号，为多节点的交互控制提供时序控制，保证请求的顺序性。开源系统 CEPH 对于并发写请求，通过主 OSD 上的 ObjectStore::Sequencer 递增序号来实现逻辑时钟，为每个客户端发送过来的写请求分配序号，然后主 OSD 将写请求复制到多个从 OSD，并使用该序号作为并发请求的先后顺序，保证请求在多个 OSD 上的顺序性，即使出现网络异常、服务器错误、磁盘亚健康状态恢复后，系统复制模块仍然能够根据序号正确地恢复。如下是并发写请求控制示例。

- 客户端 1 发送写请求 WR1（将对象 X 修改为 100），客户端 2 发送写请求 WR2（将对象 X 修改为 200），客户端 3 发送写请求 WR3（将对象 X 修改为 300）。
- 主 OSD 收到请求后，为写请求 WR1 分配序号 1001，为写请求 WR2 分配序号 1002，为写请求 WR3 分配序号 1003。

- 主 OSD 按照序号递增顺序 WR1->WR2->WR3 写入存储，最后 X 的值为 300。同样，所有从 OSD 即使出现错误也会在再次收到请求后，根据序号组织写请求顺序，按照 WR1->WR2->WR3 写入存储，保证和主 OSD 上的执行顺序一致。

对于并发冲突较多的场景，逻辑时钟是不错的技术选择，就是需要主节点做递增序号管理，接入客户端太多时会有性能瓶颈。因此对于并发冲突较少的场景，也可以选择其他技术，例如，Amazon's Dynamo 就选择使用时钟向量技术来优化性能，而 RIAK 则采用版本向量技术来优化性能，系统保存多个数据版本，可以有效地支撑误删除、误操作时的数据恢复，这也是额外的亮点。

3.4 小结

命名和同步小结如图 3-15 所示，本章介绍了平坦命名（如 IPv4/IPv6）、结构化命名（如 URL），以及基于属性命名，介绍了对象存储如何通过命名技术管理分布式系统的海量服务器。在海量服务器组成的对象存储服务中，本章针对物理时钟在大规模服务器间的时钟同步进行深入分析，并详细描述基于逻辑时钟实现大规模服务器间的时序、数据同步技术，将理论和对象存储时间结合起来，便于读者更好地理解相关知识。

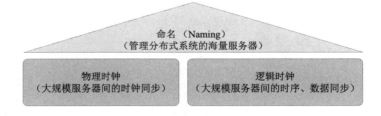

3-15　命名和同步小结

第 **4** 章

容错和数据完整性

容错（Fault Tolerance）是指部件出现故障后，系统仍然能够继续工作。部件的轻微故障就导致系统停止服务，这是不可接受的；实现部件出现故障后系统继续工作（但服务质量降低）才合理，这种方式叫作优雅降级（Graceful Degradation），其解决方案就是容错设计。系统服务降级通常会影响系统的性能，如带宽、时延、QPS 等，甚至只是保障基础功能可用，但某些高级功能不可用。为了实现部件出现故障后服务不降级，容错系统会设计冗余部件来接替故障部件继续工作，保障整体系统的性能不降低，此时会有故障部件的恢复（Recovery）设计。

分布式系统的容错设计与存储区域网络（SAN）和网络附加存储（NAS）的双控（Dual Controller）系统容错思路不同。

- 双控系统容错更加关注设备内的组件冗余，如电源、风扇、网络等，尽量让系统自身的可靠性高，从而使单个系统可以管理大量的盘，提供 PB 级存储空间，业界也称它为垂直扩展（Scale Up）架构。
- 分布式系统要管理海量的机器，可以基于可靠性不高、冗余度低、具有成本优势的通用（Commodity）服务器，其设计理念为"不再通过单服务器内部件冗余提升可靠性，而是搭建多服务器系统使整体达到高可靠性"；因此，重点是做好单服务器故障的快速恢复来实现容错，所以控制单服务器的爆炸半径（Blast Radius，典型为服务器存储容量），支撑服务器发生故障后的数据在可控时间内恢复显得至关重要。由于分布式系统重点采用服务器的海量扩展实现容错，业界也称它为水平扩展（Scale Out）架构。

分布式系统需要基于多台服务器构建业务，因此需要在多台服务器之间交换数据，并且某台服务器发生故障后，需要利用其他服务器修复数据。不管是跨服务器的交换数据，还是跨服务器的盘修复数据，都需要考虑数据完整性（Data Integrity），因为它是数据存储系统的基石。

4.1 容错

理解容错，必须先掌握错误（Error）、故障（Fault）、失效（Failure）术语，根据 IEEE 610.12-1990（IEEE Standard Glossary of Software Engineering Terminology）定义如下。

- **错误**，指不正确的内部状态。例如，因为输入参数不对，没有通过函数实现代码检查，返回错误。
- **故障**，指进入不正常状态，或者组件、设备、子系统的缺陷。例如，在分布式系统中，某台服务器因操作系统盘损坏而无法继续工作。
- **失效**，指根据要求实施，但未达到预定目标的不正常行为，通常在系统外部可见。例如，外部访问分布式系统无响应，访问超时。

错误、故障、失效没有统一定义，在不同的系统上下文中有差异。如图 4-1（a）所示，对于单机服务器来说，某些读/写盘的请求不返回只是错误，服务器不能访问盘是部件故障，整个服务器不工作导致客户端无法访问则是失效。但在如图 4-1（b）所示的分布式系统中，由于它有多台服务器，单机服务器不工作只是故障，并不影响分布式系统，客户端还能继续访问；只有多台服务器发生故障，导致分布式系统无法响应客户端的情况才叫作失效。

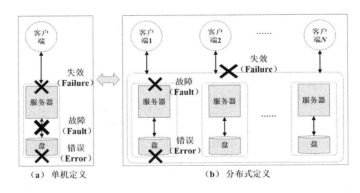

图 4-1　错误、故障、失效

下面重点介绍在故障情况下，分布式系统如何进行容错处理，从而保证整个系统继续工作。

4.1.1　典型故障场景

客户端/服务端模型算是业界最简洁的模型之一，也是最经典的模型之一。但是即使在如此简洁的模型下，也有典型的 5 种故障场景，需要有针对性地处理才能实现容错，如图 4-2 所示。

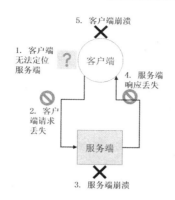

图 4-2 客户端/服务端故障场景

1.　客户端无法定位服务端

客户端采用统一资源定位符（URL）访问服务端，需要通过域名系统（DNS）将主机名（Hostname）解析为 IP 地址。客户端通过 IP 地址就可以定位服务端并发送请求，但是由于一些原因，客户端无法定位服务端。它通常有如下的故障场景和解决方案。

- **域名故障场景，对应解决方案为缓存。** 如果 DNS 出现故障，则无法查询到 URL 中主机名对应的 IP 地址，所以可以在客户端本地缓存 DNS 的解析记录，从而容忍 DNS 出现故障。同时，通过缓存可以避免每次访问该 URL 都要去查询 DNS，从而提高系统性能。
- **域名记录更新导致本地缓存无效的故障场景，对应解决方案为本地缓存超时。** 由于 DNS 允许更改 URL 中主机名对应的 IP 地址记录，修改为新的 IP 地址时不会通知到所有客户端，所以当 DNS 后端修改完毕但客户端并未刷新时，客户端会因无法定位到新的 IP 地址而出现故障。为了解决该问题，客户端需要为缓存记录设置超时值（TTL），超过该缓存超时值，系统强制要求从 DNS 重新查询，从而得到新的 IP 地址。

2.　客户端请求丢失

定位服务端成功后，客户端就可以发送请求。但是由于网络原因，可能消息并未到达服务端而丢失。客户端请求丢失通常有如下的故障场景及其对应解决方案。

- **网络质量差导致请求丢失，对应解决方案为客户端超时重传（Retry）。** 典型的请求丢失故障和网络质量不好相关，由于网络底层软件、硬件原因，请求可能很长时间都未能到达服务端。为了解决该问题，业界设计超时重传机制，通过多次重试支撑，请求能够到达服务端。由于消息被重传，服务端就可能收到重复的消息，为了唯一标志消息，通常会为请求分配 ID（Identifier）。

- **网络拥塞导致请求丢失，对应解决方案为重传请求的指数回退（Exponential Backoff）**，或者选择合适的网络协议栈进行优化。请求丢失也有可能是网络拥塞导致的，因为网络带宽有限，大量的请求进入会导致拥塞，如果只是按照固定频率重传请求，就可能会让网络进一步恶化，就像高速堵车时继续让车辆进入会越来越堵。在网络协议层有拥塞控制算法，如 TCP/IP 协议栈的慢启动、拥塞避免、快速重传和快速恢复拥塞算法，以及谷歌公司发布的 BBR（Bottleneck Bandwidth and Round-trip propagation time）拥塞算法，帮助客户端在网络拥塞时进行合理的请求发送调度。同时，如果在客户端应用编程层面遇到后端流控导致的请求丢失，那么最好进行指数回退处理。

- **传输大对象时部分请求丢失，对应解决方案为断点续传（Resumable Uploads）**。客户端传输大文件时，可能会出现其中某部分数据请求丢失的故障，但如果设计不合理，则会导致客户端要全部重传，浪费前期的传输工作。通过断点续传，客户端/服务端配合记住请求丢失数据在整个文件的具体偏移，恢复后可以只传输丢失请求的数据，大大提升效率。

- **客户端重传请求会导致服务端重复处理请求，若设计不当则会导致故障发生，对应解决方案为服务端的幂等性（Idempotence）**。幂等性要求客户端发起一次请求或者多次请求时，服务端返回的结果是一致的，不会因为多次请求而产生不符合预期的结果。

3. 服务端崩溃

服务端是处理服务的关键，正常场景下，它收到请求后会执行，执行完毕后才返回，如图 4-3（a）所示。但实际上，中间任何环节都可能出现错误，如崩溃（Crash）错误，如图 4-3（b）和图 4-3（c）所示。服务端崩溃通常有如下的故障场景及其对应解决方案。

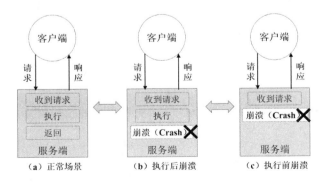

图 4-3　服务端崩溃场景分析

- 对于服务端收到请求后崩溃的故障，服务端解决方案为采用事务（**Transaction**）机制。此时客户端为请求分配 ID，服务端在"执行"环节用事务方式处理请求并记录 ID。

  ➢ 事务"执行"后崩溃，如图 4-3（b）所示。客户端会超时，然后重新发送请求直到服务端恢复；恢复时会进行清理动作，保证事务正确性。若服务端重新进入正常状态后，它根据请求 ID 检查到事务已经执行，则再次发送响应（Response）。

  ➢ 事务"执行"时崩溃，如图 4-3（c）所示。客户端会超时，然后重新发送请求直到服务端恢复；恢复时会进行清理动作，保证事务正确性。若服务端重新进入正常状态后，它根据请求 ID 检查到事务还未执行，则先执行事务，然后发送响应。

- 对于服务端收到请求后崩溃的故障，客户端解决方案为请求超时重试（**Retry**）。根据请求语义定义重试原则，如远程过程调用（Remote Procedure Call，RPC）就定义如下的语义。

  ➢ 最多一次（At Most Once）。客户端最多发一次请求，此时请求可能丢失。

  ➢ 只发一次（Exactly Once）。客户端只发一次请求，此时请求可能丢失。

  ➢ 最少一次（At Least Once）客户端至少发一次请求，通常客户端会持续发送请求直到返回成功，此时要求服务端能够过滤重复请求（基于请求 ID），并保证服务端的幂等性，以及不能重复执行（否则，如果在金融领域，就可能会导致重复转账）。

在实际应用场景中，故障是不可避免的，最少一次是合理的解决方案。

4．服务端响应丢失

服务端处理成功并返回响应后，响应在给客户端的传输过程中也会丢失，此时服务端不能采取超时重试的机制，这会让系统设计复杂化。为此，客户端因为长期没有收到信息，如同发送请求丢失、服务端崩溃那样，所以超时重发是客户端合理的处理机制。

类似服务端崩溃的解决方案，需要客户端做好请求的 ID 分配，从而过滤重复请求，并且服务端需要做好事务保护机制。然后，服务端按照正常流程处理重试请求，并返回响应，直到客户端收到响应结果。

5．客户端崩溃

客户端崩溃，也是较难处理的典型故障。当客户端成功发出请求后，因为某种原因崩溃，如果不做处理，基于前面 4 种故障场景会有如下的可能后果。

- **客户端请求丢失，影响较小、后果可控**。由于请求未发送到服务端，未造成实际影响，客户端崩溃后会重启，因此只需要在重启成功后重新发送请求。
- **服务端崩溃，可能产生垃圾数据**。客户端的请求被服务端收到，如果未执行就崩溃，那么服务端受影响也小。如果服务端执行成功，在返回请求时崩溃，此时客户端恢复后不做处理，则可能产生垃圾数据。例如，客户端上传 100MB 文件，上传 90MB 成功后客户端崩溃，如果客户端恢复后不做处理，则产生 90MB 的垃圾文件。
- **响应丢失，可能产生垃圾数据**。类似于服务端崩溃，由于客户端无法收到确认信息，因此如果客户端不做处理就会产生垃圾数据。

通过上述分析，客户端崩溃的解决方案是记录请求的持久化日志，在客户端崩溃后通过日志得到已发送但未收到响应的请求，然后做请求的重试或清理处理。

通过客户端/服务端通信的故障分析可以看出，在各个环节都有可能出现故障，可以说故障无处不在，而且分布式系统更为复杂，包含更多的部件、复杂的通信、数据的处理，面临的故障组合也更多，为了实现分布式系统的容错，必须要面向故障设计。

4.1.2　故障模式

2007 年，Andrew Tanenbaum 在 *Distributed Systems: Principles and Paradigms* 一书中定义如下典型类型的失效模式（Failure Models），如表 4-1 所示。表 4-1 介绍的失效模式，重点针对单服务器的客户端/服务端模型。由于分布式系统由多台服务器组成，单台服务器的失效是故障，因此分布式系统的失效模式也可以叫作分布式系统的故障模式（Fault Models）。

表 4-1　常见故障模式

故障类型	描述
崩溃失效（Crash Failure）	服务器停止不工作
疏漏失效（Omission Failure）	服务器无法响应请求
请求疏漏（Receive Omission）	服务器无法接收消息
发送疏漏（Send Omission）	服务器无法发送消息

续表

故 障 类 型	描　　述
时间失效（Time Failure）	超时
响应失效（Response Failure）	服务器响应不正确
返回值失效（Value Failure）	响应返回值错误
状态转换失效（State Transition Failure）	服务器偏离正确的控制流程
随机失效（Arbitrary Failure）	服务器在随机时间产生随机响应

分布式系统有更多详细的故障模式分类，为了更好地匹配协调和复制的理论和算法，可以把它们归类为如下两大类故障。

- **崩溃故障（Crash Fault）**。故障发生导致系统停止工作，原因要么是硬件层面挂住（Hang）或者重启（Reboot），要么就是软件层面资源等待，导致进程挂住或者进程异常终止（Coredump），和表 4-1 中的崩溃失效对应。
- **非崩溃故障（None Crash Fault）**。故障发生并不影响系统工作，通常来说会上报错误（Error），基本对应表 4-1 中的疏漏失效、请求疏漏、发送疏漏、时间失效、响应失效、返回值失效、状态转换失效和随机失效。在协调和复制的理论和算法中，把它们总结归纳为更难的拜占庭故障，并集中解决在该故障下的容错设计问题。

通过定义不同的故障模式，就可以设计系统在不同故障模式下的容错能力。通常来说，对于包含 N 个服务器成员的分布式系统，在不同故障模式下的容错能力如下。

- **崩溃故障模式**，若支持 F 个成员发生故障，则必须满足"$N \geq 2F+1$"。
- **拜占庭故障模式**，若支持 F 个发生成员故障，则必须满足"$N \geq 3F+1$"。

详细的证明过程，可以参考 *Distributed Systems: Principles and Paradigms* 一书。

4.1.3　故障检测和分析

故障检测和分析（Failure Detection and Analytics）覆盖产品的整个生命周期。随着技术的演进，在不同阶段总结了不同的方法，如图 4-4 所示。

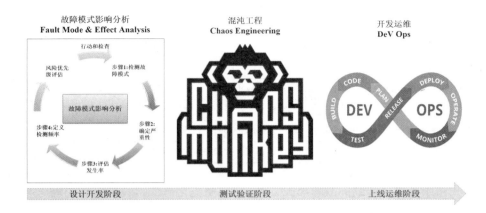

图 4-4　故障检测和分析概览

- 在设计开发阶段，通常采用故障模式影响分析（**Fault Mode & Effect Analysis，FMEA**）。故障模式影响分析是基于架构组件分析错误模式、确定严重性、评估发生率、定义检测频率来进行风险优先级评估的流程，根据评估结果采取行动和检查，并迭代优化的设计过程。故障模式影响分析非常适合大型系统的高可靠型设计，特别是硬件系统的可靠性设计，从而支撑系统的容错设计。

- 在测试验证阶段，通常采用混沌工程（**Chaos Engineering**）。基于系统的可靠性设计能力，测试可在系统内引发失效的用例，然后通过观测系统的能力，对不符合预期的结果进行深入分析并持续改进。例如，NetFlix 的 Chaos Monkey 就是随机杀死（Kill）分布式系统的实例。

- 在上线运维阶段，通常采用开发运维（**DevOps**）一体化。将开发和运维的人员拉通，通过运维检测故障、定位根因、恢复运行的整个过程来反哺设计开发，从而形成正反馈，推动产品实现更好的容错能力。

1．故障模式影响分析

故障模式影响分析，又称为失效模式与后果分析、失效模式与效应分析、故障模式与后果分析及故障模式与效应分析等，是一种操作规程，目的是对系统范围内潜在的失效模式进行分析，以便按照严重程度进行分类，或者确定失效对于该系统的影响。它的扩展方法是故障模式影响和关键性分析（Failure Mode Effects and Criticality Analysis，FMECA）。

20 世纪 40 年代后期，美国空军正式采用故障模式影响分析。后来航天技术/火箭制造领域将它用在小样本情况下，以避免代价高昂的火箭技术发生差错，其中经典的案例就是阿波罗计划。20 世纪 60 年代，在开发出将宇航员送上月球并安全返回地球的手段的同时，故障模式影响分析得到初步的推动和发展。20 世纪 70 年代后期，福特汽车公司出于安全和法规方面的考虑，在汽车行业采用故障模式影响分析。从技术发展来看，故障模式影响分析非常适合硬件系统的故障分析。

　　故障模式影响分析的核心是根据架构设计分解子系统之间的关系，如图 4-5（a）所示；然后基于子系统按流程分析，流程包含如下 8 个步骤，如图 4-5（b）所示。

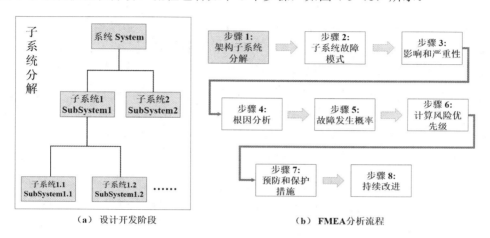

图 4-5　故障模式影响分析

- **步骤 1，架构子系统分解**。通过分析得到子系统的依赖关系，如子系统 1 和子系统 2 是并行关系，任意子系统发生故障都会导致系统失效。
- **步骤 2，子系统故障模式**。例如，子系统 1.1 会出现崩溃故障、拜占庭故障。
- **步骤 3，影响和严重性**。例如，子系统 1.1 发生崩溃故障，系统还能继续工作，一旦子系统 2 发生崩溃故障，则系统失效。
- **步骤 4，根因分析**。分析故障发生原因，便于后续改进。
- **步骤 5，故障发生概率**。基于硬件的故障率，是计算故障发生概率的关键输入。
- **步骤 6，计算风险优先级**。根据故障严重性、发生概率、故障检测频率计算风险优先级，优先级越高的故障，风险越高。
- **步骤 7，预防和保护措施**。根据风险优先级找出排名较高的故障，并根据其根因分析做好预防和保护措施。
- **步骤 8，持续改进**。增加新的优化措施会对原有的架构有影响，因此还需根据故障模式影响分析的流程，重新分析是否引入新的高风险。

　　分布式系统的架构子系统非常多，结合分布式系统硬件组网的复杂度、软件逻辑的高难度，故障模式影响分析过程的耗时需要和产品开发进度进行平衡。

2．混沌工程

故障模式影响分析可以在架构设计早期进行故障分析，提前设计容错能力。但是投入的人力多和周期长，无法满足互联网行业的快速迭代上线需求。为此互联网行业采取了在测试验证阶段，通过类似"故障注入生产系统"方式来找出故障点，并针对性地优化的方法，该方法叫作混沌工程。

混沌工程是在 2011 年 Netflix 迁移上云的过程中，为了解决弹性测试不足的问题，直接用工具（如 Chaos Monkey）在生产系统注入故障，导致服务器实例不工作来验证服务是否能够容错并继续工作的方法。通过该方法，让 Netflix 的服务支持服务器实例不工作时的容错能力，从而可以从顶层保障软硬件出问题时的影响可控。例如，若出现各类软件 Bug、硬件故障，可直接隔离该服务器实例，使服务仍然能继续工作。

混沌工程采用实验方式来找出生产系统的不足，它通常遵循如下步骤。

- **步骤 1**，定义服务正常行为下的稳定状态（Steady State），确认服务的能力和规格。
- **步骤 2**，假设在生产环境和测试环境都能保持该稳定状态。
- **步骤 3**，引入导致系统变化的真实因素，如服务器崩溃、硬盘异常（Malfunction）、网络连接断开。
- **步骤 4**，通过注入故障，证明生产环境和测试环境在压力下的稳定状态不相同，从而发现问题。

在使用混沌工程时，需要注意如表 4-2 所示的原则。

表 4-2　混沌工程原则

原　　则	描　　述
原则 1：围绕稳态行为构建假设	聚焦系统对外的可衡量指标，而不是关注内部指标。通过指定时间内的度量数据来构建稳定状态，如系统的吞吐（Throughput）、错误率（Error Rates）、百分位时延（Latency Percentiles）
原则 2：引入真实环境事件	采用真实环境事件变量，如服务器的故障率、软件异常响应（Malformed Responses）率，以及流量的尖峰（Spike）情况
原则 3：运行于生产环境	系统在不同环境和流量模式下行为会不同，基于生产环境最能反映真实的情况，因此需要基于生产环境运行混沌工程
原则 4：自动化和持续运行	手动运行方式是劳动密集型的，不可持续。必须采用自动化方式运行混沌工程，并且集成到服务的编排（Orchestration）和分析（Analysis）中，从而让混沌工程一直在生产环境中持续运行，两者融合为一体
原则 5：最小化爆炸半径	因为运行在生产环境，需要控制异常时对用户的影响，所以要控制故障注入导致的爆炸半径

3．开发运维一体化

故障检测和分析还可以在上线运维阶段进行。由于云服务采用开发运维（DevOps）一体化，在运维阶段发现的故障可以及时反馈到开发，从而快速优化改进。

业界的运维经历了人肉运维（PersonOps）、脚本运维（ScriptOps）、开发运维、数据运维（DataOps）和智能运维（AIOps）的过程，如图 4-6 所示。

图 4-6　运维发展历程

产品刚开始上线时，通常都会采用人肉运维。人肉运维阶段就是现场运维，即直接写命令操作。

随着产品的用户和功能越来越多，会将常用的运维操作编写成脚本，使用方便，从而进入脚本运维。此阶段常用的运维命令已经固化成脚本，线上操作方便，避免临时写命令可能导致的失误。

但是脚本运维存在不成体系、面对复杂的运维场景就无法支持的问题，此时进入开发运维阶段。开发运维就是体系化地建设运维流程，将不同运维场景进行流程化组织，以线上代码的标准约束运维代码的编写和开发全面打通，并规范日常运维流程。

随着运维数据的日积月累，以及分布式系统的弹性扩展，运维数据急剧增加。数据运维就是在开发运维的基础上，收集日常运维工作中的数据，将日常线上度量信息、机器操作记录、机器生命周期等数据保存起来，然后利用这些数据决策指导运维工作。

在数据运维的决策过程中，基于运维人员的经验来处理，其效率非常低，为了解决该问题，进入智能运维阶段。通过利用 AI 算法，更精确、高效地定位和解决故障，极大地提升运维效率。

4.1.4　故障容错效果

基于故障容错技术，分布式系统可以表现为如下的容错效果。

- **Fail-Safe**。对于常规故障，系统能够容忍并继续正常工作。例如，单台服务器发生故障对分布式系统无影响，系统可以继续工作。

- **Fail-Stop**。对于极端故障，系统无法容忍，必须停止工作。例如，分布式系统的元数据服务全部发生故障，系统只能整体停止工作。
- **Fail-Fast**。对于某些故障，系统能够快速上报错误，从而让客户端能够快速切换。例如，对象存储 OSS 提供跨地域复制时，如果源地域出现异常，处于亚健康状态，最好的方法是快速反馈失效，使客户端可以快速切换到目的地域。

4.1.5　分布式提交技术

对于分布式数据存储系统来说，实现原子提交（Atomic Commit）协议是在数据写入时实现系统容错的关键技术。业界典型的原子提交技术包括两阶段提交（Two Phase Commit，2PC）和三阶段提交（Three Phase Commit，3PC）。

1．两阶段提交

两阶段提交最早源于数据库，用来帮助实现事务（Transaction）功能，但是两阶段提交并不等于事务，早期有如下的文章进行了介绍。

- 1985 年，C. Mohan 和 Bruce Lindsay 发表的 *Efficient commit protocols for the tree of processes model of distributed transactions* 论文。
- 1986 年，C. Mohan、Bruce Lindsay 及 R. Obermarck 发表的 *Transaction management in the R distributed database management system* 论文。
- 1987 年，Philip Bernstein、Vassos Hadzilacos 和 Nathan Goodman 共同出版的关于数据库的书 *Concurrency Control and Recovery in Database Systems*，其中第 7 章详细讲解两阶段提交。

数据存储系统写入数据时要和多个角色交互，分布式存储系统写入数据时也需要和多台服务器交互，在理想的无故障环境下，可以采用一阶段提交（One Phase Commit，1PC），将多个请求分发出去，然后等待所有响应返回即可。

但是故障无处不在，为了实现容错，需要采用两阶段提交。两阶段提交包含两个角色：协调者（Coordinator）和参与者（Participant），协调者负责发起请求，参与者负责执行请求。两阶段提交的核心思想是将请求的数据资源准备和最终提交分为两个阶段。阶段 1 为准备（Prepare）阶段，此时协调者让所有参与者准备好资源，然后参与者返回已准备（Prepared）信息，该信息可能包含成功，也可能包含失败，还有可能超时；阶段 2 为提交/退出（Commit/Abort）阶段，协调者根据所有返回的已准备信息进行决策，如果绝大部分的参与者都准备好，则协调者发出执行提交（Commit）决策，否则协调者发出执行退出（Abort）决策，然后所有参与者按对应决策运行。两阶段提交协议如图 4-7 所示。

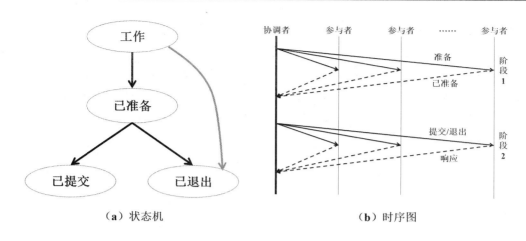

图 4-7　两阶段提交协议

　　仔细分析两阶段提交，可以发现两阶段提交的请求提交和 PAXOS 的请求提交非常相似。两阶段提交因为聚焦原子提交场景，并未解决协调者故障的容错问题，而 PAXOS 更聚焦共识（Consensus）场景，并支持选主（Leader Election），所以两阶段提交的交互更加简洁，效率更高。PAXOS 和两阶段提交对比如图 4-8 所示。

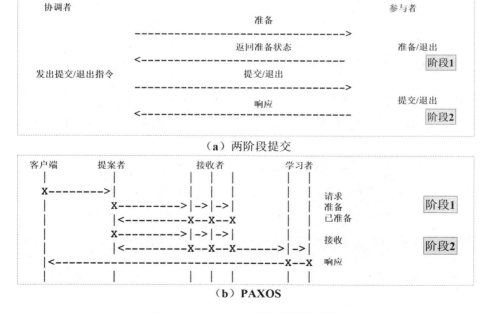

图 4-8　PAXOS 和两阶段提交对比

2．三阶段提交

在两阶段提交协议中，若协调者发生故障，则将无法容错，为解决该问题引入三阶段提交（3PC）协议，如图 4-9（a）所示的两阶段提交协议包含准备和提交/退出两个阶段，而如图 4-9（b）所示的三阶段提交在两阶段基础上增加判断是否可以提交（canCommit）阶段，该阶段用来支持在旧协调者发生故障后，新协调者重新发起请求时的资源清理。该阶段正确执行完成后，就可以按照准备和提交/退出执行。

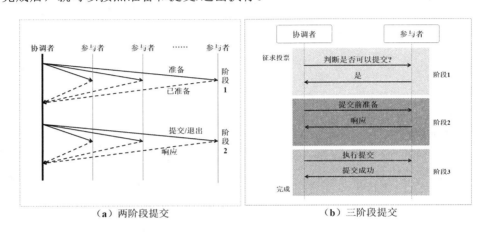

（a）两阶段提交　　　　　　　　　（b）三阶段提交

图 4-9　两阶段提交和三阶段提交对比

4.1.6　日志恢复技术

支持容错的分布式数据存储系统在服务器发生故障后需要执行清理和恢复动作。例如，两阶段提交/三阶段提交里面的退出行为就需要做准备阶段的清理工作，并且将参与者恢复到未执行请求前的正常状态。

对于数据存储系统在容错时的清理和恢复，就需要使用日志恢复技术。C. Mohan 是日志恢复算法（Algorithms for Recovery and Isolation Exploiting Semantics，ARIES）的主要创建者，如下是相关核心文章。

- 1992 年，C.Mohan、Donald Haderle、Bruce Lindsay、Hamid Pirahesh 及 Peter Schwarz 发表的论文 *ARIES: A Transaction Recovery Method Supporting Fine Granularity Locking and Partial Rollbacks Using Write-Ahead Logging* 详细介绍了 ARIES 算法。
- 1999 年，C.Mohan 发表的论文 *Repeating History Beyond ARIES* 对 ARIES 算法进行了回顾。

ARIES 的主要核心原则是"写前日志（Write-ahead logging，WAL）、重做（Redo）日志和回滚（Undo）日志"。

1．记录日志（Logging）

为了保证完整恢复，采用写前日志技术。也就是说，写请求真正修改真实对象前，将所有改变信息写入日志，并且确保日志持久化保存。

因此当数据存储系统写入真实对象出现故障时，也可以通过写前日志完成恢复。若写入真实对象成功，则做好后续的日志清理工作即可。尽管写前日志会增加开销，但是它能够有效地帮助系统提升容错能力。

2．数据恢复

在分布式系统服务器出现故障后，服务器重新启动数据恢复（Recovery）动作，完成恢复后就可以加入分布式系统重新工作，数据恢复包含三阶段。

- **分析**。服务器重新启动后，根据写前日志分析服务器故障时间点软件的执行状态，然后根据软件逻辑判断需要做的具体的恢复动作和步骤。
- **重做**。经过分析阶段的输出，根据写前日志信息执行重做请求，将服务器恢复到故障时间点的状态，特别是在内存中构建出故障时间点的运行状态。
- **回滚**。结合分析阶段的输出，某些请求无法继续执行，因此需要将它们清理干净，此时就需要根据写前日志执行回滚，将服务器状态恢复到一致性状态。

3．检查点

在分布式系统服务器出现故障后，需要扫描写前日志进行恢复，长时间的运行积累导致写前日志越来越大，数据恢复扫描写前日志的代价和开销也越来越大。为了解决该问题，引入检查点（Checkpoint）技术，将已经成功写入真实对象的日志整合起来形成检查点，恢复时只需扫描未整合到检查点的日志，从而极大地缩短数据恢复时间。

通过检查点技术，可以将历史的检查点日志备份到更便宜的存储空间，然后根据策略删除已经成功备份的日志，从而降低写前日志的存储空间消耗。

4.1.7　对象存储容错

对象存储作为分布式系统，必须实现容错能力，前面提到的相关技术在对象存储中都有合理的应用。而对于公共云对象存储服务，更需要关注如下的故障处理能力。

- **故障检测及时性**。分布式系统运行的同时，也要进行故障检测，检测频率高可以优化故障发现的及时性，同时检测太频繁会影响系统运行性能，因此需要做好平衡。
- **故障根因分析准确性**。发现故障后需要找出根因才能更好地恢复，因此根因分析系统的分析效率和准确性至关重要。
- **故障恢复高效性**。根据根因分析结果做恢复是保证业务能继续正常运行的关键，针对根因提前准备经过验证的恢复预案，在故障出现时直接执行它，从而实现业务的快速恢复。

4.2　数据完整性

数据损坏（Data Corruption）会带来数据完整性（Data Integrity）问题。数据损坏的故障可以通过容错技术进行修复，从而保证数据完整性。

数据损坏覆盖写入、读取、存储、传输、处理等过程。典型的数据损坏为数据丢失、数据翻转（二进制的 0 和 1 翻转），从而导致系统出现故障。数据损坏按检测维度分为两类：已检测损坏（Undetected）和未检测损坏（Detected），其中未检测损坏也叫作静默数据错误（Silent Data Error，SDE），它是影响数据完整性的最大挑战。

数据损坏更多从硬件、软件的部件维度来描述数据错误，而数据完整性则更多从业务、应用角度端到端地描述数据正确性。通常来说，数据完整性分为物理完整性（Physical Integrity）和逻辑完整性（Logical Integrity）。

- **物理完整性**。它更多强调电动机械故障（Electromechanical Faults）、设计瑕疵（Design Flaw）、材料疲劳（Material Fatigue）、腐蚀（Corrosion）、停电（Power Outage）、自然灾害（Natural Disaster），以及其他特殊环境隐患（Special Environmental Hazards），典型为离子辐射（Ionizing Radiation）、极端温度（Extreme Temperature）、压力（Pressure）和重力（G-force）等，为了检测错误通常需要纠错码（Error Correction Code，ECC）技术。绝大部分数据的静默数据错误可以通过纠错码比对来检测，但 CPU 的静默数据错误将返回错误的校验值，从而很难判断是数据错误还是校验值错误，因此需要引入更多的技术来解决。
- **逻辑完整性**。它更多强调业务、应用的数据正确性（Correctness）和合理性（Rationality）。例如，数据库的逻辑完整性强调引用完整性（Referential Integrity，数据库表间引用的正确性）和实体完整性（Entity Integrity，数据库行的主键唯一性）。逻辑完整性的核心挑战是软件 Bug，软件逻辑的错误会导致数据损坏、数据修复难度更大。

如图 4-10 所示，数据完整性的 Secure 强调数据在物理层面的不错和安全，而 Accurate、

Consistent、Complete 分别强调数据在逻辑层面的正确、一致、完备。

图 4-10 数据完整性

4.2.1 数据损坏源头

对于对象存储分布式系统来说，有如下的典型数据损坏源头。

- **盘介质的位翻转（Bit Flip）**。盘即使在正常工作状态时，也会因为物理原因返回误码，根据业界统计，访问盘时每 12.5TB 数据就会出现 10^{-14} 概率的位错误。同时还有盘整体故障的场景，据统计典型的盘年故障率（Annualized Failure Rate，AFR）为 0.5%～5%。
- **内存位翻转**。内存作为电子介质极易受到环境的影响，如离子辐射就会导致内存位翻转，因此也有位翻转的错误率和内存条整体失效的概率，通常可以采用纠错码技术实现内存检测错误（Memory Check Error，MCE）。
- **网卡位翻转**。网卡作为传输设备会因线缆连接异常或者环境影响而导致其误码率升高。通过引入网络包的校验值可发现位翻转。
- **CPU 计算错误**。CPU 作为服务器核心的计算逻辑会因电压、频率的影响而导致某些计算指令返回不正确的值，而且系统未检测到，这种情况叫作 CPU 的静默数据错误。
- **软件 Bug**。分布式系统的复杂度导致软件 Bug 不可避免，而最具风险的 Bug 是数据写错位置，导致系统出现严重的数据一致性问题。

4.2.2 数据损坏类型

从物理完整性角度看，数据损坏是底层的数据片错误，如某段内存、某个数据包、某块数据出现错误。从逻辑完整性角度看，数据损坏会影响应用的元数据和数据。

- **应用数据损坏**。物理层数据错误会导致应用的数据丢失或者翻转。例如，100MB 的对象，其中的 1MB 数据丢失或者某位出现翻转会导致外部应用能够看到该对象，但是访问该 1MB 数据时会出错。
- **应用元数据损坏**。物理层数据错误会导致应用的元数据丢失或者翻转。例如，对象存储有 1000 万个对象，由于元数据损坏，其中的某个对象名无法被访问，但实际上该对象的数据完好无损地被保存。

从物理完整性角度看，要通过类似纠删码（Erasure Code，EC）的冗余技术来实现数据损坏的修复；而从逻辑完整性角度看，要通过业务、应用层的保护机制来实现数据损坏的修复，如数据复制和备份。

4.2.3　数据损坏发生时刻

数据损坏发生时刻有以下两种。

- 运行时刻（**On The Fly**），表示数据错误发生在读/写时，如 CPU 计算、内存访问、网络传输、磁盘读取。
- 静态时刻（**Rest**），表示数据保存到介质后，部件老化、环境影响等因素导致位翻转。

4.2.4　数据损坏检测方法

数据损坏需要尽早被发现，从而为数据修复留出足够的时间。检测数据损坏的方法就是数据检测，从检测的时间维度看，分为如下方法。

- 前台（**Foreground**）检测。在数据请求的 IO 流中进行检测，通常在网络、内存、CPU中检查数据损坏，及时发现后直接内部重试，或者返回客户端错误并重发请求。
- 后台（**Background**）检测。在数据持久化保存后进行检测，通常发生在存储介质保存后，因为环境变化、介质老化会导致数据损坏，此时需要定期地进行后台扫描发现数据损坏，并且在确认数据损坏后通过冗余存储将损坏的数据恢复。

4.2.5　数据损坏检测算法

为了检测数据是否损坏，需要用算法对原始数据计算额外的校验数据，从而通过校验数据来检查数据是否损坏，业界有如下典型的检测算法。

- **异或（XOR）**。在数字逻辑中，异或门是对两个运算单元的算法。两两数值相同时为否（False），而数值不同时为真（True）。例如，对于位 p 和 q，计算异或表示为 $p \wedge q$。在 p 和 q 同时为 1 或同时为 0 时，$p \wedge q = 0$；在 p 和 q 不同时，$p \wedge q = 1$。
- **循环冗余校验（CRC）**。该算法根据 n 个数据位，通过数学的多项式计算得到 k 个校验位，实现错误的检测和纠错。它被广泛应用于数据的传输校验，以及硬盘的存储校验。
- **纠错码（ECC）**。纠错码常常和循环冗余校验紧密相关，并用于纠正传输过程中产生的错误，该编码方式和数学原理紧密相关，提供前向错误更正、错误检测与纠正等能力。

4.2.6 数据损坏修复技术

对于数据损坏故障，典型的修复方案有如下两类。

- **数据冗余修复**。基于副本、纠错码的冗余数据进行静态数据修复。
- **数据备份修复**。基于时间点的数据进行修复，典型策略有增量备份、全量备份，当检测到数据错误时，可以选择备份时间点恢复数据，只是它不是最新数据。

数据修复具有较大的代价，不仅需要消耗存储资源、计算资源，以及网络资源，甚至还有大量的人力资源。数据修复还影响业务性能，甚至基于备份的修复会丢失部分前面写入的数据。所以，数据修复设计时需要认真仔细，数据修复执行时必须小心谨慎。

4.2.7 对象存储数据损坏

对象存储作为分布式系统，需要长期存放海量数据，因此必须将数据损坏作为架构设计的基础，不仅在运行时刻加强数据损坏检查，还必须把静态时刻的数据损坏放到第一位。

在运行时刻要通过端到端的循环冗余校验检测数据损坏。从数据进入系统开始的网络、内存、CPU、盘等硬件层面，以及操作系统、驱动、应用等软件层面，都要做好防护工作，从而可以在数据写入、读取的路径上，进行数据一致性检测，详细步骤如下。

- 数据上传到对象存储服务时，在客户端计算出 CRC（本地校验值），然后向对象存储服务上传数据，上传完毕后对象存储服务会返回云上 CRC（云上校验值），通过客户端比对，判断是否存在网络错误。例如，阿里云 OSS 在上传数据完成后会返回 x-oss-hash-crc64ecma 头部，客户端可以通过本地校验值和云上校验值完成比对，如果结果相同，则表示网络完全正常；如果结果不同，则表示网络有数据翻转。

- 对象存储服务层针对数据做校验。由于客户端传入的数据较大，对象存储服务在存储数据时需要分片保存，为了优化校验效率，会为细粒度的分片数据计算校验，而不是整个对象只有一个校验数据。
- 对象存储服务层针对元数据做校验。元数据保存对象的键，所以需要针对键计算校验值并保存起来，同时把整个对象数据的校验值也保存起来。元数据包含键的校验值和整个对象数据的校验值，从而对象存储服务层可以快速检查对象键和值的正确性。
- 分布式存储层提供数据校验。在写入磁盘前，分布式存储层需要对写入内容进行校验。例如，HDFS 层的文件写入时增加校验，能够帮助 HDFS 检查硬盘上的数据翻转。

在静态时刻，由于对象存储具有数据生命周期功能，可将数据在标准、低频、归档、冷存档等不同存储类型移动以优化成本，而且归档数据在关键行业还有保存 10 年的规定，已经大大超过硬件本身的质保周期。所以针对静态数据，必须要在数据流动和长期保存阶段，运用数据损坏领域的技术进行重点保护。

通常来说，对象存储服务会利用磁盘之上的分布式存储模块（如 HDFS）进行静态数据扫描，通过扫描读取保存的数据和保存校验值，然后由 CPU 计算保存的数据，得到计算的校验值，再将保存的校验值和计算的校验值进行对比，如果两个校验值不同，则主动发现磁盘上的位翻转。当发现某块磁盘上的数据确实出现翻转后，可以先利用分布式存储模块的冗余数据来进行比对，确认是数据翻转还是校验值翻转，然后进行修复。

4.3　小结

本章通过崩溃故障（Crash Fault）、拜占庭故障（Byzantine Fault）引入故障模式，讨论故障模式影响分析（FMEA）、混沌工程、开发运维（DevOps）的故障检测和分析方法，总结 Fail-Safe、Fail-Stop、Fail-Fast 的容错效果，并深入分析两阶段提交（2PC）、三阶段提交（3PC），以及日志恢复（ARIES）技术，从而使读者更好地掌握容错原理。

容错除了解决服务器出现故障后的可用性问题，还需要关注故障对数据完整性的影响。通过对硬件故障（盘、内存、网卡、CPU）、软件 Bug 的数据损坏源头的介绍，讨论应用数据、应用元数据的数据损坏类型，细分运行时刻（On The Fly）、静态时刻（Rest）的数据损坏时刻，进行前台、后台的数据损坏检测，并结合异或（XOR）、循环冗余校验（CRC）、纠错码（ECC）算法，实现冗余、备份的数据损坏修复。

通过容错设计可以提升系统的可用性，通过数据完整性设计可以提升系统的数据持久度，可用性和持久度都是存储系统稳定性的关键指标。容错和数据完整性小结如图 4-11 所示。

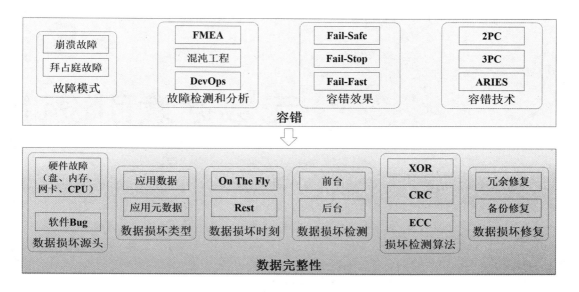

图 4-11　容错和数据完整性小结

第 **5** 章
元数据索引设计

对象存储是键值存储（Key Value Store），通过指定的键（Key）来访问值（Value）。对于公共云对象存储服务来说，键是变长，表示键长度是可变的。例如，阿里云对象存储 OSS 的键长度必须在 1～1023B 范围内，同样，值也是变长，可以从 1B 到几十 TB。由于键和值都是变长，无疑会增加系统设计难度。公共云对象存储服务会管理万亿级甚至百万亿级的对象，每个对象都会影响键值管理，无疑会进一步增加设计难度。元数据索引是为公共云对象存储服务提供键值管理的核心技术，它需要提供变长的空间管理和弹性扩展能力。

从广义上讲，块存储和文件存储也算是键值存储，表 5-1 将块存储、文件存储、对象存储在键值存储领域的异同进行对比，以便于读者更好地理解。

表 5-1　各种存储的键值属性

存储类型	键	值	描　　述
块存储	定长值	定长值	* 单块盘的键个数固定，键总数=盘容量÷块大小。 * 键为定长，由逻辑块地址数字长度决定，键的名字不可以更改。 * 单块盘的值固定，格式化为 512B、4KB、16KB 等，值的写入为整块覆盖写，如 512B 整块覆盖写入
文件存储	变长值	变长值	* 单个文件系统的键个数有限，依赖操作系统和文件系统实现。 * 键为变长，表现为文件名的绝对路径（Absolute Path），但是也支持相对路径（Relative Path），可以修改键名的部分内容，与常见的键值存储不同。 * 值为变长，支持整体覆盖写，也支持字节级的修改写
对象存储	变长值	变长值	* 单个桶（Bucket）的键个数从理论上讲是无限的，依赖应用选择。 * 键为变长，表现为对象名，写入后无法修改对象名。 * 值为变长，支持整体覆盖写，不支持修改写。 * 因为键和值一旦写入就无法修改，所以该属性也叫作不可变性（Immutable）

- **块存储**。此时键为逻辑块地址（Logical Block Address，LBA），由于 LBA 是数字类型的，因此此时键为定长；块存储的值为 LBA 对应的块大小，通常为 512B、4KB、16KB，因此值也是定长。
- **文件存储**。此时键为文件绝对路径，不同文件的绝对路径长度各不相同，所以此时键为变长；文件存储的值为文件内容，不同的文件内容长度可能不同，所以文件存储的值也为变长。
- **对象存储**。键为对象名，它是变长，一旦写入后就无法修改键名；值也为变长，数据写入后通常无法像文件系统那样针对部分数据进行改写，只有整体对象覆盖。因为对象存储的键和值写入后无法修改。

通过对比，可以发现块存储的键、值都是定长，最为简洁，在技术上可以很好地扩展，但上层应用对它的需求是简单、可靠、高性能，因此无须去实现单盘 PB 级的存储容量。

文件存储的键、值最为复杂，键、值都是变长，而且键可以修改写（改变相对路径）、值可以在位写（Write in Place），因此文件存储的扩展难度大。

对象存储和块存储相比，对象存储的键和值都是变长，增加了复杂性。但对象存储和文件存储相比，对象存储的键不支持相对路径那样的部分修改，也不支持值的在位写，键、值都具有不可变的特性，对象存储比文件存储更简单，所以它可以更好地扩展，理论上会做到单个桶的键个数无上限。

本章将重点讨论对象存储的元数据索引设计，分析它如何满足海量键值的管理能力要求。

5.1　对象存储元数据需求分析

对象存储服务按照存储空间（Bucket）和对象（Object）模型，结合对象存储支持的功能支持分类的 API，如阿里云对象存储 OSS 包含如表 5-2 所示的 API。

- **服务级 API 请求**。调用该请求的目的是找出账号的存储空间，因此其核心需求是遍历（List）的查询。
- **存储空间级请求**。调用该请求的目的是找出指定存储空间的各种功能配置，因此其核心需求是对指定存储空间的写/读/删除（Put/Get/Delete）操作，以及遍历该存储空间内的对象。
- **对象级请求**。调用该请求的目的是上传、下载、删除指定对象，因此其核心需求是对指定对象的写/读/删除操作。

表 5-2　对象存储典型 API 分类

实体	API 分类	描 述
服务	操作	GetService（ListBuckets）
桶	基础操作	PutBucket、DeleteBucket、GetBucket（ListObjects）、GetBucketInfo、GetBucketLocation
	合规保留策略	InitiateBucketWorm、AbortBucketWorm、CompleteBucketWorm、ExtendBucketWorm、GetBucketWorm
	权限控制	PutBucketAcl、GetBucketAcl
	生命周期	PutBucketLifecycle、GetBucketLifecycle、DeleteBucketLifecycle
	版本控制	PutBucketVersioning、GetBucketVersioning、GetBucketVersions（ListObjectVersions）
	跨地域复制	PutBucketReplication、GetBucketReplication、GetBucketReplicationLocation、GetBucketReplicationProgress、DeleteBucketReplication
	授权策略	PutBucketPolicy、GetBucketPolicy、DeleteBucketPolicy
	清单	PutBucketInventory、GetBucketInventory、ListBucketInventory、DeleteBucketInventory
	日志管理	PutBucketLogging、GetBucketLogging、DeleteBucketLogging
	静态网站	PutBucketWebsite、GetBucketWebsite、DeleteBucketWebsite
	防盗链	PutBucketReferer、GetBucketReferer
	标签	PutBucketTags、GetBucketTags、DeleteBucketTags
	加密	PutBucketEncryption、GetBucketEncryption、DeleteBucketEncryption
	请求者付费	PutBucketRequestPayment、GetBucketRequestPayment
	跨域资源共享	PutBucketCors、GetBucketCors、DeleteBucketCors、OptionObject
对象	基础操作	PutObject、GetObject、CopyObject、AppendObject、DeleteObject、DeleteMultipleObjects、HeadObject、GetObjectMeta、PostObject、Callback、RestoreObject、SelectObject
	分片上传	InitiateMultipartUpload、UploadPart、UploadPartCopy、CompleteMultipartUpload、AbortMultipartUpload、ListMultipartUploads、ListParts
	权限控制	PutObjectACL、GetObjectACL
	软链接	PutSymlink、GetSymlink
	标签	PutObjectTagging、GetObjectTagging、DeleteObjectTagging
视频推流	LiveChannel	PutLiveChannel、ListLiveChannel、DeleteLiveChannel、PutLiveChannelStatus、GetLiveChannelInfo、GetLiveChannelStat、GetLiveChannelHistory、PostVodPlaylist、GetVodPlaylist

通过分析可知，对象存储的元数据管理的关键在于存储空间/对象的写/读/删除/遍历操作，查询功能并不复杂，没有模糊查询、正则匹配查询，以及高级的 SQL（Structured Query Language）查询需求。但是，基于对象存储理论无上限的海量对象管理能力，元数据的扩展性能力是关键。业界实现海量元数据的管理，有如下的技术方案。

- **数据库分区分表技术**。通过将数据库大表切分为子表，并将它们存放到不同机器，实现分表；同理，分区则是将表数据分段划分，并将它们存放到不同机器，分区后数据库表面上还是一张表，但数据散列到多台机器。通过分区分表技术，数据访问可以并行利用多台机器，实现扩展性。分区分表技术通常提供如下的切分规则。
    - ➤ 范围（Range）切分规则，该规则将数据划分为不同范围。例如，将表通过年份划分成若干个分区，再将不同分区放到不同机器。
    - ➤ 哈希（Hash）切分规则，该规则对表的一个列或者多个列计算哈希，再通过哈希值映射到不同分区。
    - ➤ 键（Key）切分规则，该规则是哈希切分规则的延伸，只是 Hash Key 由系统生成。
    - ➤ 预定义列表（List）切分规则，该规则允许系统通过预定义的列表的值来对数据进行分割。
    - ➤ 复合模式（Composite）切分规则，即将以上规则组合使用。
- **NoSQL 技术**。NoSQL 表示 non-SQL、non-relational，它重点强调非关系型，也不是 SQL，从而突出和关系数据库的区别。关系数据库诞生于 20 世纪 60 年代，而 NoSQL 则是 21 世纪流行的技术，主要解决大数据和网页应用（Web Application）的需求问题，随着技术的发展也支持类似 SQL 查询的语言（SQL like query languages），所以也简称 Not only SQL。为了解决场景的扩展性需求问题，NoSQL 遵循"设计简单、水平扩展、集群伸缩"原则，从 CAP 理论角度选择牺牲 C（Consistency）优化 A（Availability）和 P（Partition of Tolerance）。同时，尽管支持类似 SQL 查询的语言，但并不提供事务的 ACID 能力。NoSQL 通过裁剪这些复杂的功能，实现强大的扩展性。
- **NewSQL 技术**。随着 NoSQL 的应用场景拓展，逐渐发现 NoSQL 能力的不足——不支持传统数据库，为此业界出现既支持传统数据库的事务和 SQL 能力，又支持水平扩展能力的关系数据库系统（Relational Database Management Systems，RDBMS）。该术语首先由 451 Group 分析公司提出，H-Store、谷歌公司的 Spanner 就是业界典型实现。

基于对象存储的需求，采用 NoSQL 作为元数据是合理的选择。因为对象存储元数据最关注的就是扩展性，它不需要事务的 ACID，也不需要使用 SQL 的所有强大功能。

5.1.1 业界 NoSQL 分析

实际上，NoSQL 术语的最早使用是在 1998 年，Carlo Strozzi 用 NoSQL 命名轻量级关系数据库，它不支持 SQL，但提供数据库的关系模型。

2009 年，Johan Oskarsson 重新介绍 NoSQL 为开源分布式非关系模型数据库。NoSQL 在以前不支持 SQL 的基础上，再次强调不支持关系模型，而且通常提供分布式的开源软件实现。

随着谷歌公司的 Bigtable 论文发布、Amazon 的 DynamoDB 服务诞生，业界的 NoSQL 百花齐放，不断发展壮大。目前，NoSQL 根据应用场景分为键值存储、宽表（Wide Column）、文档存储（Document Store）、图数据库（Graph Database）。

1．键值存储

键值存储使用关联数组（Associative Array）作为基本的数据模型，它就是键值对（Key Value Pair）的集合，最简单的键值存储就是 map 数据结构，其访问方式为 map[key]=value，该数据结构要求键（Key）的唯一性，从而保证模型简单，如图 5-1 所示。

Key	Value
Key1	AAAA,BBBB
Key2	1111,2222
Key3	ABCDEF
Key4	aabbb!@#$
Key5	123,abc,789

图 5-1　键值存储

采用 map 的键值存储，通常使用哈希技术来组织键名，对于键的读/写/删除操作来说，只需执行哈希计算查找就可以完成，从而使这些操作非常高效；但是哈希支持遍历操作非常低效，因为遍历需要扫描整个哈希数据结构再排序输出，消耗空间和计算。为了更好地支持遍历操作，键值存储通常选择树（Tree）来组织键名，从而既支持读/写/删除操作，又友好地支持遍历操作。在典型场景下，采用树组织键名的顺序为字典序（Lexicographic Order），因此遍历可以高效地按照字母顺序遍历键名。

键值存储基于 CAP 理论选择牺牲 C（Consistency）、优化 A（Availability）和 P（Partition tolerance），从而可以选择实现从最终一致性（Eventual Consistency）到串行一致性

（Serializability）的不同一致性模型。通常来说，系统对一致性要求越低，性能越好。例如，最终一致性实现的性能通常会优于串行一致性实现的性能。

业界典型的键值存储实现有 Aerospike、Apache Ignite、ArangoDB、Berkeley DB、Couchbase、Dynamo、FoundationDB、InfinityDB、MemcacheDB、MUMPS、Oracle NoSQL Database、OrientDB、Redis、Riak、SciDB、SDBM/Flat File dbm、ZooKeeper 等，它们几乎都是基于分布式技术实现的。同时，硬件领域也在构建单机/单盘的键值存储，如 Samsung 就提供 KV SSD。

2．宽表

宽表（也叫作扩展记录存储，Extensible Record Store）采用表（Table）、行（Row）、列（Column）模型，如图 5-2（a）所示。但是不同于关系数据库（Relational Database），宽表中不同行的列可以不同，无须遵守关系数据库的 Schema 定义，从而提供更大的灵活性，如图 5-2（b）所示。正是因为这些特点，宽表也被叫作二维键值存储（Two-Dimensional Key Value Store）。

宽表不同于关系数据库中定义的列存（Column Store），真正的列存将表中的每列分开存放，列和列之间的存储无须直接关联，如图 5-2（c）所示。业界典型的键值存储实现有 Accumulo、Cassandra、Scylla、HBase 等，它们都提供分布式的容错能力。

RowId	EmpId	Lastname	Firstname
001	10	Smith	Joe
002	12	Jones	Mary
003	11	Johnson	Cathy

RowId	EmpId	Column1	Column2
001	10	Smith（Name）	20（Age）
002	12	Jones（Name）	M（Sex）
003	11	Johnson（Name）	10000（Pay）

Index	EmpId
50000	10
50002	12
6000	11

Index	Lastname
50000	Smith
50002	Jones
6000	Johnson

（a）关系数据库表、行、列　　　（b）宽表的表、行、列　　　（c）列存

图 5-2　宽表和列存

3．文档存储

文档存储的核心是"文档内容（Document Content）"，业界针对文档存储有不同的定义，但所有的定义都要求处理好文档内容的编解码。例如，针对可扩展标记语言（XML）、YAML 及 JSON（JavaScript Object Notation）文档的内容解析，或者 BSON（Binary JSON）二进制执行文档的解析。

关系数据模型
结构化表，严格定义数据格式

文档数据模型
复杂文档，随意、嵌套的数据格式

图 5-3　文档存储

　　每个文档先用唯一键来作为主键，然后每个文档内容会被解析并构建索引。例如，解析 JSON 文档的内容，提取字段并构建索引，从而支持内容字段的查询，文档存储不同于关系数据库需要预定义 Schema，如图 5-3 所示。业界典型的键值存储实现有 Apache CouchDB、ArangoDB、BaseX、Clusterpoint、Couchbase、Cosmos DB、eXist-db、IBM Domino、MarkLogic、MongoDB、OrientDB、Qizx、RethinkDB 等。

4．图数据库

　　图数据库是基于图模型、采用图结构进行操作的数据库。它采用顶点、边和属性来表示和存储数据，支持数据的增、删、改、查操作，非常适合高度互连数据集的存储和查询。图 5-4 描述了人员 Steven 和 Tom 之间的关系，以及人员与组之间的关系。

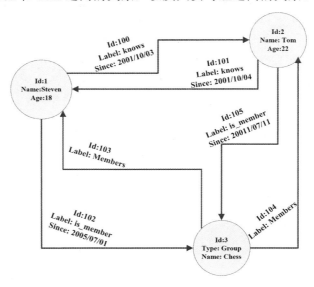

图 5-4　图数据库

关系数据库在处理复杂关系时需要在多表之间连接（JOIN），但随着查询层次的增加，查询性能急速下降。而图数据库则更擅长查询和分析关系数据，它使用"免索引邻接"的处理方式，减少基于索引进行扫描查找的开销，实现算法复杂度从 $O(\log N)$ 到 $O(1)$ 的性能提升。

图数据库性能不会随着数据量的增加而受影响，它仅跟遍历所涉及的数据集有关。业界典型的图数据库实现有 AllegroGraph、ArangoDB、InfiniteGraph、Apache Giraph、MarkLogic、Neo4j、OrientDB、Virtuoso 等。

5.1.2　采用 NoSQL 领域的键值存储技术

2010 年，Ben Scofield 在 *NoSQL-Death to Relational Databases* 演讲中从性能（Performance）、扩展性（Scalability）、灵活性（Flexibility）、复杂度（Complexity）、功能性（Functionality）5 个维度对不同数据模型的 NoSQL 进行对比，如表 5-3 所示。

表 5-3　NoSQL 对比

数据模型	性能	扩展性	灵活性	复杂度	功能性
键值存储	高	高	高	低	可选择性实现
列存	高	高	中	低	最简单
文档存储	高	高	高	低	可选择性实现
图存储	可调整性能	可选扩展	高	高	图理论
关系数据库	可调整性能	可选扩展	低	中	关系运算

由于对象存储的元数据管理核心是解决扩展性问题，以及海量对象场景下基于存储空间和对象数据模型支撑海量的写/读/删除/遍历并发请求操作。

采用 NoSQL 领域的键值存储技术，通过提供分布式的容错能力及树组织键的机制，可以有效地满足对象存储元数据的需求。

5.2　键值存储原理

键值存储的元数据索引通常采用 B 树（B-Tree）和 LSM-Tree 技术来组织，通过树的数据结构，可以兼顾写/读/删除和遍历操作需求，达到整体的均衡。

5.2.1　基于 B 树的键值存储

B 树是一种自平衡树，能够保持数据有序。该数据结构能够让查找数据、顺序访问、插入数据及删除的动作，都在对数（logN）时间内完成。B 树可以认为是二叉树（Binary Tree）的变体，即树的非叶子节点可以拥有 2 个以上的子节点，如图 5-5 所示。

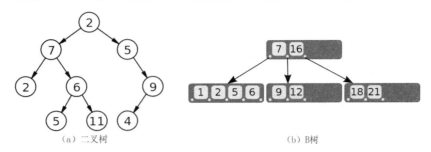

图 5-5　二叉树和 B 树

不同于自平衡二叉查找树（Self-Balancing Binary Search Tree），B 树适用于读/写相对大的数据块存储系统，如磁盘。通过 B 树，可以减少定位记录所经历的中间过程，从而加快存取速度。B 树可以用来描述外部存储，该数据结构常被应用于数据库和文件系统。

文献中 B 树的术语并不统一，本章基于 Donald Knuth 的定义来描述。

1．B 树定义

m 阶的 B 树具有以下属性。

- 每一个节点（Node）最多有 m 个子节点（Child Node）。
- 每一个非叶子节点（Non-leaf Node）、根节点（Root Node）最少有 $m/2$ 个子节点。
- 如果根节点不是叶子节点，那么它至少有两个子节点。
- 有 k 个子节点的非叶子节点拥有 $k-1$ 个键。
- 所有叶子节点都在同一层。

每个内部节点的键将节点的子树（Subtree）分开。例如，某内部节点有 3 个子节点，假设它有两个键：a1 和 a2，那么左边子树的所有值都必须小于 a1，中间子树的所有值都必须在 a1 和 a2 之间，右边子树的所有值都必须大于 a2。B 树包含如下类型的节点。

- **内部节点**。它是指除叶子节点和根节点之外的所有节点，通常表示一组有序的元素和指向子节点的指针。每个内部节点拥有"最多 U 个、最少 L 个"子节点。元素的数量总是比子节点指针的数量少 1（元素的数量在 $L-1$ 和 $U-1$ 之间）。U 必须等于 $2L$ 或者 $2L-1$，从而每一个内部节点都至少是半满的。U 和 L 之间的关系意味着两个半满的节点可以合并成一个合法的节点，一个全满的节点可以被分裂成两个合法的节点，该特性使得在 B 树中删除或插入新的值时可以调整树来保持 B 树的性质。

- **根节点**。根节点就是树的根，在 B 树中它拥有的子节点数量的上限和内部节点相同，但是没有下限。例如，当整个树中的元素数量小于 $L-1$ 时，根节点是唯一的节点并且没有任何子节点。
- **叶子节点**。叶子节点对元素的数量有相同的限制，但是它没有子节点，也没有指向子节点的指针。

深度为 $n+1$ 的 B 树可以容纳的元素数量大约是深度为 n 的 B 树的 U 倍，但是搜索、插入和删除操作的开销也会增加。和其他的平衡树一样，该开销增加的速度远远慢于元素数量增加的速度。

某些平衡树只在叶子节点中存储值，且叶子节点和内部节点使用不同的结构。B 树在每个节点中都存储值，所有节点有着相同的结构。然而，因为叶子节点没有子节点，所以可以通过使用专门的结构来提高 B 树的性能。

将如下数据的键组织为 B 树，其结果如图 5-6 所示。

```
{"keys": [10,20,30],
 "children": [{"keys": [1,2]}, {"keys": [11,12]}, {"keys": [21,22]}, {"keys": [31,32]}]
 }
```

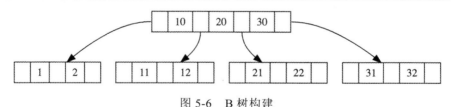

图 5-6　B 树构建

B 树可以是某种特定设计实现，也可以是通用设计实现。从狭义上讲，特定设计是指 B 树可以在内部节点存储键值，而不在叶子节点存储键，通用设计则包含 B+树的变体。

2．B+树

B+树的键副本可以存储在内部节点，实际的键值和记录可以存储在叶子节点；另外，叶子节点可以包含指针，指向另外的叶子节点，从而加快顺序存取速度。

B+树的重要价值在于面向块存储（Block Oriented Storage）的高效查询能力。B+树不像二叉树，它的每个节点拥有更多的子节点，从而降低 IO 读/写请求次数，如 ReiserFS、XFS、JFS、ReFS 和 BFS 都采用 B+树存放元数据，BFS 还采用 B+树存放目录。

在数据库中索引至关重要，通过为表中的字段建立索引，可以大幅提升查询性能，而 B+

树则是使用最广泛的索引结构之一，如 IBM DB2、Informix、Microsoft SQL Server、Oracle 8、Sybase ASE 和 SQLite 等都在使用。在这些老牌关系数据库中，采用 B+树可以降低 IO 读/写请求次数，并且通过多个叶子节点紧凑存储可以减少盘的随机访问次数。众所周知，机械硬盘的随机访问速度非常慢，因此采用 B+树可以提升性能。

随着内存数据库的发展，索引结构百花齐放，如 SingleStore 公司的 MemSQL 使用跳跃表（Skip List），Tableau 公司的 HyPer 使用可变基数树（Adaptive Radix Tree），SQL Server 的内存存储引擎 Hackathon 使用 Bw-Tree，开源的 Kudu 使用 B+树。这些树形结构组织索引与哈希索引相比，尽管点查询性能差些，但能够支持范围查询（Range Query，或者 List 请求）。树形结构与 Skip List 相比，有更好的数据局部性，通常来说，其性能优于 Skip List。

B 树和 B+树的对比如图 5-7 所示。

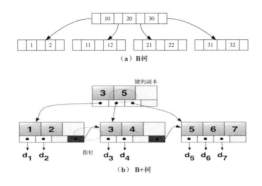

图 5-7　B 树和 B+树的对比

5.2.2　基于 LSM-Tree 的键值存储

基于 B 树可以构建盘上的元数据索引，由于 B 树支持修改节点的键值，因此需要盘提供在位写（Write in Place）能力，就是在数据的原位置修改键值。随着介质技术的发展，HDD 采用叠瓦磁记录（Shingled Magnetic Recording，SMR）技术提升容量、降低成本，但它只能追加写（Append Write），不支持在位写。SSD 采用的分区名字空间（Zoned Name Spaces，ZNS）技术与 SMR 技术类似，在名字空间内只能追加写，不支持在位写。而且新的文件系统（如 Apache HDFS）也采用追加写模式。此时，B 树不再适合该场景，为了解决该问题，谷歌公司于 2004 年推出基于 LSM-Tree（Log Structured Merge Tree）的 LevelDB 技术。

1. LSM-Tree 技术

LSM-Tree 是 1996 年由 Patrick Neil、Edward Cheng、Dieter Gawlick、Elizabeth Neil 发

明的数据结构，非常适用于大规模的写入场景。通过维护多级存储表来实现索引的组织，其中 Level 0 的表保存在主存（Main Memory）中，并采用树来组织。而 Level 1～Level N 的表将数据排序后以追加写方式保存到盘上，因为数据的新写入或删除，需要对盘上的表进行重新排序（Sort）和归并（Merge）处理，以便于清理删除数据及对数据进行重新排序，保证后续的读操作和遍历操作的性能，如图 5-8 所示。

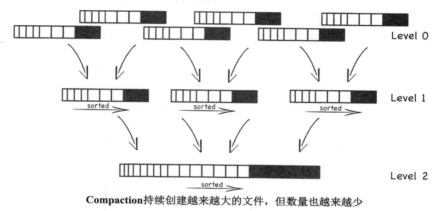

图 5-8　LSM-Tree

2. LevelDB 键值存储

LevelDB 是由谷歌公司的工程师 Jeff Dean 和 Sanjay Ghemawat 于 2011 年基于 LSM-Tree 技术实现的键值存储。它是以谷歌公司于 2004 年实现的 BigTable 数据库系统为参考的，为开源届开发的单机版引擎。正如 LSM-Tree 技术所描述，LevelDB 在内存中采用 MemTable 来保存数据、在盘上采用 SSTable 来保存数据，磁盘上的 SSTable 按照分层方式组织，如图 5-9 所示。基于 MemTable 和 SSTable 的分层组织格式，LevelDB 的写、读、迭代遍历等请求的访问流程如下。

- **写请求流程**。写请求保存到 MemTable 中，并保证持久化到写前日志（WAL），同时在 Skip List 记录索引，就可以返回写请求完成。由于有写前日志，因此写入数据时即使系统掉电也能保证数据不丢失。
- **写请求数据由内存转盘的持久化流程**。保存在 MemTable 中的写数据堆积到指定阈值后，必须要持久化保存到盘上。通过将 MemTable 转换为 Immutable MemTable，进入不可修改状态，然后写入盘中的 SSTable，从而保证数据写入的一致性。
- **写请求在盘上的归并流程**。由于 LSM-Tree 是排序树，新写入数据或者删除数据后，需要在不同 Level 层级上进行排序，从而更好地支持遍历请求。为了快速地从盘上数据构建索引，而不是边读边排序，引入磁盘的排序索引和布隆滤波器（Bloom Filter）来加速 SSTable 的访问。

- **读请求流程**。读请求首先基于内存索引（采用 Skip List 技术）查找，如果在内存索引中找到，则通过访问 MemTable 直接返回；如果在内存索引中没有找到，则需要在盘上查找，查找时按照 LSM-Tree 的 Level 从 0 到 N 逐级寻找，其中盘上构建的索引和布隆滤波器可以加速查找速度。
- **迭代（Iteration）遍历请求**。由于 LSM-Tree 是排序好的树，因此遍历请求需要先找到满足条件的 MemTable 和 SSTable，然后按顺序返回数据。

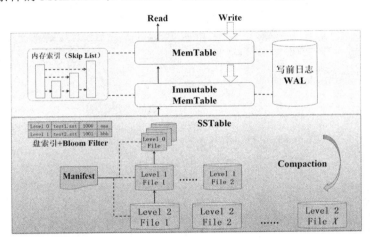

图 5-9　LevelDB 原理

5.2.3　键值存储布局

键值存储包含键和值两部分，将它们存储在持久化介质时必须要考虑存储布局，典型的存储布局有如下两种。

- **键值融合**。将键（Key）和值（Value）合并起来保存，可以只需一次 IO 读/写请求就完成请求，从而优化请求的时延，如图 5-10（a）所示。但是，如果希望更改键名、值内容，则需要一起更改，代价较大。例如，针对某个 1GB 的键值对，只希望修改键名而不需要修改值时，在键值融合时需要删除旧键值对（约 1GB 数据），然后重新写入新键值对（约 1GB 数据），尽管值不变但仍然会导致 2GB 的数据访问。
- **键值分离**。将键和值分开保存，键通过地址找到值，从而需要两次 IO 读/写请求才能请求，会增大读、写请求的时延。本方式的性能有劣势，但是更改键名、值内容非常方便，只需要修改地址即可。键值分离如图 5-10（b）所示。

Key	Value
Key1	AAAA,BBBB
Key2	1111,2222
Key3	ABCDEF
Key4	aabbb!@#$
Key5	123,abc,789

（a）键值融合

Key		Value
Key1	addr1	AAAA,BBBB
Key2	addr2	1111,2222
Key3	addr3	ABCDEF
Key4	addr4	aabbb!@#$
Key5	addr5	123,abc,789

（b）键值分离

图 5-10　键值存储布局

5.3　分布式键值存储实现

通过介绍 B 树和 LSM-Tree 技术原理，以及键值存储布局，可以掌握键值存储的基本实现，但是还不足以支撑分布式的功能。按分布式实现的层次，可将业界实现分布式键值存储的方法分为以下两类。

- **基于单机键值存储构建分布式键值系统**。例如，Aerospike 基于 Data Storage Layer 提供的键值存储，通过 Distribution Layer 实现分布式能力。
- **基于分布式文件系统构建分布式键值系统**。例如，HBase 构建在分布式文件系统 Apache HDFS（Hadoop Distributed File System）之上，业务只需聚焦键值功能的实现。

5.3.1　基于单机键值存储构建分布式键值系统

如图 5-11 所示，单机键值存储运行在服务器中，聚焦介质管理，提供高效的键值引擎，在服务器中运行分布式键值系统，核心实现如下分布式功能。

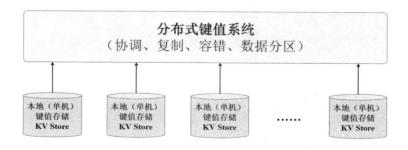

图 5-11　基于本地（单机）键值存储构建分布式键值系统

- **协调能力**。借助于 PAXOS 的协调技术，实现分布式软件的协调仲裁。
- **复制能力**。提供跨服务器的键值复制能力，即使某台服务器出现故障，也不会导致数据丢失。

- **容错能力**。提供跨服务器的键值容错能力，在服务器出现故障后可以快速切换到其他服务器，保证业务连续性。
- **数据分区能力**。将海量的数据集按照某种算法分散到多台服务器上，从而让多台服务器能够同时工作，提供高并发能力。业界典型的数据分区算法，有范围（Range）分区、哈希分区，以及组合范围分区和哈希分区的复合（Composite）分区。

5.3.2 基于分布式文件系统构建分布式键值系统

分布式文件系统首先在底层基于 PAXOS 协调技术为多台服务器提供仲裁服务，然后实现文件系统数据在服务器间的复制和容错，以及保障数据均衡、容忍服务器和机柜故障的数据分区技术，最终实现类似文件系统语义的分布式存储，如图 5-12 所示。

实现分布式文件系统后，上层应用开发无须关注分布式系统中非常困难的数据复制，从而集中精力实现应用功能。在分布式文件系统之上构建分布式键值系统，只需要处理好协调、容错、数据分区即可。例如，基于 HDFS 构建 HBase 就是按以下技术能力实现的。

- **协调能力**。可以直接复用分布式文件系统的协调模块，快速实现技术复用。
- **数据分区能力**。将分布式键值系统的数据集按照范围分区方式打散到多台服务器。例如，包含"A～B"的前缀数据集由服务器 1 处理，包含"C～D"的前缀数据集由服务器 2 处理，……，依此类推，从而提供分布式键值系统的高并发能力。
- **容错能力**。由于数据都是持久化到 HDFS 上，在处理分区"E～F"的某台服务器 3 出现故障后，可以通过协调服务选择服务器 4 继续处理该分区，此时服务器 4 只需从 HDFS 中读取"E～F"分区对应的文件 File-EF，然后在内存中构建索引，构建完毕就可以继续提供服务。读取文件构建索引的速度将影响故障切换的时间。

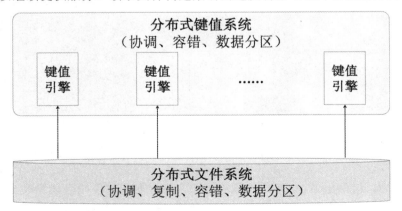

图 5-12 基于分布式文件系统构建分布式键值系统

5.4　对象存储元数据

通过键值存储原理介绍可以看出，业界的对象存储实现可以基于分布式数据库构建元数据，或者基于分布式键值存储构建元数据。

5.4.1　基于分布式数据库构建元数据

基于分布式数据库（Distribute Relational Database Service，DRDS）构建元数据，可以享受数据库的关系模型，以及 SQL 能力。除了支持主键（Primary Key）的索引能力，还提供表中字段的二级索引（Secondary Index）能力，从而帮助实现更多的查询功能。

但是对象存储是海量存储，理论上支持无限制的对象数目，采用分布式数据库成本太高，而且存在不满足扩展性的风险。技术上，业界也在尝试采用 NewSQL（如谷歌公司的 Spanner）来解决该问题，NewSQL 既提供 SQL 查询能力，又提供较好的扩展性。

5.4.2　基于分布式键值存储构建元数据

基于分布式键值存储（Distributed Key Value Store，DKVS）构建元数据，技术上可以很好地满足对象存储理论上无限制的对象数目需求，而且性价比高。

但是分布式键值存储只能针对键构建索引，也就是说只能为对象名（Object Name）构建索引，无法为对象更多的元数据构建索引，如创建日期（Date）、大小（Size）、标签（Tag）等，因此查询功能有限。技术上，有的厂家采用类似 MongoDB 的开源技术来缓解该问题，通过 MongoDB 的索引能力，这些厂家的对象存储服务除了针对键构建索引，还针对其他元数据的字段构建索引，从而提供强大的查询能力。

5.5　小结

本章通过对象存储在海量对象数管理、存储空间和对象的写/读/删除/遍历（Put/Get/Delete/List）需求入手，分析了分布式数据库、NoSQL、NewSQL 等技术方案，分析出了 NoSQL 是更适合对象存储元数据索引管理的技术。元数据索引设计小结如图 5-13 所示。

基于 NoSQL 在键值存储（Key Value Store）、宽表（Wide Column）、文档存储（Document Store）、图数据库（Graph Database）的优劣势分析，可以看出，基于键值存储更适合对象存储。从 B 树（B-Tree）、LSM-Tree 的数据组织，键值分离、键值融合的键值布局，以及基于单机键值存储或基于分布式文件系统来构建分布式键值系统三个角度，描述了键值存储原理。

　　最后从业界对象存储的实现角度，分析了基于分布式数据库或基于分布式键值存储的特点及优劣势，从而使读者更好地理解理论和实践。

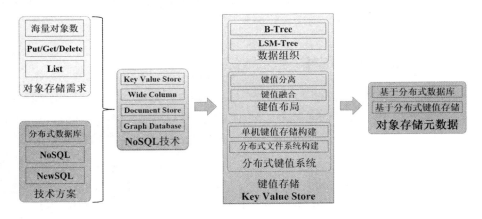

图 5-13　元数据索引设计小结

第二篇　操作和使用

本篇先通过"快速上手"章节让读者能够快速掌握对象存储服务的存储空间、对象上传/下载、对象查看、对象删除等功能。然后通过"迁移数据到对象存储"章节讲解如何将数据迁移到指定的公共云对象存储，介绍相关的迁移方法和工具。

数据存放到对象存储服务后，通过安全配置、合规配置，支撑企业数据保存的安全要求。为了保障数据存储的高可靠性、高可用性，还需要配置数据保护的策略，提高业务连续性，完成对象存储的关键配置。本篇最后将深入讲解基于对象存储的应用场景和最佳实践，帮助读者更好地实现业务功能。

第 6 章

快速上手

公共云对象存储服务是云计算最基础的数据存储服务。它提供海量、安全、低成本、高可靠的云存储服务，应用使用 RESTful API 就可以在互联网任何位置存储和访问，并享受存储容量和数据处理的弹性扩展能力。

本章重点介绍公共云对象存储服务的基本概念，创建存储空间并进行对象的上传、下载、查看、删除等功能，从而使读者快速掌握对象存储服务的入门功能。

6.1 快速使用公共云对象存储服务

公共云对象存储服务是云计算的数据存储底座，是海量、安全、低成本、高可靠的云存储服务，适合存放任意类型的文件。公共云对象存储服务提供容量和处理能力的弹性扩展，支持多种存储类型，从而全面优化存储成本。

本章重点介绍公共云对象存储服务，其他的对象存储设备、对象存储系统不作为讨论重点。为了更好地结合实际业务，下文将围绕阿里云对象存储 OSS 进行讲解。

6.2 基本概念

公共云对象存储服务为了保证全球访问的时延，按地域进行部署，并且为每个地域提供访问域名，从而能够快捷地支持 HTTP/HTTPS 协议访问。为了保证安全性，公共云对象存储服务需要使用用户访问密钥来进行身份认证，一旦用户身份认证成功，就可以在公共云对象存储服务的存储空间访问对象，如下是阿里云对象存储服务 OSS 的相关基本概念。

6.2.1　用户的访问密钥

使用公共云必须要用身份登录，对象存储服务也遵守此原则。阿里云通过访问控制（Resource Access Management，RAM）服务来管理用户身份与资源访问权限，RAM 可以提供如表 6-1 所示的身份来访问云服务。

表 6-1　身份类型

身份类型	说　明
阿里云账号（Alibaba Cloud Account）	开始使用阿里云服务前，首先需要注册一个阿里云账号。阿里云账号是阿里云资源归属、资源使用的计量计费的基本主体。阿里云账号为其名下所拥有的资源付费，并对其名下所有资源拥有完全控制权限。 默认情况下，资源只能被阿里云账号访问，任何其他用户访问都需获得阿里云账号的显式授权。阿里云账号就是操作系统的 Root 或 Administrator，所以也称之为根账号或主账号
RAM 用户（RAM User）	RAM 用户是 RAM 的一种实体身份类型，有确定的身份 ID 和身份凭证，它通常与某个确定的人或应用程序一一对应。 ● 一个阿里云账号可以创建多个 RAM 用户，对应企业内的员工、系统或应用程序。 ● RAM 用户不拥有资源，不能独立计量计费，由所属阿里云账号统一控制和付费。 ● RAM 用户归属于阿里云账号，只能在所属阿里云账号的空间下可见，而不是独立的阿里云账号。 ● RAM 用户必须在获得阿里云账号的授权后才能登录控制台或使用 API 操作阿里云账号下的资源
RAM 用户组（RAM User Group）	RAM 用户组是 RAM 的一种实体身份类型，RAM 用户组可以对职责相同的 RAM 用户进行分类并授权，从而更好地管理用户及其权限。 当 RAM 用户的职责发生变化时，只需将其移动到相应职责的 RAM 用户组下，不会对其他 RAM 用户有影响。 当 RAM 用户组的权限发生变化时，只需修改 RAM 用户组的权限策略，即可应用到所有 RAM 用户

身 份 类 型	说　　　明
RAM 角色 （RAM Role）	RAM 角色是一种虚拟用户，与实体用户（阿里云账号、RAM 用户和云服务）和教科书式角色（Textbook Role）不同。 ● 实体用户：拥有确定的登录密码或访问密钥。 ● 教科书式角色：教科书式角色或传统意义上的角色是指一组权限集合，类似于 RAM 中的权限策略。如果一个用户被赋予了这种角色，也就意味着该用户被赋予了一组权限，可以访问被授权的资源。 ● RAM 角色：有确定的身份，可以被赋予一组权限策略，但没有确定的登录密码或访问密钥。RAM 角色需要被一个受信的实体用户扮演，扮演成功后实体用户将获得 RAM 角色的安全令牌，使用这个安全令牌就能以角色身份访问被授权的资源。 根据 RAM 可信实体的不同，RAM 支持以下 3 种类型的角色。 ● 阿里云账号：允许 RAM 用户所扮演的角色。扮演角色的 RAM 用户可以属于自己的阿里云账号，也可以属于其他阿里云账号。此类角色主要用来解决跨账号访问和临时授权问题。 ● 阿里云服务：允许云服务所扮演的角色。此类角色主要用于授权云服务代理用户进行资源操作。 ● 身份提供商：允许受信身份提供商下的用户所扮演的角色。此类角色主要用于实现与阿里云的 SSO（Single Sign On）

在通常情况下，采用邮箱、淘宝、微博、支付宝、钉钉登录阿里云就是采用阿里云账号登录。同时，阿里云控制台也支持采用 RAM 用户登录，只要阿里云账号授权 RAM 用户相关资源的访问权限，RAM 用户就可以在控制台操作资源。

RAM 的身份信息中包含访问密钥（AccessKey），它包含访问身份验证中用到的 AccessKey ID 和 AccessKey Secret。基于公共云服务开发应用，需要配置访问密钥才能访问。在应用创建 API 请求时，通过使用 AccessKey ID 和 AccessKey Secret 对称加密的方法来验证某个请求的发送者身份，身份验证成功后可以操作相应资源。其中，AccessKey ID 用于标志用户，AccessKey Secret 用于加密签名字符串和验证密钥。

在应用中配置访问密钥提高了安全性，并且访问密钥和阿里云账号注册的信息解耦，还可以轮转访问密钥实现安全优化。众所周知，互联网应用会安装到成千上万的移动设备上，海量的移动设备访问公共云对象存储服务的视频、音频、图像等资源时，使用动态变化的访问密钥可以保护客户账号、应用厂家的隐私，提高安全性。

基于 GO SDK 的示例，按如下方式使用访问密钥。

```
client, err := oss.New("Endpoint", "AccessKeyId", "AccessKeySecret")
if err != nil {
    // HandleError(err)
}
```

6.2.2　存储空间

存储空间（Bucket）是用户用于存储对象（Object）的容器，业界也把存储空间叫作"桶"。所有的对象都必须隶属于某个存储空间。它具有各种配置属性，包括地域、访问权限、存储类型等。用户可以根据实际需求，创建不同类型的存储空间来存储不同的数据。

- 同一个存储空间的内部是扁平的，没有文件系统的目录等概念，所有对象都直接隶属于其对应的存储空间。
- 每个用户可以拥有多个存储空间。
- 存储空间的名称在对象存储服务范围内必须全局唯一，并且创建后将无法修改存储空间的名称。
- 存储空间内部的对象数目没有限制。

6.2.3　对象或文件

对象（Object）是对象存储服务存放数据的基本单元，也被称为对象存储服务的文件。对象由对象名（Key）、用户数据（Object Data）和元数据信息（Object Meta）组成。对象由存储空间内部唯一的对象名来标志，对象-元数据信息是一组键值对，表示对象的属性，如最后修改时间、大小等信息，用户也可以在元数据信息中存储自定义的信息。

对象的生命是从上传成功到被删除为止的。在整个生命时间范围内，只有通过追加上传方式创建的对象能够不断增加数据内容，其他上传方式创建的对象无法直接修改写，但可以通过重复上传同名的对象来覆盖之前的对象。

6.2.4　地域

地域（Region）表示对象存储服务数据中心所在的物理位置，用户可以根据费用、请求来源等选择合适的地域创建存储空间。通常来说，距离用户更近的地域的访问速度更快。

地域是在创建存储空间时指定的，一旦指定就不允许更改。存储空间下的所有对象都存储在对应的数据中心，通常不支持对象级别的地域设置。

6.2.5　访问域名

访问域名（Endpoint）表示对象存储服务对外提供的域名，对象存储服务以 HTTP/HTTPS 的 RESTful API 形式对外提供服务，当访问不同地域的时候，需要不同的域名，通过内网和外网访问对象存储 OSS 相同地域所对应的访问域名并不相同。

例如，杭州地域某存储空间的外网访问域名为 bucket1.oss-cn-hangzhou. aliyuncs.com，但是它的内网访问域名为 bucket1.oss-cn-hangzhou-internal. aliyuncs.com。

6.3　开通对象存储服务

对象存储服务将数据文件以对象的形式上传到存储空间，可以进行以下操作。

- 创建一个或者多个存储空间，向每个存储空间中添加一个或多个对象。
- 通过获取已上传对象的地址进行对象的分享和下载。
- 通过修改存储空间或对象的读/写权限（ACL）来设置访问权限。
- 通过管理控制台、各种便捷工具，以及丰富的 SDK 执行基本和高级对象存储服务操作。

通常来说，对象存储服务快速入门的基本流程如图 6-1 所示。

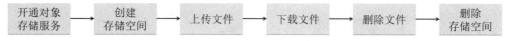

图 6-1　对象存储服务快速入门的基本流程

用户可以基于控制台、图形化管理工具（OSS 对象存储服务提供 ossbrowser）、命令行管理工具（OSS 对象存储服务提供 ossutil）、API 和 SDK 来快速入门。图 6-2 所示为基于控制台开通对象存储服务。

图 6-2　基于控制台开通对象存储服务

6.3.1　创建存储空间

开通对象存储服务成功后，就可以在对象存储 OSS 控制台创建存储空间，创建存储空间的操作步骤如图 6-3 所示，详细过程如下。

步骤 1，进入并登录对象存储 OSS 控制台。

步骤 2，选择"Bucket 列表"选项，之后单击"创建 Bucket"按钮。

步骤 3，在"创建 Bucket"对话框中配置参数。

阿里云对象存储服务提供如下的配置参数。

1．存储空间名称

存储空间创建后，无法更改名称。

选定的存储空间名称在阿里云对象存储服务的所有现有存储空间名称中必须具有唯一性，只能包括小写字母、数字和短划线（-），必须以小写字母或者数字开头和结尾，长度必须为 3～63bit。

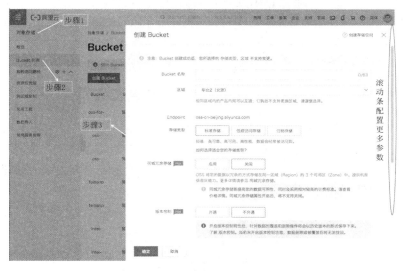

图 6-3　创建存储空间的操作步骤

2．地域

地域是存储空间所在的位置。存储空间创建后，无法更换地域。如果需要通过阿里云计算实例（Elastic Compute Service，ECS）在内网访问对象存储，则需要选择与计算实例相同的地域。

3. 存储类型

存储空间采用不同的存储类型,会有不同的价格和性能。目前阿里云对象存储服务支持如下的存储类型。

- **标准存储**,提供高可靠、高可用、高性能的对象存储服务,能够支持频繁的数据访问,适用于各种社交和分享类的图片、音视频应用、大型网站、大数据分析等业务场景。
- **低频访问存储**,提供高可靠、较低存储成本的对象存储服务,有最低存储时间(30 天)和最小计量单位(64KB)要求,支持数据实时访问,访问数据时会产生数据取回费用,适用于较低访问频率(平均每月访问 1~2 次)的业务场景。
- **归档存储**,提供高可靠、极低存储成本的对象存储服务,有最低存储时间(60 天)和最小计量单位(64KB)要求。数据须解冻(约 1min)后访问,解冻会产生数据取回费用,适用于数据长期保存的业务场景,如档案数据、医疗影像、科学资料、影视素材等。

4. 同城冗余存储

若选择"启用",则表示启用同城冗余存储属性,它将用户的数据以冗余方式存储在相同地域的 3 个可用区(AZ),从而提高可用性,此时对象存储 OSS 承诺可用性 SLA 为 99.995%;若选择"关闭",则表示不启用同城冗余存储属性,存储在该存储空间内的文件为本地冗余,此时可用性 SLA 为 99.95%。

5. 版本控制

若选择"开通",则表示开通存储空间的版本控制功能,数据的覆盖和删除操作将会以历史版本的形式保存下来,当错误覆盖或者删除对象后,能够将存储空间中存储的对象恢复至任意时刻的历史版本;若选择"不开通",则表示不开通存储空间的版本控制功能,不能对数据的覆盖和删除操作进行保护。

6. 读/写权限选择

设置存储空间的读/写权限,新创建的对象自动继承该权限,当前支持如下 3 种权限。

- **私有(Private)**,只有该存储空间的拥有者可以对该存储空间内的文件进行读/写操作,其他人无法访问该存储空间内的文件。
- **公共读(Public-Read)**,只有该存储空间的拥有者可以对该存储空间内的文件进行写操作,任何人(包括匿名访问者)可以对该存储空间内的文件进行读操作。

- 公共读/写（**Public-Read-Write**），任何人（包括匿名访问者）都可以对该存储空间内的文件进行读/写操作。

7. 服务端加密（入门使用可忽略）

配置服务端加密参数，它主要包括以下 3 个参数。

- **服务端加密方式**。目前支持 3 种类型：无、完全托管、密钥管理服务（Key Management Service，KMS）托管。
- **加密算法**。目前仅支持 AES256。
- **加密密钥**。服务端加密方式选择密钥管理服务时，配置此项。加密密钥有 2 种类型：托管的 CMK（Customer Master Key）和指定的 CMK ID。其中，托管的 CMK 使用默认托管的用户主密钥生成不同的密钥来加密不同的对象，并且在对象被下载时自动解密。而指定的 CMK ID 则使用指定的用户主密钥生成不同的密钥来加密不同的对象，并将加密对象的 CMK ID 记录到对象的元数据，因此具有解密权限的用户下载对象时会自动解密。选择指定的 CMK ID 前，需在密钥管理服务管理控制台创建一个与存储空间相同地域的普通密钥或外部密钥。

8. 实时日志查询

若选择"开通"，则表示开通实时日志查询功能，默认免费提供最近 7 天内的访问日志实时查询，用户可在对象存储 OSS 控制台上可视化地实时查询和分析对象存储的访问日志；若选择"不开通"，则表示不开通实时日志查询功能。

9. 定时备份

若选择"开通"，则表示对象存储服务将创建"每天备份一次、备份文件保存一周"的备份计划；若选择"不开通"，则表示不创建定时备份计划。

基于 GO SDK 的示例，按如下方式创建存储空间。

```
err = client.CreateBucket("my-bucket")  //只传入存储空间名，其他用默认值
if err != nil {
    // HandleError(err)
}
```

6.3.2　上传对象

创建存储空间成功后，就可以往存储空间中上传对象，上传对象的操作步骤如图 6-4 所

示，详细过程如下。

步骤 1，登录对象存储 OSS 控制台。

步骤 2，选择"Bucket 列表"选项，之后单击目标 Bucket 名称。

步骤 3，选择"文件管理"选项，并单击"上传文件"按钮。

步骤 4，在"上传文件"对话框中设置上传文件的参数。

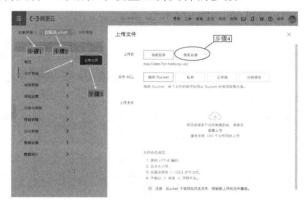

图 6-4　上传对象的操作步骤

上传对象包含如下 3 个参数。

1．上传位置

设置文件上传到存储空间的存储路径。对象存储本身没有目录层级概念，为了用户体验用"/"来模拟目录。

- **当前目录**，将文件上传到当前目录。
- **指定目录**，将文件上传到指定目录，需要输入目录名称。若输入的目录不存在，则将自动创建对应的文件夹并将文件上传到该文件夹。

2．文件 ACL（Access Control List）

选择文件读/写权限，默认继承存储空间权限。

- **继承 Bucket**，文件的读/写权限直接使用存储空间的读/写权限。
- **私有**，对文件的所有访问操作需要进行身份验证。
- **公共读**，可以对文件进行匿名读，对文件写操作需要进行身份验证。
- **公共读/写**，所有人都可以对文件进行读/写操作。

3．上传文件

将需要上传的一个或多个文件拖曳到此地域，或单击直接上传，选择一个或多个要上传的文件。

基于 GO SDK 的示例，按如下方式上传对象。

```
bucket, err := client.Bucket("my-bucket")  //指定存储空间
if err != nil {
    // HandleError(err)
}


err = bucket.PutObjectFromFile("my-object", "LocalFile")  //上传对象
if err != nil {
    // HandleError(err)
}
```

6.3.3　下载对象

在存储空间中上传对象成功后就可以下载对象，下载对象的操作步骤如图 6-5 所示，详细过程如下。

步骤 1，登录对象存储 OSS 控制台。

步骤 2，选择"Bucket 列表"选项，之后单击目标 Bucket 名称。

步骤 3，选择"文件管理"选项，可以下载单个文件。同时，对象存储 OSS 还支持批量下载文件。

基于 GO SDK 的示例，按如下方式下载对象。

```
bucket, err := client.Bucket("my-bucket")  //指定存储空间
if err != nil {
    // HandleError(err)
}


err = bucket.GetObjectToFile("my-object", "LocalFile")  //下载对象
if err != nil {
    // HandleError(err)
}
```

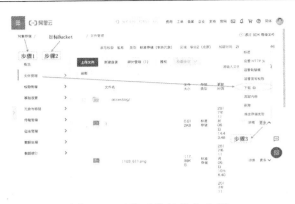

图 6-5　下载对象的操作步骤

6.3.4　查看对象

在存储空间中上传对象成功后就可以查看/预览对象，查看对象的操作步骤如图 6-6 所示，详细过程如下。

步骤 1，登录对象存储 OSS 控制台。

步骤 2，选择"Bucket 列表"选项，之后单击目标 Bucket 名称。

步骤 3，选择"文件管理"选项，单击里面的对象，如果对象是图片类型，那么在满足一定条件下就可以查看/预览对象。

图 6-6　查看对象的操作步骤

6.3.5　删除对象

在存储空间中上传对象成功后，如果不再需要该对象就可以删除对象，从而降低存储空间的占用率，删除对象的操作步骤如图 6-7 所示，详细过程如下。

步骤 1，登录对象存储 OSS 控制台。

步骤 2，选择"Bucket 列表"选项，之后单击目标 Bucket 名称。

步骤 3，选择"文件管理"选项，单击里面的对象，选择"删除"选项。同时，对象存储 OSS 控制台还支持批量删除功能，从而一次性删除多个对象。

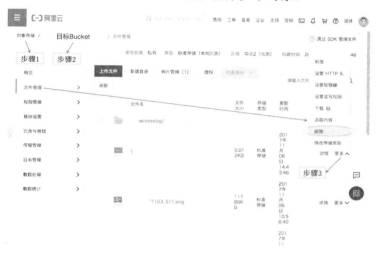

图 6-7　删除对象的操作步骤

基于 GO SDK 的示例，按如下方式删除对象。

```go
bucket, err := client.Bucket("my-bucket")  //指定存储空间
if err != nil {
    // HandleError(err)
}


err = bucket.DeleteObject("my-object")  //删除对象
if err != nil {
    // HandleError(err)
}
```

6.3.6　删除存储空间

当不再需要存储空间时，可以删除存储空间，通常在删除前要将存储空间的对象全部删除，删除存储空间的操作步骤如图 6-8 所示，详细过程如下。

步骤 1，登录对象存储 OSS 控制台。

步骤 2，选择"Bucket 列表"选项，之后单击目标 Bucket 名称。

步骤 3，选择"基础设置"选项，单击"删除 Bucket"按钮。

步骤 4，单击"删除 Bucket"按钮后，会弹出对话框来确认避免误删除，确认删除则单击"确定"按钮。

存储空间删除后不可恢复，请谨慎操作。

图 6-8　删除存储空间的操作步骤

基于 GO SDK 的示例，按如下方式删除存储空间。

```
err = client.DeleteBucket("my-bucket")
if err != nil {
    // HandleError(err)
}
```

6.4　小结

想要开发图像、视频、音频应用时，需要先申请云账号并开通对象存储服务，再创建存储空间，然后就可以上传、下载、删除对象/文件，从而支持应用的数据访问。如果应用使用结束，不再需要数据，就可以删除对象/文件和存储空间。因此，无须使用服务器搭建存储，就能够让应用轻松便捷地使用数据，实现高可靠、高可用、高稳定、海量空间的存储资源池。

第**7**章
迁移数据到对象存储

掌握了公共云对象存储的基本使用后，将要考虑如何把数据存储到对象存储服务。常见的方式有两种：第一种就是直接将生产应用对接到对象存储，从而使数据直接保存到对象存储；第二种就是将线下存量数据迁移到云上对象存储，基于要迁移的数据量、访问对象存储的带宽能力，迁移数据方案通常分为离线迁移设备、在线迁移服务、迁移工具三大类。

7.1 离线迁移设备

7.1.1 什么是离线迁移

当存量数据在 10PB 量级，而访问对象存储服务的网络带宽只有 10Gbit/s 时，数据通过网络传输约需要 97 天，传输时间非常长，可能无法满足数据迁移的时间要求，为了解决此难题而设计离线迁移设备。

对象存储通常会提供离线迁移设备，实现 TB 级别到 PB 级别的本地数据迁移上云，致力于解决大规模数据传输效率、安全问题等难题。阿里云对象存储 OSS 就提供"闪电立方"离线迁移设备，助力数据迁移。

通过将闪电立方设备运送到客户数据中心，充分利用现场环境的带宽（Tbit/s 级），把应用保存在本地服务器、NAS（Network Attached Storage）、HDFS 的文件，经过压缩、数据加密后复制到闪电立方设备，从而可以保证数据的加密传输。

采取快递运输方式将闪电立方设备从客户数据中心运送到阿里云数据中心，基于上文配置的加解密信息，就可以在同数据中心内将闪电立方设备里的文件极速上传（Tbit/s 级）到对象存储服务。10PB 的数据在 Tbit/s 级带宽下，只需要 1 天就能完成复制，基于现有的快递运输体系只需天级就能完成设备的搬运，因此可以大大地提升迁移速度。离线迁移应用场景如图 7-1 所示。

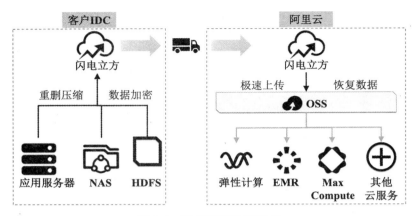

图 7-1　离线迁移应用场景

7.1.2　迁移设备类型

基于客户迁移数据容量的不同，需要设计不同的迁移设备，避免只需要迁移 20TB 的数据量，却只能提供最小容量为 100TB 的迁移设备的情况。如表 7-1 所示，阿里云提供以下 3 类闪电立方设备，支持不同容量数据的迁移。

- **闪电立方 Mini**。迁移数据量为 40TB，无须占用机架空间。
- **闪电立方 Ⅱ**。迁移数据量为 100TB，占用 3U 机架空间。
- **闪电立方 Ⅲ**。迁移数据量为 480TB，占用 6U 机架空间。

它们迁移的理论带宽都是 20Gbit/s，采用高级加密标准（AES-256）加密方案，提供最大 40∶1 的压缩能力，支持多种数据源，如本地主机文件系统、NAS、HDFS 等。

表 7-1　离线迁移（闪电立方）类型

闪电立方类型	数据量	尺寸（高×宽×深）/mm	质量（设备+硬盘）/kg	机架空间	网络能力	电源工作功率/W	电源锁定功率/W
闪电立方 Mini	40TB	231.9×292.8×319.8	17.05（9.05+8）	无须	10GbE×2 支持光口和电口	300	500
闪电立方 Ⅱ	100TB	130×447×500	37.66（21.66+16）	3U	10GbE×2 支持光口和电口	600	530×2
闪电立方 Ⅲ	480TB 及其以上	88×448×500、176×448×840	150.06（21.66+68.4+60）	2U+4U	10GbE×2 支持光口和电口	1500	1730×2

7.1.3　迁移数据到更多云产品

不同的云产品都希望能将客户本地数据中心的数据迁移上云，如果离线迁移（闪电立方）设备都去适配这些产品，那么将带来很大的开发工作。而对象存储已经和各种云产品打通了配合生态，所以完全可以利用"离线迁移+对象存储"来迁移数据到更多云产品，如图 7-2 所示。

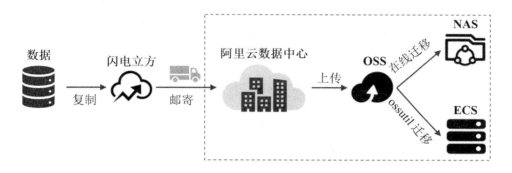

图 7-2　迁移数据到更多云产品

例如，阿里云对象存储 OSS 提供在线迁移服务，将数据迁移到 NAS，也提供 ossutil 工具将数据迁移到 ECS。因此，一旦通过闪电立方迁移数据到 OSS，就可以方便地将数据迁移到其他云产品。

7.1.4　迁移流程

由于涉及线下离线迁移设备的运输管理，因此设计如图 7-3 所示的指导流程来以 DIY（Do It Yourself）方式完成数据迁移，其中最重要的配置步骤（第 6 步、第 10 步、第 11 步）如下。

确认设备库存，从就近区域安排设备出库

收到订单后，阿里工作人员确认订单

按需购买闪电立方产品，并支付押金

物流从对应区域机房取件、运输和派送至客户机房

客户数据中心接收设备，收到设备后+24h开始计算租用时间

安排物流取件，走设备入库流程，机房准备接收设备

迁移本地数据到闪电立方，通过提交任务的形式，数据会经过压缩和加密写入闪电立方，迁移完成后请联系闪电立方工作人员，租用时间截止

物流收件、运输和派送至对应区域机房

机房接收设备，并将设备上架

确认数据无误后，结束本次迁移，申请退回押金

数据上云完成，请用户确认数据

用户提供相关信息（目的Bucket名字、有OSS操作权限子账号的AK、SK和数据加密密码等），阿里工作人员远程操作数据上云

图 7-3　迁移服务流程

- 第 6 步，迁移本地数据到闪电立方，通过提交任务的形式，数据会经过压缩和加密写入闪电立方，迁移完成后请联系闪电立方工作人员，租用时间截止。
- 第 10 步，用户提供相关信息（目的 Bucket 名字、有 OSS 操作权限子账号的 AK、SK 和数据加密密码等），阿里工作人员远程操作数据上云。
- 第 11 步，数据上云完成，请用户确认数据。通常来说，需要检查数据是否全部迁移完成，以及迁移的数据有没有出现错误。

7.1.5　注意事项

由于涉及硬件在本地数据中心部署，一定要掌握迁移设备的接口连接和基本使用，以闪电立方 Mini 设备为例进行介绍，如图 7-4 所示。

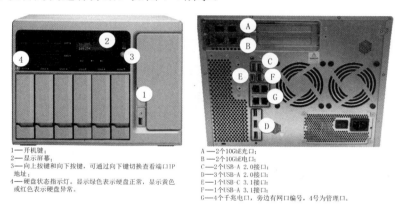

1—开机键；
2—显示屏幕；
3—向上按键和向下按键，可通过向下键切换查看端口IP
　地址；
4—硬盘状态指示灯。显示绿色表示硬盘正常，显示黄色
　或红色表示硬盘异常。

A—2个10GbE光口；
B—2个10GbE电口；
C—2个USB-A 2.0接口；
D—3个USB-A 2.0接口；
E—1个USB-C 3.1接口；
F—1个USB-A 3.1接口；
G—4个千兆电口，旁边有网口编号，4号为管理口。

图 7-4　迁移设备基本使用和接口介绍

使用闪电立方设备迁移数据时，需要关注如下注意事项。

- 硬件上架。首先，收到闪电立方 Mini 设备时，需要查看设备是否完整、是否有严重损坏。然后，根据机架电源接口，选择合适的电源线（国标、美标）进行连接。最后，完成连线，上电检查运行状态，上电时按下电源按钮，确认面板上 6 个指示灯绿色闪烁。
- 登录闪电立方控制台。闪电立方 Mini 设备默认的管理口 IP 地址为 192.168.1.1，子网掩码为 255.255.255.0。通过笔记本电脑连接闪电立方 Mini 设备 4 号管理口，打开浏览器输入 http://192.168.1.1/，即可访问闪电立方控制台。
- 检查硬盘状态。使用闪电立方设备迁移数据时，需要登录闪电立方控制台，选择"控制台"→"系统"→"存储与快照总管"命令，然后选择"存储空间"→"磁盘/VJBOD"命令，逐个切换硬盘确认每块硬盘的状态。

7.2　在线迁移服务

当存量数据和网络带宽合适时，就可以采用在线迁移服务。例如，当存量数据在 100TB 量级，而访问对象存储服务的网络带宽在 1Gbit/s 量级时，数据通过网络传输约需要 9 天，在线迁移服务就比较适合该场景。

7.2.1　什么是在线迁移

在线迁移服务可以将客户在自有数据中心或第三方云存储的数据通过网络迁移到指定的对象存储。例如，对象存储 OSS 就提供在线迁移服务，将数据通过网络便捷地迁移到 OSS。在线迁移场景如图 7-5 所示。

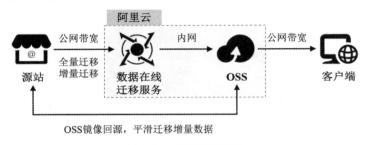

图 7-5　在线迁移场景

在线迁移服务通过"全量迁移+增量迁移"，保证数据全面上云，同时通过对象存储 OSS 的镜像回源特性，保障在线迁移期间仍然可以通过 OSS 访问到所有数据。因为即使数据还未来得及从源站复制到 OSS，OSS 也会主动回源到源站读取数据，从而保证业务的连续性。

在线迁移服务支持不同的源站类型是对象存储服务的核心竞争力，OSS 就支持以如下三大类源站。

- **同云对象存储 OSS 内的在线数据迁移**。在 OSS 服务内进行跨账号、跨地域，以及同地域内的数据迁移。
- **同云产品间的在线数据迁移**。支持从不同云服务产品迁移数据到对象存储 OSS，如从弹性计算服务迁移数据到 OSS，或者从文件存储服务 NAS 迁移数据到 OSS。
- **跨云的在线数据迁移**。支持从第三方云的对象存储服务迁移数据到对象存储 OSS，如从 S3 在线迁移数据到 OSS。

7.2.2　同云对象存储 OSS 内的在线数据迁移

对于同云对象存储 OSS 内的在线数据迁移，只需在迁移服务控制台填写源 OSS 数据地址和目标 OSS 数据地址信息，并创建迁移任务，即可迁移数据，具体步骤如图 7-6 所示。

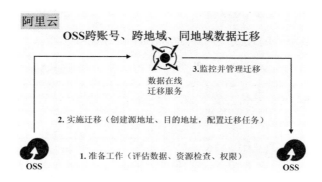

图 7-6　同云对象存储 OSS 内的数据在线迁移

启动迁移后，就可以通过迁移服务控制台管理迁移任务，查看迁移进度、流量等信息；也可以生成迁移报告，查看迁移文件列表、错误文件列表。

1．准备工作

1）迁移数据评估

迁移数据包括迁移存储量和迁移文件个数，可登录对象存储 OSS 控制台，单击某个待迁移存储空间的名称，查看待迁移存储空间的存储量和对象数量。

2）创建目标存储空间

创建目标存储空间，用于存放待迁移的数据。

3）创建 RAM 子账号并授予相关权限

（1）登录 RAM 控制台。

（2）在导航栏，选择"人员管理"→"用户"→"创建用户"命令。

（3）选择"控制台密码登录"和"编程访问"选项，并填写用户账号信息。

（4）保存生成的账号、密码、AK（AccessKey ID 和 AccessKey Secret）。

（5）选中登录用户，单击"添加权限"按钮，授予子账号存储空间读/写权限（AliyunOSSFullAccess）和在线迁移管理权限（AliyunMGWFullAccess）。

（6）授权完成后，在左侧导航栏，单击"概览"→"用户登录地址"链接，使用刚创建的 RAM 子账号用户名和密码进行登录。

2. 实施迁移

创建源地址，选择"在线迁移服务"→"数据地址"命令，然后单击"创建数据地址"按钮，配置如表 7-2 所示的在线迁移中对象存储 OSS 地址参数，并单击"确认"按钮。

表 7-2　在线迁移中对象存储 OSS 地址参数

参　　数	是 否 必 需	说　　明
数据类型	是	选择 OSS
数据所在地域	是	选择源地址所在的地域，如华北 3（张家口）
数据名称	是	3～63 位字符
OSS Endpoint	是	选择访问域名
AccessKey	是	输入用于迁移的访问密钥
OSS Bucket	是	选择待迁移数据所在的存储空间
OSS Prefix	是	指定迁移数据的前缀，表示选择部分数据迁移

创建目的地址，相关参数参考表 7-2。

配置任务，需要指定创建任务参数，参考表 7-3。

表 7-3　在线迁移创建任务参数

参　　数	是 否 必 需	说　　明
任务名称	是	3～63 位小写字母、数字、短划线（-）
源地址	是	选择已创建的"源地址"
目的地址	是	选择已创建的"目的地址"
指定目录	是	• 不过滤。不过滤迁移目录。 • 排除。迁移时，不迁移排除目录下的文件和子目录。 • 包含。迁移时，只迁移包含目录下的文件和子目录
迁移方式	是	• 全量迁移。根据指定的"迁移起点时间"，一次性迁移现有全部数据。数据迁移完成后，任务立即结束。全量迁移常用于源站某时间点前的所有存量数据的迁移。 • 增量迁移：根据指定的"增量迁移间隔"和"增量迁移次数"执行迁移任务。在完成某时间点前的全量数据迁移后，对源站的增量数据进行迁移
迁移起点时间	是	• 迁移全部。迁移所有时间的文件。 • 指定时间。只迁移指定时间之后创建或修改的文件
增量迁移间隔	是	默认值为 1h，最大值为 24h
增量迁移次数	是	默认值为 1 次，最大值为 30 次

在"性能调优"页选项卡的"数据预估"框，填写"迁移存储量"和"迁移文件个数"。

准确地填写相关信息，有助于迁移的顺利完成。

（可选）在"性能调优"选项卡的"流量控制"框，设置"限流时间段"和"最大流量"，然后单击"添加"按钮。通过流量控制，可降低对源站的请求开销。

单击"创建"按钮，等待迁移任务完成。

3．监控迁移

迁移任务创建后，有以下 4 种状态。

- **迁移中**。数据正在迁移中，请耐心等待。
- **创建失败**。迁移任务创建失败，可以查看失败原因，重新创建迁移任务。
- **已完成**。迁移任务完成，可以查看迁移报告。
- **失败**。迁移任务失败，可以生成并查看迁移报告，之后重新迁移失败的文件。

在数据迁移过程中，可以根据实际情况随时修改限流参数。还可以选择迁移任务，查看迁移报告（包含总迁移文件列表、已迁移完成文件列表和迁移失败文件列表）。对于迁移失败的任务，可以查看迁移失败文件列表，找出失败原因并排除，此后可以选择重试。

7.2.3　同云产品间的在线数据迁移

同云产品间的在线数据迁移主要分为两种情况：从计算服务器（ECS）在线迁移数据到对象存储和从文件存储（NAS）在线迁移数据到对象存储。

1．从计算服务器（ECS）在线迁移数据到对象存储

从计算服务器（ECS）在线迁移数据到对象存储时，只需在迁移服务控制台填写 ECS 实例的共享地址信息和 OSS 地址信息，并创建迁移任务即可迁移数据，具体步骤如图 7-7 所示。

1）准备工作

从 ECS 迁移数据主要是数据源地址

图 7-7　同区域在线迁移 ECS 到 OSS

发生变化，目的地址都是指向对象存储 OSS 的，所以只需要配置好源地址，就可以复用在

线迁移服务的整体框架。

ECS 的数据源地址和对应的操作系统有关，所以要基于不同操作系统配置源地址。

- **配置 Windows 系统源地址。**通过配置文件夹"dir\subdir"为共享，就可以基于"\\主机名称\dir\subdir"路径访问数据。为了保证网络连通，需要修改 Windows 防火墙和杀毒软件设置，允许该实例所在的专有网络（Virtual Private Cloud，VPC）内的所有 IP 地址都可以访问实例的 445 端口；同时，添加 ECS 安全组规则，允许该实例所在的 VPC 内的所有 IP 地址都可以访问实例的 445 端口。
- **配置 Linux 系统源地址。**启用 NFS（Network File System）服务共享文件夹"data"，就可以基于"\\主机 IP\data"路径访问数据。为了保证网络连通，需要修改 Linux 防火墙和 ECS 安全组规则，允许 NFS 端口访问。

2）实施迁移

创建源地址，选择"在线迁移服务"→"数据地址"命令，然后单击"创建数据地址"按钮，参考表 7-4 配置 ECS 地址参数，并单击"确认"按钮。

表 7-4　在线迁移 ECS 地址参数

参　　数	是否必需	说　　明
数据类型	是	选择 NAS
数据所在地域	是	选择 ECS 所在的地域
数据名称	是	3～63 位字符
NAS 来源	是	选择其他
专有网络	是	选择 ECS 实例挂载的 VPC
交换机	是	选择 ECS 实例挂载的交换机
NAS 网络地址	是	填写 ECS 实例的私有 IP 地址
子目录	是	填写需要迁移的数据所在的共享文件目录路径
连接类型	是	选择共享文件的协议类型
是否有连接密码	可选	• 无密码。无须用户名和密码，直接访问 • 有密码。需要访问用户名和密码时，选择"有密码"，并填写正确的用户名和密码信息

创建目的地址，需要指定 OSS 地址参数，参考表 7-2。

创建迁移任务，需要指定创建任务参数，参考表 7-3。对于迁移 ECS 数据到 OSS 的场景，增加了与数据同步相关的"同步起点时间""同步开始时间""同步间隔时间""上次同步任务未结束不执行新同步任务"4 个参数。

在"性能调优"选项卡的"数据预估"框，当针对全量迁移或增量迁移时，填写"迁移存储量"和"迁移文件个数";当针对数据同步时,填写"子任务文件数"和"子任务数据量"。

(可选)在"性能调优"选项卡的"流量控制"框,设置"限流时间段"和"最大流量",然后单击"添加"按钮。通过流量控制,可降低对源站的请求开销。

单击"创建"按钮,等待迁移任务完成。

3)监控迁移

登录迁移服务控制台,可以查看迁移任务状态,管理全量迁移任务、增量迁移任务和数据同步任务。

2. 从文件存储(NAS)在线迁移数据到对象存储

从文件存储(NAS)在线迁移数据到对象存储时,只需在迁移服务控制台填写 NAS 的共享地址信息和 OSS 地址信息,并创建迁移任务即可迁移数据,具体步骤如图 7-8 所示。

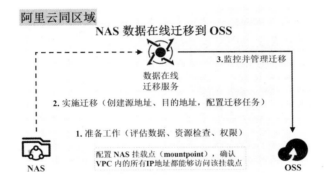

图 7-8　同云在线迁移 NAS 到 OSS

1)准备工作

从 NAS 迁移数据主要是数据源地址发生变化,目的地址都是指向对象存储 OSS 的,所以只需要配置好源地址,就可以复用在线迁移的整体框架。基于阿里云的 NAS 需要创建 NAS 服务添加挂载点(mountpoint),确认 VPC 内的所有 IP 地址都能够访问该挂载点。

2)实施迁移

创建源地址,选择"在线迁移服务"→"数据地址"命令,然后单击"创建数据地址"按钮,参考表 7-5 配置 NAS 地址参数,并单击"确认"按钮。

表 7-5　在线迁移 NAS 地址参数

参　　数	是否必需	说　　明
数据类型	是	选择 NAS
数据所在地域	是	选择 NAS 所在的地域
数据名称	是	3～63 位字符
NAS 来源	是	阿里云、其他（也支持第三方 NAS）
文件系统	是	选择目标 NAS 对应的文件系统
挂载点	是	选择目标 NAS 对应的挂载点
NAS 网络地址	是	填写 ECS 实例的私有 IP 地址
子目录	是	填写需要迁移的数据所在的共享文件目录路径
连接类型	是	选择共享文件的协议类型
是否有连接密码	可选	• 无密码。无须用户名和密码，直接访问。 • 有密码。需要访问用户名和密码时，选择"有密码"，并填写正确的用户名和密码信息

创建目的地址，需要指定 OSS 地址参数，参考表 7-2。

创建迁移任务，需要指定创建任务参数，参考表 7-3。对于迁移 NAS 数据到 OSS 的场景，增加了与数据同步相关的"同步起点时间""同步开始时间""同步间隔时间""上次同步任务未结束不执行新同步任务" 4 个参数。

在"性能调优"选项卡的"数据预估"框，当针对全量迁移或增量迁移时，填写"迁移存储量"和"迁移文件个数"；当针对数据同步时，填写"子任务文件数"和"子任务数据量"。

（可选）在"性能调优"选项卡的"流量控制"框，设置"限流时间段"和"最大流量"，然后单击"添加"按钮。通过流量控制，可降低对源站的请求开销。

单击"创建"按钮，等待迁移任务完成。

3）监控迁移

登录迁移服务控制台，可以管理全量迁移/增量迁移任务状态，修改限流参数，查看迁移报告。

7.2.4　跨云的在线数据迁移

对于跨云的在线数据迁移，只需在迁移服务控制台填写第三方云对象存储的源数据地址和目标 OSS 数据地址信息，并创建迁移任务即可迁移数据，具体步骤如图 7-9 所示。

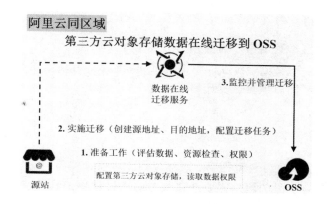

图 7-9　跨云的在线数据迁移

1）准备工作

登录第三方云，评估迁移数据，提供具有访问第三方云对象存储权限的账号。

2）实施迁移

创建源地址，选择"在线迁移服务"→"数据地址"命令，然后单击"创建数据地址"按钮，参考表 7-2 配置源地址参数，并单击"确认"按钮。

创建目的地址，相关参数参考表 7-2。

配置任务，需要指定创建任务参数，参考表 7-3。

在"性能调优"选项卡的"数据预估"框，填写"迁移存储量"和"迁移文件个数"。准确地填写相关信息，有助于迁移顺利完成。

（可选）在"性能调优"选项卡的"流量控制"框，设置"限流时间段"和"最大流量"，然后单击"添加"按钮。通过流量控制，可降低对源站的请求开销。

单击"创建"按钮，等待迁移任务完成。

3）监控迁移

登录迁移服务控制台，可以管理全量迁移/增量迁移任务状态，修改限流参数，查看迁移报告。

7.2.5　注意事项

在线迁移是服务化实现，无须配置硬件，关键操作都是在迁移服务控制台进行的，简单易用。主要解决的问题分为以下两类。

- **配置问题**。配置参数出错，需要参考配置指导，确认参数意义。
- **迁移数据出错**。主要是迁移过程中出现时间、权限、网络延迟等问题，需要先结合错误码排查问题，然后重新恢复迁移。

7.3 迁移工具

除了离线迁移设备和在线迁移服务，通常公共云对象存储还会提供迁移工具，便于被应用集成，或者客户只有少量的数据需要迁移时能够通过迁移工具快速完成。对象存储 OSS 提供 ossimport、ossutil、镜像回源 3 种工具，来辅助数据迁移。

其中，镜像回源是 OSS 提供的功能，ossutil 是管理工具但提供少量数据迁移能力，而 ossimport 则是专门的迁移工具。为了更好地帮助用户选择 ossutil 和 ossimport，可以用迁移数据量（30TB）作为边界，30TB 以下推荐使用 ossutil 工具。迁移工具对比如图 7-10 所示。

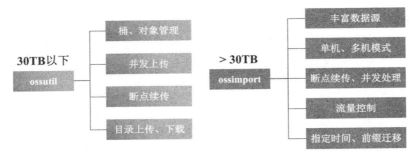

基于 CRC64 检查数据一致性，查看日志/对比对象确认迁移完备度

图 7-10 迁移工具对比

7.3.1 ossimport 工具

ossimport 是一款将数据迁移至对象存储 OSS 的工具，可以将它部署在本地服务器或云上 ECS 实例内，轻松将本地或其他云存储的数据迁移到 OSS，其架构如图 7-11 所示，它包含如下模块。

- **Master**。该模块按照迁移数据量大小和文件个数，将工作单（Job）切分为任务（Task）。
- **Worker**。该模块负责任务的文件迁移和数据校验，从数据源上拉取指定文件，并上传到 OSS 的指定目录；支持限流，指定任务并发数。
- **TaskTracker**（简称 Tracker）。该模块负责任务的分发、状态跟踪。

- **Client（Console）**。该模块负责与用户交互，接收用户提交的命令，并显示结果。
- **工作单**。用户提交的数据迁移请求，将数据从源地址迁移到目的地址。
- **任务**。按照工作单的数据大小和文件个数，切分为多个任务并行执行，每个任务迁移部分文件。工作单切分成任务的最小单位是文件，同一个文件不会切分到多个任务。

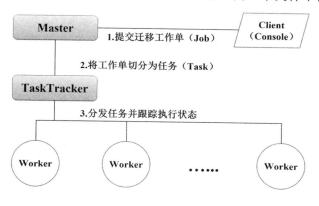

图 7-11　ossimport 架构

ossimport 有以下特点。

- 支持丰富的数据源，包括本地、AWS S3、Azure Blob 等第三方云存储，并可根据需要扩展。
- 支持单机模式和多机模式。单机模式部署简单、使用方便，多机模式适合大规模数据迁移。
- 支持断点续传。
- 支持流量控制。
- 支持迁移指定时间以后的文件、特定前缀的文件。
- 支持并行数据下载和上传。

同时，ossimport 还提供分时限流（根据时间段设置流量控制，降低数据迁移在源站业务繁忙时的影响）、修改任务并发数（加快迁移速度）、只校验不迁移数据（检查数据一致性）、数据迁移增量模式、指定迁移文件的过滤条件等高级功能，并且提供更多的灵活性。

7.3.2　ossutil 工具

ossutil 以命令行方式管理对象存储 OSS 数据，提供方便、简洁、丰富的存储空间和文件管理命令，支持 Windows、Linux、Mac 平台。通过 ossutil，可以进行如下操作。

- **管理存储空间**，如创建、列举或删除存储空间等。
- **管理文件**，如上传、下载、列举、复制和删除文件等。
- **管理碎片（Part）**，如列举和删除碎片等。

ossutil 有丰富的参数，相关参数如表 7-6 所示。

表 7-6   ossutil 数据迁移相关参数

名 称	描 述
cp	用于上传、下载、复制文件
hash	用于计算本地文件的 CRC64 或 MD5
logging	添加、修改、查询、删除存储空间的日志管理配置
ls	列举存储空间、文件和碎片
stat	获取指定存储空间或文件的描述信息

7.3.3 镜像回源

镜像回源用于数据迁移的典型场景，即业务无缝迁移至对象存储 OSS，从而保证在迁移过程中业务不中断。镜像回源支持无缝迁移如图 7-12 所示。

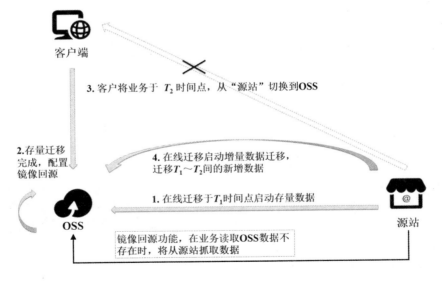

图 7-12   镜像回源支撑无缝迁移

例如，客户 A 为某互联网服务公司，其核心业务架设在某云计算服务提供商 X 云，为其用户提供图片、视频等在线编辑服务。客户 A 存储在 X 云的历史数据约有 1 亿个文件，共 320TB 左右大小，每天新增约 20GB 数据，X 云的数据存储服务和阿里云 OSS 的访问带宽均为 250MB/s，业务所需带宽最高为 50MB/s。因公司发展需要，考虑将业务切换至 OSS。业务切换时，需要将原始数据及新增的数据迁移至 OSS，因历史数据较多，为保证公司业务正常进行，此次业务切换需要做到如下要求。

- 迁移中，需要保证业务的正常进行，不能影响其用户正常读取数据。
- 迁移完成后，需要保证数据完整，业务可无缝切换。

1. 迁移存量数据

配置迁移位于 X 云的存量数据，设置好"源地址"和"目的地址"，配置迁移方式为"全量迁移"，设置好"待迁移存储量"（本示例为 320TB）和"待迁移文件个数"（1 亿个文件），控制好迁移的"流量控制"（本示例中写入 OSS 带宽为 250MB/s，业务所需带宽最高为 50MB/s，因此迁移流量为 200 MB/s），然后创建存量迁移任务，配置细节如图 7-13 所示。

（a）任务配置（全量迁移）　　　　　　（b）性能配置

图 7-13　无缝迁移步骤 1（迁移存量数据）

2. 配置镜像回源

迁移存量数据用时约 25 天，因为在数据迁移过程中业务并未中断，所以源站还在不断产生新的数据（每天增量 20GB，共 25 天，约 500GB 增量数据）。

此时，业务需要切换到对象存储 OSS 目的地址实现无缝迁移，但是还有新增的 500GB 数据仍在源站，因此需要配置 OSS 的镜像回源功能。当业务请求的文件在 OSS 中没有找到时，OSS 会自动到源站抓取对应文件并保存，然后将内容直接作为请求的响应返回，从而实现业务无感知。因此，在业务切换到 OSS 目的地址前，需要配置 OSS 的镜像回源功能，配置细节如图 7-14 所示。

图 7-14　无缝迁移步骤 2（回源镜像配置）

3．业务切换到 OSS

客户在业务服务器上将数据读取的地址切换到 OSS 地址，因为已经配置镜像回源功能，所以可实现业务平滑访问、应用无感知。

4．迁移增量数据

在迁移存量数据（320TB）的 25 天期间，源站新增加了 500GB 数据，因此还需要将这部分增量数据迁移到 OSS，此时需要配置增量迁移任务。

配置迁移位于 X 云的增量数据，设置好"源地址"和"目的地址"，配置迁移方式为"增量迁移"，设置好"待迁移存储量"（本示例为 500GB）和"待迁移文件个数"（10 万个文件），控制好迁移的"流量控制"（本示例中写入 OSS 带宽为 250MB/s，业务所需带宽最高为 50MB/s，因此迁移流量为 200 MB/s），然后创建存量迁移任务，配置细节如图 7-15 所示。

（a）任务配置（增量迁移）　　　　　　（b）性能配置

图 7-15　无缝迁移步骤 3（迁移增量数据）

迁移完成后，需要通过查看迁移报告，并对比源地址和目的地址的数据，确认数据已经迁移完成。

7.4　小结

对象存储（如 OSS）通常会提供以下两类迁移方案。

- **迁移服务**，包括在线迁移服务、离线迁移（闪电立方）设备。
- **迁移工具**，包括 ossimport、ossutil、镜像回源。

数据迁移时，要基于容量、网络带宽选择合适的方案，同时要关注迁移数据的一致性，特别是迁移文件的 MD5 校验是否正确，文件是否完整迁移、没有遗漏。迁移方案总结如图 7-16 所示。

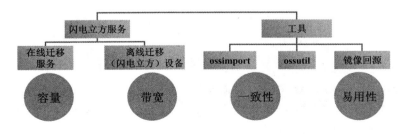

图 7-16　迁移方案总结

第 **8** 章

安全与合规

数据上传到对象存储后，需要保障数据的安全与合规，否则会出现数据泄露、被攻击、不合规等问题，将无法支撑企业级数据保存。对象存储 OSS 具有丰富的安全防护能力，支持服务器加密、客户端加密、防盗链白名单、细粒度权限管控、日志审计、合规保留策略（Write Once Read Many，WORM）等功能，为云端数据安全进行全方位的保驾护航，并满足企业数据的安全与合规要求。

8.1 安全配置

对象存储的安全配置主要包括如下部分。

- **账户认证**，通过账户、密码的验证，来确认身份的正确性。
- **访问授权**，授予通过认证的身份访问指定资源的权利，没有授权的资源无法访问。
- **数据加密**，通过认证的身份即使在拥有授权情况下，还需要密钥才能访问对象，这是更加严格的安全保护。
- **监控审计**，所有身份的对象访问记录都保存到日志，便于事后审计。
- **沙箱防护**，对象服务所提供的域名在受到攻击后，该域名被放入沙箱，以防御攻击。

8.1.1 账户认证

通常来说，云服务都会提供自有的账号体系，然后其他云服务和它关联进行资源管理。例如，阿里云通过访问控制（RAM）提供账号体系，然后对象存储 OSS 和 RAM 进行关联，提供存储空间、文件的资源管理。

同时，为了更好地支持企业数据上云，支撑企业使用已分配的大规模存量账号，需要和现有的企业账号系统（如 AD）对接，此时常使用单点登录（Single Sign On，SSO）技术。为更好地支持 Web 应用、手机 App 兼容对接，如支付宝账号还提供开放授权管理（OAuth）技术，便于对接业界流行的个人账号。

1．云服务账户认证

账户认证包括客户端处理、网络传输、服务端传输 3 个阶段，过程如图 8-1 所示。因为涉及账户、密码等核心信息的管理，所以安全至关重要，通常围绕如下的安全问题重点解决。

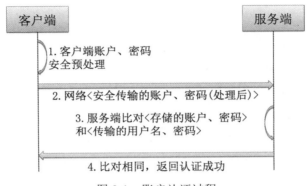

图 8-1　账户认证过程

- **客户端的密码安全性**，即在登录浏览器时，如何保证输入密码的安全性。
- **网络传输的密码安全性**，即在网络传输中，如何避免密码明文传输或者被网络劫持。
- **服务端的密码安全性**，即在服务端存储密码时，如何避免服务端被攻破时存储的密码被解析，实现安全保存。

1）客户端的密码安全性

登录云服务通常采用浏览器实现，在浏览器中输入账户、密码的安全性保障技术可以使用"安全控件"，它通常分为两种：一种是集成 Windows 环境的 IE 内核浏览器，另一种是所有内核的浏览器。在浏览器的图形化层面，密码输入可以采用虚拟键盘、普通键盘输入，此时保存在客户端内存中的密码经过安全预处理，可防止密码泄露。

2）网络传输的密码安全性

对于账户和密码，如果采用明文传输，一旦被网络中间人截取，将会导致账户、密码泄露。为了解决该问题，需要进行加密传输，业界通用的方法是基于 HTTPS（Hyper Text Transfer Protocol Secure）协议传输。

底层通过 SSL（Secure Sockets Layer）和 TLS（Transport Layer Security）技术实现网络包的加密传输，而客户端和服务端通过证书来建立信任，证书由权威机构发布，类似身份证、护照，从而防御网络中黑客模仿服务端行为来获取信息（中间人攻击）。协议 HTTPS 核心技术如图 8-2 所示。

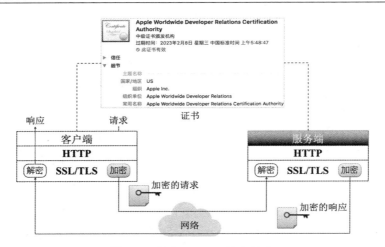

图 8-2　协议 HTTPS 核心技术

3）服务端的密码安全性

将账户、密码信息送到服务端后，需要和服务端保存的账户、密码信息比对，才能确认登录时输入的账户密码是否正确。因此，服务端保存账户、密码的机制非常重要，肯定不能采用明文保存，否则服务端一旦被黑客攻破，就能拿到账户、密码信息，造成严重的后果。

为了避免明文保存，可以采用哈希算法保存密码，典型如 MD5（Message Digest 5，生成 128bit 的哈希值）、SHA1（Secure Hash Algorithm 1，生成 160bit 的哈希值）算法。此时保存的将是 MD5(passwd)或 SHA1(passwd)的哈希值，黑客拿到后也难于破解，特别是复杂的密码。但是聪明的黑客会针对较常见的密码预先计算出 MD5 或 SHA1 的哈希值，然后将这些常见密码和哈希值构成"彩虹表"，从而可以通过比对哈希值反查出原始密码，这也是推荐使用复杂密码的原因。

为了防御彩虹表，可以采用加盐（salt）技术，其核心技术是"在更改密码时（如注册或修改），随机生成一个盐值（随机字串或大整数），然后将盐值与密码混合（如将两者连接起来），再计算哈希保存。此时保存的将是 MD5(passwd+salt)或 SHA1(passwd+salt)的哈希值，因此即使黑客拥有彩虹表，也无法立即反查出原始密码，就像炒菜加盐调味那样。但是某些高阶黑客会针对指定价值账户，采用暴力穷举盐值的方式来破译密码，如果密码简单（如全是数字）并且随机生成的盐值也不复杂，就很可能较快被攻破，高阶黑客可得到密码原文。

为了防御"彩虹表+暴力穷举盐值"，可以采用增加哈希计算难度的方法。例如，增加 MD5 或 SHA1 算法的迭代次数，此时保存的将是 MD5(MD5(MD5(passwd+salt)))的多次哈希计算，从而让高阶黑客在暴力穷举破解时需要更大的代价和更长的时间，基本上有效地消除了破译密码的危险。

阿里云账户登录模块在客户端注册/登录、网络传输（HTTPS）、服务端验证等环节都做了强大的安全设计，目前支持 2 种客户登录方式，如图 8-3 所示。

- **阿里云账号登录**。例如，企业为公司注册账号，用它来实现上云的各种资源管理。它是云资源归属、使用计量和计费的基本主体，并对其名下所有资源拥有完全控制权限。
- **RAM 子用户登录**。企业的阿里云账号为部门、员工在 RAM 云服务里面分配子用户，该子用户被授权能访问指定的资源。为了方便管理，RAM 子用户会拥有确定的登录密码，可以从阿里云控制台直接登录。

图 8-3　阿里云账户登录认证

2．第三方账户 SSO 认证

企业数据选择上云，但出于管理成本考虑，不希望在云端创建和管理用户，从而避免用户系统数据同步带来的工作量，此时可以选择第三方账户 SSO 认证，使用方法如图 8-4 所示。

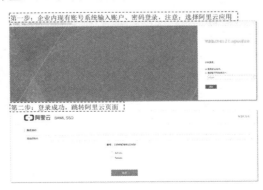

图 8-4　SSO 认证

支持 SSO 认证的核心是不同账号系统之间的互信，以及不同账号系统之间账户的映射，SSO 认证主要包含以下 2 个配置。

- 基于安全断言标记语言（Security Assertion Markup Language，SAML）的互信配置。要在企业已有账号系统（如 AD）信任云账号系统，也要在云账号系统配置信任企业已有账号系统。
- 基于 SSO 认证的 STS（Security Token Service）角色配置。因为直接复用企业已有的账号系统，且不希望在阿里云上创建新的 RAM 子用户，所以必须要映射到阿里云账号系统的某种身份，才能使用云资源。RAM 的 STS 为该场景提供角色（Role）的技术，角色不像 RAM 子用户那样拥有用户名和密码，它只是一种具有资源访问权限的身份，只有企业账户扮演该角色后，才拥有访问阿里云资源的权限。

完成上述配置后，就可以进行如下的 SSO 登录流程，如图 8-5 所示。步骤 1 和 2 是企业已有账号系统的认证过程，它携带了希望 SSO 登录的信息（阿里云）；步骤 3 是基于 SAML 配置的互信验证；步骤 4 表示互信验证通过后用企业账号系统的账户 A 去扮演 STS 服务的角色，并得到临时安全凭证，从而可以访问云资源；步骤 5 和 6 是返回响应。

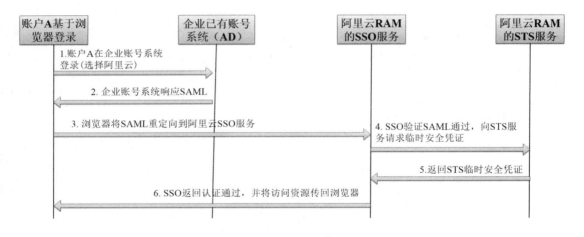

图 8-5　SSO 登录技术原理示例

3．第三方账户 OAuth 认证

如果不希望使用邮箱、填写密码来注册访问阿里云，那么就可以尝试 OAuth 认证，使用已有的微博、淘宝、支付宝、1688 账号直接登录，实现一号通用。使用微博账号直接登录阿里云，其步骤如图 8-6 所示。

图 8-6　OAuth 登录

认证通过后，该微博账号就成为阿里云账号，可以基于该云账号创建 RAM 子用户并分配给家庭成员使用，从而可以支撑家庭内的资源共享。

8.1.2　访问授权

对象存储通常都会提供访问控制列表（Access Control List，ACL）的读/写权限、授权策略、防盗链等功能，实现存储资源的访问控制和管理。

1．读/写 ACL 权限

对象存储针对存储空间（Bucket）和对象（Object）提供 2 种类型的 ACL：Bucket ACL 和 Object ACL，分别如表 8-1 和表 8-2 所示，可以在创建存储空间或上传对象时配置 ACL，也可以在创建存储空间或上传对象后的任意时间内修改 ACL。

对象的读/写权限，首先默认继承 Bucket ACL。但是，专门设置的 Object ACL 权限大于 Bucket ACL 权限。例如，设置对象 1 的 Object ACL 权限为 public-read，则无论 Bucket ACL 权限配置如何，该对象 1 都可被公共读访问。

表 8-1　Bucket ACL 权限值

权　限　值	名　　称	权限对访问者的限制
public-read-write	公共读/写	任何人（包括匿名访问者）都可以对该存储空间中的对象进行读/写/删除操作，所有这些操作产生的费用由该存储空间的 Owner 承担，请慎用该权限
public-read	公共读	只有该存储空间的 Owner 或者授权对象可以对存放在其中的对象进行写/删除操作，其他任何人（包括匿名访问者）可以对对象进行读操作
private	私有	只有该存储空间的 Owner 或者授权对象可以对存放在其中的对象进行读/写/删除操作，其他人在未经授权的情况下无法访问该存储空间中的对象

表 8-2　Object ACL 权限值

权　限　值	名　　称	权限对访问者的限制
public-read-write	公共读/写	所有用户都拥有对该对象的读/写权限
public-read	公共读	非对象的 Owner 只有该对象的读权限，对象的 Owner 拥有读/写权限
private	私有	只有该对象的 Owner 拥有该对象的读/写权限，其他用户根据授权范围确认是否有该对象的读/写权限
default	继承 Bucket ACL	对象遵循 Bucket ACL 的权限

2. 基于用户的授权策略 RAM Policy

ACL 提供的权限粒度较粗，主要是读/写控制，没有实现对象存储具体操作的细粒度权限控制，导致使用时无法达到精细化。为了解决此问题，引入授权策略来限制用户可用的对象存储具体操作，从而实现更精准的权限控制。针对特定的 RAM 子用户、RAM 组，指定策略来授权该用户/组能访问的资源，该策略就是 RAM Policy。编写 RAM Policy 时要采用 JSON 格式，可以通过如下字段来定义。

- **Version**，策略格式的版本号。
- **Statement**，描述授权语义。每条语义都包含对 Effect、Action、Resource 和 Condition 的描述。
  - Effect（效力），通过配置允许或者拒绝，控制用户的执行效果。
  - Action（操作），对应各种云资源的 API 操作，如 OSS 的 PutObject。
  - Resource（资源），表示授权的云资源描述，如 OSS 的存储空间和对象资源。
  - Condition（条件），表示授权生效的条件，如来自指定的 IP 地址。

如下是对存储空间（名字为 myphotos）进行完全控制权限的 RAM Policy，在 RAM 控制台将该策略授予某 RAM 子用户，就可以控制该 RAM 子用户的权限。

```
{
    "Version": "1",
    "Statement": [
        {
            "Effect": "Allow",
            "Action": "oss:*",
            "Resource": [
                "acs:oss:*:*:myphotos",
                "acs:oss:*:*:myphotos/*"
            ]
        }
    ]
}
```

3. 基于资源的授权策略 Bucket Policy

从资源管理的角度，需要将对象存储的数据共享给多个用户访问。如果采用基于用户的 RAM Policy，需要为每个用户配置策略，在希望共享访问的用户数量上万时，配置工作将会非常烦琐。

为了解决该问题，对象存储 OSS 提供 Bucket Policy 功能，该功能控制存储资源被指定的用户访问。基于图形界面的 Bucket Policy 简单易用，Bucket Policy 如图 8-7 所示。

图 8-7　Bucket Policy

Bucket Policy 配置参数如表 8-3 所示。

表 8-3　Bucket Policy 配置参数

配　置　项	说　　　明
授权资源	整个 Bucket，授权策略针对整个存储空间生效 指定资源，授权策略只针对指定的资源生效。此时需要输入资源路径，如 abc/myphoto.png
授权用户	子账号，可以从下拉菜单中选择当前账号的子账号，授予资源访问权限； 其他账号，可以给其他主账号、子账号及 STS 生成的临时用户授予访问权限； 匿名账号，若需要给所有用户授权，可以选择匿名账号
授权操作	只读，对相关资源拥有查看、列举及下载权限； 读/写，对相关资源有读和写权限； 完全控制，对相关资源有读、写、删除等所有操作权限； 拒绝访问，拒绝对相关资源的所有操作权限
条件	限定只有符合特定条件的用户能够访问资源，如指定 IP 地址或地址段

在图形化工具中，通过选择多个授权用户实现批量用户授权，提高易用性，降低管理难度。同时，授权操作简化为只读、读/写、完全控制、拒绝访问的值，让配置更容易，实际上在 API 调用时可以指定对象存储 OSS 的具体操作（如 PutObject、GetObject、ListObject 等操作），从而可以指定细粒度的权限。

4．STS 临时授权

ACL 和策略控制（RAM Policy 和 Bucket Policy）都是长效控制机制，一旦设置即刻生效，如果不修改，则可长期使用。但实际使用中，存在临时访问授权的需求。例如，授权第三方认证的账户在授权时间内可以访问资源，如果超过了授权时间，则无法访问。

临时安全令牌（Security Token Service，STS）提供了临时访问授权能力。通过 STS 可以返回临时的 AccessKey 和 Token，这些信息可以直接发给临时用户用来访问资源，如对象存储 OSS 的资源。通常来说，从 STS 获取的权限会受到更加严格的限制，并且拥有时间限制，因此这些信息泄露之后对于系统的影响也更小。通过 STS，可以为第三方应用或子用户颁发自定义时效和权限的访问凭证。

例如，设计某移动 App，作为开发者，计划使用对象存储 OSS 来保存 App 的终端用户数据，并且要保证每个 App 用户之间的数据隔离，防止 App 的某用户获取到 App 其他用户的数据。此时，就可以使用 STS 授权用户直接访问 OSS，其流程如图 8-8 所示，详细过程如下。

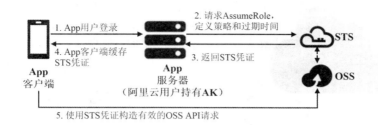

图 8-8　STS 授权

步骤 1，App 用户登录。App 用户和云账号无关，它是 App 的最终用户，App 服务器支持 App 用户登录，类似微博登录。对于每个有效的 App 用户来说，需要 App 服务器能定义出每个 App 用户的最小访问权限。

步骤 2，App 服务器请求 STS 云服务获取安全令牌。在调用 STS 之前，App 服务器需要先确定 App 用户的最小访问权限（用 RAM Policy 来自定义授权策略）及凭证的过期时间。然后通过扮演角色（AssumeRole）来获取代表角色身份的安全令牌。

步骤 3，STS 返回给 App 服务器临时访问凭证，包括安全令牌、临时访问密钥（AccessKey Id 和 AccessKey Secret）及过期时间。

步骤 4，App 服务器将临时访问凭证返回给 App 客户端，App 客户端可以缓存该凭证。当凭证失效时，App 客户端需要向 App 服务器申请新的临时访问凭证。例如，如果临时访问凭证有效期为 1h，那么 App 客户端可以每 30min 向 App 服务器请求更新临时访问凭证。

步骤 5，App 客户端使用本地缓存的临时访问凭证去请求 OSS API。OSS 收到访问请求后，会通过 STS 服务来验证访问凭证，正确响应用户请求。

实现该 App 的安全防护，需要在云上配置好子账号、STS 权限，以及访问资源的策略，从而支撑上述解决方案的正常运行。

5．防盗链白名单

上文的访问授权都是针对账户的授权，不管是永久账户还是临时账户。而对象存储支持网站服务能力，会把对象存储上的资源以公共访问形式提供服务，但是会存在盗链问题。

例如，网站 A 基于对象存储 OSS 构建，其对外的网页里有基于 OSS 保存的视频访问链接，提供公共访问服务（无须账户就可以访问）。而网站 B 在未经网站 A 允许的情况下，偷偷使用网站 A 的视频资源，放在自己网站的网页中，从而盗取空间和流量。此时，用户看到的是网站 B 的网页，但实际内容来自网站 A，并且网站 A 没有获取任何收益，反而承担昂贵的资源使用费。对象存储 OSS 提供的防盗链功能解决了网站 A 的难题。防盗链如图 8-9 所示。

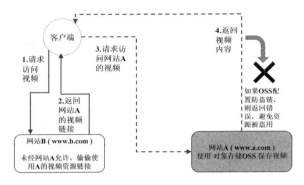

图 8-9　防盗链

对象存储 OSS 设置了防盗链功能，将会在图 8-9 中的第 4 步返回错误，而不是直接返回视频内容。为了允许其他网站复用资源，可在 OSS 的防盗链白名单中设置允许的网站地址（如网站 B 地址），从而支持图 8-9 中的第 4 步返回视频内容，实现资源复用。

6．签名 URL

在互联网应用中，常常希望把某个图片、视频的 URL 链接分享出去，但超过指定时间后链接会自动失效，无法访问。为了满足该场景，对象存储 OSS 提供了签名 URL 功能，实现账户资源在指定时间内分享出来，实现短暂的临时访问，如图 8-10 所示的 URL 就是该对象的签名 URL，即使该对象为私有权限，通过生成的 URL 也仍然可以直接公共读访问。

图 8-10　签名 URL

签名 URL 必须至少包含 Signature、Expires 和 OSSAccessKeyId 三个参数。其中，参数 OSSAccessKeyId 就是阿里云永久账号的 AccessKey ID，Expires 是指定的超时时间，Signature 是基于对象存储指定算法计算出来的签名值。

8.1.3 数据加密

企业数据非常重要，为了保证私密性，需要公共云提供加密方案。为了满足该需求，对象存储 OSS 提供服务端加密和客户端加密，以满足数据加密的各种需求。

- **服务端加密**（**Server Side Encryption，SSE**），是指上传到云的链路是明文，数据保存是密文，从而保证存储数据的私密性的一种加密技术。技术上，对象存储 OSS 对收到的用户数据进行加密，然后将得到的加密数据持久化保存下来；下载数据时，OSS 自动对保存的加密数据进行解密并把原始数据返回给用户，并在返回的 HTTP 请求 Header 中，对象存储声明该数据进行了服务端加密。
- **客户端加密**（**Client Side Encryption，CSE**），是指为进一步加强私密性，在上传到云之前就进行加密，整个上云的链路、数据保存都是密文的一种加密技术。客户端加密需要客户端来管理加解密的密钥，服务端只把数据作为普通对象保存。客户端加密的安全性更高，但对客户端有较大性能影响。

加密技术分类如图 8-11 所示。

图 8-11　加密技术分类

1. 服务端加密

数据加密的核心是密钥的管理，服务端加密分为两大类：使用 OSS 完全托管加密（SSE-OSS）、使用密钥管理服务（Key Management Service，KMS）托管密钥进行加解密（SSE-KMS），区别在于使用管理密钥的实体不同。

1）SSE-OSS

SSE-OSS 是基于 OSS 完全托管的加密方式。加密是对象的一种属性，只需要通过控制台、工具、API 配置即可保证数据被加密，客户端无须任何处理。此时，OSS 使用高级加密标准 AES256 加密每个对象，并为每个对象使用不同的密钥进行加密。OSS 负责密钥管理（如定期轮转主密钥以提高安全性），以及上传、下载的加解密动作，该方式适用于批量数据的加解密。

2）SSE-KMS

SSE-OSS 保证了存储到盘上的数据被加密，保证了一定程度的私密性，但在技术上由于对象存储拥有密钥，因此理论上能够解密出数据。为了提高私密性，可以让应用自己管理密钥。例如，基于 KMS 管理密钥，可使对象存储无法解密数据。根据管理的实体不同，SSE-KMS 又分为以下两类。

- **OSS 默认托管的 KMS 密钥**。OSS 使用 KMS 技术来管理密钥，并且无须客户管理 KMS。
- **BYOK（Build Your Own Key）进行加密**。通过指定 BYOK 材料（加密算法相关的配置文件），来构造 KMS 的密钥。此时，需要客户开通并管理 KMS 服务，并明确地指明加解密时在 KMS 中的密钥 ID（也叫作 CMK ID，即 Customer Master Key ID），因此管理密钥的实体是 KMS。其中，构造 KMS 密钥的 BYOK 材料有以下两种。
  - ➢ 阿里云提供的 **BYOK 材料**。直接使用 KMS 服务的默认算法配置构造密钥，快捷易用。
  - ➢ 用户提供的 **BYOK 材料**。对于阿里云提供的 BYOK 材料，在理论上云服务也能够通过该 BYOK 材料获取密钥信息来解密数据。为了加强安全性，KMS 支持客户自有的 BYOK 材料，从而让云服务也无法获取密钥来解密数据。

2. 客户端加密

尽管对象存储 OSS 在服务端加密上提供丰富的技术种类，但是在传输到云上时仍然是明文数据，为了提升安全性，OSS 还提供客户端加密技术，从上传数据的源头加密数据，提高数据安全级别。

使用客户端加密功能时，需要对密钥的完整性和正确性负责。如果维护不当，那么将会导致主密钥用错或丢失，从而导致加密数据无法解密。基于管理密钥的方式不同，分为以下两类。

- **KMS 托管用户主密钥（CSE-KMS）**。客户端上传数据时加密数据，密钥为 KMS 的密钥 ID。为了保证数据能被正确解密，需要记录对象对应的 KMS 密钥 ID。

- **用户自主管理密钥（CSE-C）**。客户端上传数据时加密数据，密钥为用户自主管理密钥。为保证数据能被正确解密，需要在客户端记录每个对象关联的用户自主管理密钥。

8.1.4　监控审计

对象存储 OSS 提供访问日志的存储和查询功能，并支持存储空间操作日志透明化，满足企业数据的监控审计需求，可以在对象存储 OSS 控制台直接开通日志服务，并直接支持日志查询，如图 8-12 所示。日志监控和审计包括以下功能。

图 8-12　日志查询

- **访问日志存储**。用户在访问 OSS 的过程中，会产生大量的访问日志。OSS 的日志存储功能可将 OSS 的访问日志以小时为单位，按照固定的命名规则，生成对象并写入指定的存储空间。
- **实时日志查询**。通过与日志服务（Simple Log Service，SLS）相结合，OSS 还支持实时日志查询功能。可以在对象存储 OSS 控制台直接查询访问日志，完成 OSS 访问的操作审计、访问统计、异常事件回溯和问题定位等工作。实时日志查询功能能够有效提升工作效率，并帮助用户实现基于数据的决策。
- **操作日志透明化**。阿里云操作审计（ActionTrail）提供平台操作日志（Inner-ActionTrail）近实时投递到日志服务，进行相关分析审计服务。ActionTrail 可以近实时地记录并存储 OSS 平台操作日志，并基于日志服务，提供查询分析、报表、报警、下游计算对接与投递等功能，满足平台操作日志相关的分析与审计需求。

- **监控服务**。OSS 监控服务提供系统基本运行状态、性能及计量等方面的监控数据指标，并且提供自定义报警服务，帮助用户跟踪请求、分析使用情况、统计业务趋势，及时发现并诊断系统的相关问题。
- **敏感数据检测与审计**。在 OSS 上存储的数据可能包括敏感信息，如个人隐私信息、密码/密钥、敏感图片等。如果希望更好地针对敏感数据进行识别、分类、分级和保护，可以将 OSS 与敏感数据保护（Sensitive Data Discovery and Protection，SDDP）结合使用。SDDP 可在完成数据源识别授权后，从海量数据中快速发现和定位敏感数据，对敏感数据分类、分级并统一展示，同时追踪敏感数据的使用情况，并根据预先定义的安全策略，对数据进行保护和审计，以便随时了解数据资产的安全状态。

8.1.5　沙箱防护

对象存储 OSS 是面向公共云的服务，可能会受到攻击。当 OSS 存储空间的域名遭受攻击时，OSS 会自动将存储空间的域名切入沙箱。沙箱中的存储空间的域名仍可以正常响应请求，但服务质量将被降级，应用可能会有明显感知。

为防止存储空间因攻击原因被切入沙箱，可使用高防 IP 服务配合 OSS 域名，来抵御分布式拒绝服务攻击（Distributed Denial-of-Service，DDoS）。

8.2　合规管理

企业数据在云上被安全保存后，需要满足行业的合规要求，典型如 SEC Rule 17a-4（f）、FINRA 4511、CFTC 1.31 等合规要求。例如，对象存储 OSS 就已获得以下合规认证：ISO9001、ISO20000、ISO22301、ISO27001、ISO27017、ISO27018、ISO29151、ISO27701、可信云服务认证等。

支持行业合规，通常需要对象存储提供对象清单（Inventory）和合规保留策略 WORM（Write Once Read Many，一次写入、多次读取）功能。

8.2.1　清单

企业在审计内容时，需要将存储的对象遍历出来检查，临时获取的数据工作量很大，消耗的时间长。为了解决该问题，对象存储 OSS 的清单功能可定期将存储空间内的对象导出生成清单文件，从而更好地掌握对象信息，大大简化并加速工作流和大数据作业任务等。

存储空间清单功能以周为单位，对存储空间内的对象进行扫描，扫描完成后会生成 CSV 格式的清单报告，并存储到指定的存储空间内。在清单报告中，可以有选择地导出指定对象的元数据信息，如文件大小、加密状态等。清单文件内容如图 8-13 所示。

清单任务配置完成后，OSS 会按清单规则指定的导出周期生成清单报告，具体的存储目录树结构如下。

```
- dst_bucket/
  - destination-prefix/
   - src_bucket/
    - inventory_id/
      - YYYY-MM-DDTHH-MMZ/
        - manifest.json
        - manifest.checksum
        - data/
          - 745a29e3-bfaa-490d-9109-47086afcc8f2.csv.gz
```

- **destination-prefix/**，该目录根据设置的清单报告名前缀生成，如果清单报告名前缀设置为空，那么将省略该目录，即变成 dst_bucket/src_bucket/……。
- **src_bucket/**，该目录根据配置清单报告的源存储空间名称生成。
- **inventory_id/**，该目录根据清单任务的规则名称生成。
- **YYY-MM-DDTHH-MMZ/**，该目录是标准的格林尼治时间戳，表示开始扫描存储空间的时间，如 2020-05-17T16-00Z。该目录包含 manifest.json 和 manifest.checksum 两个文件。
- **data/**，该目录下存放了具体的清单文件。

	A	B	C	D	E	F	G	H	I	J	K
1	b	12	-491	CAEQNhiBgIDh4PDcjF	TRUE	FALSE	32	2020-04-26T16-00-57Z	A8A341943C1EC738B5F94BEB4E0E	Standard	FALSE	FALSE
2	b	12	-491	CAEQNhiBgIDX4PDcjF	TRUE	FALSE	507	2020-04-26T16-00-57Z	AD8B19F7AEB3D8F3B0A4F9B71A2	Standard	FALSE	FALSE
3	b	12	-491	CAEQNhiBgIDnw73xjF	TRUE	FALSE	32	2020-04-27T16-00-59Z	09F615ADFDCC90A0D595F481DD2	Standard	FALSE	FALSE
4	b	12	-491	CAEQNhiBgIDMDdw73x	TRUE	FALSE	507	2020-04-27T16-00-59Z	0CA3F851EA78D2E2EFEB6D61879	Standard	FALSE	FALSE
5	b	12	-491	CAEQNhiBgIDDjIyGjhc	TRUE	FALSE	32	2020-04-28T16-01-59Z	4025DDE8F38815489A2FCF5D7FB	Standard	FALSE	FALSE
6	b	12	-491	CAEQNhiCgIC7JiyGjhc	TRUE	FALSE	507	2020-04-28T16-01-59Z	B938E9C5E25181E14CA865FCDE7	Standard	FALSE	FALSE
7	b	12	-491	CAEQNhiBgIDDondWaj	TRUE	FALSE	32	2020-04-29T16-00-02Z	3FC7D396FC86A8C5B92170AF472	Standard	FALSE	FALSE
8	b	12	-491	CAEQNhiBgIDgndWaj	TRUE	FALSE	507	2020-04-29T16-00-02Z	CF696E1A9FEECFA8AE0C6CD823FB	Standard	FALSE	FALSE
9	b	12	-491	CAEQNhiBgIDMDh7KOv	TRUE	FALSE	32	2020-04-30T16-01-04Z	B43D80D1C5064E0643D923B5DD1	Standard	FALSE	FALSE
10	b	12	-491	CAEQNhiBgIDc7KOvjr	TRUE	FALSE	507	2020-04-30T16-01-04Z	DAC3D23B57E26C83076540C9E18	Standard	FALSE	FALSE
11	b	12	-491	CAEQNhiBgMD24O7D	TRUE	FALSE	32	2020-05-01T16-00-05Z	C85EFC9A5A1EC4FD6237EB7FC15	Standard	FALSE	FALSE

图 8-13　清单文件内容

清单生成的文件，存储在 data 目录中，包含清单功能导出的文件信息。可以通过 manifest.json 文件的 fileSchema 字段，来获取清单文件的字段列信息。包含所有字段列的清单文件，从左到右如表 8-4 所示。

表 8-4　清单文件字段描述

配　置　项	说　　明
Bucket	执行清单任务的源存储空间名称
Key	存储空间中对象的名称，采用 URL 编码形式，必须解码查看
VersionId	对象的版本 ID
IsLatest	若对象有多个版本，且当前版本为最新版本，则该字段值为 True，否则为 False
IsDeleteMarker	若对象有多个版本，且当前版本为删除标记，则该字段值为 True，否则为 False
Size	对象大小
LastModifiedDate	对象的最后修改时间
ETag	对象生成时会创建相应的 ETag（Entity Tag），用于标志一个对象的内容
StorageClass	对象的存储类型
IsMultipartUploaded	标记对象是否通过分片上传生成。如果是，则该字段值为 True，否则为 False
EncryptionStatus	对象的加密状态。若对象已加密，则该字段值为 True，否则为 False

8.2.2　合规保留

企业数据需要有防篡改能力，以满足法规遵从要求，比如金融、保险、医疗、证券等行业会要求数据在指定时间内只能读取但无法修改、不能删除，只有超过指定时间后才能修改和删除。WORM 特性如图 8-14 所示。

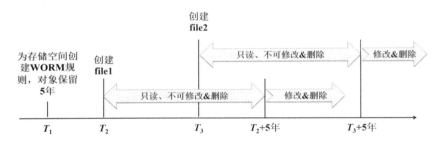

图 8-14　WORM 特性

配置 WORM 特性的关键是配置规则，它包含以下两个阶段。

- **生效规则**。在基于时间的合规保留策略创建后，该策略默认处于"InProgress"状态，且该状态的有效期为 24h，在未提交前可以删除策略从而取消 WORM 规则。在有效期 24h 内，此策略对应的存储空间资源处于保护状态。
  - ➢ 启动合规保留策略 24h 内。若 24h 内该策略未提交锁定，则存储空间的所有者及授权用户可以删除该策略；若该策略已提交锁定，则不允许删除该策略，且无法缩短策略保护周期，仅可以延长保护周期。

➢ 启动合规保留策略 24h 后。若超过 24h 该策略未提交锁定，则该策略自动失效。

- **删除规则**。基于时间的合规保留策略是存储空间的属性。当删除某个存储空间时，该存储空间对应的合规保留策略、访问策略也会被删除。因此当存储空间为空时，存储空间的所有者可以删除该存储空间，从而间接删除该存储空间的合规保留策略。若存储空间中有文件处于保护周期内，则将无法删除合规保留策略，也无法删除存储空间。

8.3　小结

要想做好对象存储的安全与合规，必须要做好账户认证、访问授权、加密、日志监控、合规管理 5 个环节，可以根据企业的要求进行相应的配置，从而保证数据的安全性、合规性。安全与合规小结如图 8-15 所示。

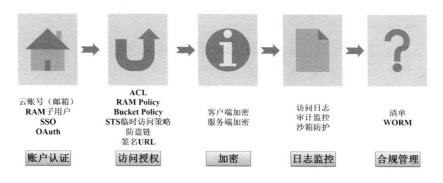

图 8-15　安全与合规小结

第 9 章
数据保护

企业数据上云存到对象存储，配置好合理的安全和合规后，就需要关注存储数据保护能力。基于数据的重要性选择合适的数据保护功能，保证企业应用的高可靠性、高可用性，支撑业务的连续性，即使在发生地震、洪水、火灾等严重灾难时也能继续工作。

9.1 存储稳定性

对象存储作为云计算基础设施的数据底座，其稳定性非常重要。存储数据的稳定性，通常包括数据的持久性（Durability）和服务高可用性的服务等级协议（Service-Level Agreement，SLA）。

9.1.1 数据故障率和错误率

对于数据存储系统来说，控制存储数据的故障率和错误率是关键技术，也是数据存储系统最难的挑战之一。试想，如果银行存款记录本来为 1 万，因为数据存储系统异常导致该记录丢失，或者数据错误导致位翻转从 1 万变为 0，其影响非常大。

业界也采用数据完整性（Data Integrity）和数据出错（Data Corruption）来描述相关问题，它们除描述数据错误外，还强调了在数据存储、传输等过程的数据正确性。为了让用户更好地理解，明确如下定义。

- **数据故障率**，是指相关内容丢失的概率。例如，100MB 的文件部分或全部丢失；或者，文件的元数据部分或全部丢失，典型如元数据的文件创建时间字段丢失。
- **数据错误率**，是指内容存在，但是出现了错误的概率。例如，100MB 的文件全部存在，但其部分或全部数据出错，和原始数据不一样；或者，文件的元数据部分或全部出错。对于存储系统来说，数据为 0 和 1，因此数据错误的表现就是位翻转，即数据从 0 变为 1，或者从 1 变为 0。

同时，数据一致性（Data Consistency）虽然也是相关技术，但它具有更严格的要求，数据丢失或者错误将会导致数据一致性问题；但是在数据不丢也不错时，也不一定保证数据一致性，因为在业务层逻辑设计中并没有满足一致性要求，如不满足数据库事务的 ACID（Atomicity、Consistency、Isolation、Durability）的一致性（Consistency）要求。

1. 数据持久性

在数据存储系统中，数据持久性和数据库事务的 ACID 有一定的对应关系。在原始的 ACID 定义中，持久性重点强调在系统掉电或者崩溃后，事务相关的数据仍然存在，不会丢失。

而对象存储的数据持久性在数据库事务的 ACID 基础定义上做了延伸，进一步量化了数据故障率和数据错误率。

1）基于硬盘故障率和数据中心损坏率计算数据故障率

硬盘故障的衡量指标为年故障率（Annual Failure Rate，AFR），表示每年磁盘发生故障的概率，它和平均故障时间（Mean Time Between Failure，MTBF）成幂等关系，计算公式如下：

$$AFR = 1 - \exp(-8766/MTBF) \approx 8766/MTBF$$

同时，数据中心损坏率和自然灾害（如洪水、地震、海啸等）及非自然灾害（如火灾、爆炸、战争等）相关，因此数据中心选址和保护方案会影响故障率。

对象存储系统基于架构设计的跨数据中心、跨机房、跨机柜的硬盘冗余，如利用副本、独立冗余磁盘阵列（RAID）、纠删码（EC）技术来提高持久性，通过故障发生后的数据修复过程，构建马尔可夫模型（Markov Model），结合磁盘年故障率和数据中心故障率，可以计算出理论上的数据故障率。

2）基于误码率计算数据错误率

对于计算机系统来说，不管是数据计算还是存储，都采用 0 和 1 的二进制系统，所以数据错误的本质是位翻转。对于计算机系统的机械和电子部件，都存在数据翻转的问题。

- **盘位翻转**。不管是 HDD 还是 SSD，都包含存储介质和数据读取两部分，位翻转可能出现在存储介质层面，也可能出现在数据读取层面。
  - ➤ 为了检测存储介质层面的位翻转，通常会增加额外的空间存放校验位。例如，HDD 在 Sector 基本单位的 512 字节基础上扩展为 520 字节的 DIF（Data Integrity Field）技术，来实现数据一致性保护，其中的 2 字节保护（Guard）字段存放基于 512 字节内容计算的循环冗余校验码（CRC16）值，用来校验数据。

➢ 在数据读取的位翻转层面，如外部线缆接口访问，采用 CRC 来校验，同时内部的读/写部件采用错误检查和纠正（Error Correcting Code，ECC）来校验修复，并且盘的 S.M.A.R.T.数据还通过提供 UltraDMA CRC Error Count、Soft ECC Correction、Hardware ECC Recovered 字段来统计错误数。

- **内存位翻转**。内存作为典型的电子设备，极容易受到干扰，如设备老化、信号串扰、宇宙射线等，从而出现位翻转，为此引入 ECC 内存。
- **网卡位翻转**。网卡作为传输设备，在传输过程中因为线缆、接口、内部器件等问题，也可能出现位翻转的情况，所以网络传输中，通常会考虑增加校验位（Checksum）。

以上是典型的数据翻转场景，特别是盘和内存通常在访问时发现错误；而实际上，在未发现前，数据其实已经出错，因此业界也叫作数据静默错误（Silent Data Error，SDE），这些数据错误的概率就叫作数据错误率（Bit Error Rate）。

对象存储 OSS 支持在上传时返回 CRC64 值，客户端可以和本地计算的 CRC64 值做对比，从而完成数据完整性的验证。同时，将上传的数据的 CRC64 值保存为对象的元数据，从而可以在后续的读取中通过比对来检查数据一致性 ，确认静默数据损坏。数据一致性对比原理如图 9-1 所示。

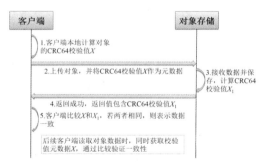

图 9-1　数据一致性对比原理

3）持久性指标解读

对象存储的持久性同时考虑了数据故障率、数据错误率，如 11 个 9 的持久性，就表示一万年的时间期限内，10MB 数据只有 1B 数据有异常，表示该 1B 数据出现故障丢失或数据错误。

2．服务可用性 SLA

云服务的可用性影响请求的成功率，可用性越高，请求的成功率越高；可用性越低，请求的成功率越低。因此，云服务通常都会定义可用性 SLA，通过量化的指标来衡量服务的好坏。对象存储有专门的可用性模型定义和 SLA 标准，支撑应用更好的使用体验。

1）年故障时长模型的可用性

业界对可用性的描述，通常采用年故障时长。例如，数据中心机房划分为不同等级，《数据中心电信基础设施标准》定义了 T1～T4 机房，它们的可用性指标如下。

- **T1 机房**，可用性为 99.671%，年平均故障时长为 28.8h。
- **T2 机房**，可用性为 99.741%，年平均故障时长为 22h。
- **T3 机房**，可用性为 99.982%，年平均故障时长为 1.6h。
- **T4 机房**，可用性为 99.995%，年平均故障时长为 0.4h。

网络服务的可用性，通常也会折算为不能提供服务的故障时间长度来衡量，如典型的 5 个 9 可用性就表示年故障时长为 5min。年故障时长模型的可用性指标如表 9-1 所示。

表 9-1　年故障时长模型的可用性指标

可用性指标	计算公式	年故障时长
3 个 9（99.9%）	$(1-99.9\%) \times 365 \times 24 = 8.76h$	8.76h
4 个 9（99.99%）	$(1-99.99\%) \times 365 \times 24 = 0.876h \approx 52.6min$	52.6min
99.995%	$(1-99.995\%) \times 365 \times 24 = 0.438h \approx 26.3min$	26.3min
5 个 9（99.999%）	$(1-99.999\%) \times 365 \times 24 = 0.876h \approx 5.26min$	5.26min

对于实例型云服务，典型有阿里云的弹性计算服务器（Elastic Compute Service，ECS），它提供的是计算实例，该实例的可用性直接与可用时间相关，所以它也是采用年故障时长来定义可用性的。

2）请求错误率模型的可用性

对象存储是资源访问型云服务，它不提供实例而是提供 Serverless 化的 API 调用，按照年故障时长计算可用性并不合适。因此，对象存储 OSS 选择"失败请求数/总请求数"的请求错误率来计算可用性。

计算请求错误率时，将统计请求数量的时间拉长，对云服务有利。因为时间越长，总请求数越多，趋势上会让请求错误率更低。为了更好地从客户角度计算错误率，选择按照 5min 的粒度来计算。使用 5min 粒度的原因是该值为业界典型的机器故障恢复时间，在该恢复时间内，机器能够快速恢复，降低系统的错误率，因此选择每 5min 粒度来计算错误率。

每 5min 错误率=每 5min 失败请求数/每 5min 有效总请求数×100%

对象存储按月收费，因此服务周期就是自然月。服务可用性，就是将服务周期内的每

5min 错误率求和，然后除以服务周期内 5min 总个数（按照自然月 30 天算，该值为 30×24 ×60÷5=8640），然后用 1 减去平均错误率，就可得到该月的服务可用性计算公式。根据此 公式可知，如果每 5min 错误率过高，那么将会导致可用性下降，因此，提升每 5min 的请求 成功率，将是提升可用性的关键。

服务可用性=（1-服务周期内 Σ 每 5min 错误率/服务周期内 5min 总个数）×100%

3）对象存储可用性指标解读

对象存储 OSS 基于请求错误率模型提供可用性 SLA，其标准型（同城冗余）存储的可 用性 SLA 已经提升到 99.995%。简单理解，就是 10 万个请求中，最多只有 5 个请求返回服 务端错误。实际上，绝大部分情况下所有请求都能够成功返回。

9.1.2 对象存储各存储类型的稳定性指标

对象存储 OSS 提供标准存储、低频访问、归档存储、冷归档存储 4 种存储类型，如 表 9-2 所示，全面覆盖从热到冷的各种数据存储场景。

表 9-2　存储类型稳定性指标

对 比 指 标	数据持久性	服务可用性	适 用 场 景
标准存储（本地冗余）	11 个 9	99.99%	各种社交、分享类的图片、音视频应用、大型网站、大数据分析等业务场景，如程序下载、移动应用等
标准存储（同城冗余）	12 个 9	99.995%	各种社交、分享类的图片、音视频应用、大型网站、大数据分析等，且对持久性和可用性有更高要求的业务场景，如企业重要文件、敏感信息等
低频访问（本地冗余）	11 个 9	99.99%	较低访问频率（平均每月访问 1～2 次）的业务场景，如热备数据、监控视频数据等
低频访问（同城冗余）	12 个 9	99.995%	较低访问频率（平均每月访问 1～2 次），且对持久性和可用性有更高要求的业务场景，如企业业务数据、近期的医疗档案等
归档存储	11 个 9	99.99%（数据解冻之后）	数据长期保存的业务场景，如档案数据、医疗影像、科学资料、影视素材等
冷归档存储	11 个 9	99.99%（数据解冻之后）	需要超长时间存放的极冷数据，如因合规要求需要长期留存的数据、大数据及人工智能领域长期积累的原始数据、影视行业长期留存的媒体资源、在线教育行业的归档视频等

这些存储类型提供不同的数据持久性和服务可用性（Availability），并具有不同的使用 特征和成本。其中，OSS 标准存储（同城冗余）提供 12 个 9 的持久性和 99.995% 的可用性， 满足企业数据对高可靠性的要求，可支撑业务连续性。

1.标准存储

标准存储提供高可靠性、高可用性、高性能的对象存储服务，能够支持频繁的数据访问，适用于各种社交、分享类的图片、音视频应用、大型网站、大数据分析等业务场景。该存储类型提供标准存储（本地冗余）和标准存储（同城冗余）两种数据冗余存储方式。

- **标准存储（本地冗余）**。采用数据冗余存储机制，将每个对象的不同冗余存储在相同可用区（Access Zone，AZ）内多个设施的多个设备上，确保硬件失效时的数据持久性和可用性。
- **标准存储（同城冗余）**。采用多可用区机制，将用户的数据分散存放在相同地域（Region）的 3 个可用区。当某个可用区不可用时，仍然能够保障数据的正常访问。

2.低频访问

低频访问提供高持久性、较低存储成本的对象存储服务，有最低短储时间（30 天）和最小计量单位（64KB）要求，支持数据实时访问，访问数据时会产生数据取回费用，适用于较低访问频率（平均每月访问 1~2 次）的业务场景。同样，该存储类型也提供低频访问（本地冗余）和低频访问（同城冗余）两种数据冗余存储方式。

3.归档存储

归档存储提供高持久性、极低存储成本的对象存储服务，有最短存储时间（60 天）和最小计量单位（64KB）要求。数据解冻（约 1min）后才能访问，解冻会产生数据取回费用。归档存储适用于数据长期保存的业务场景，如档案数据、医疗影像、科学资料、影视素材等。

4.冷归档存储

冷归档存储提供高持久性的对象存储服务，费用在 4 种存储类型中最低，有最短存储时间（180 天）和最小计量单位（64KB）要求。数据解冻后才能访问，解冻时间根据数据大小和选择的解冻模式决定，解冻会产生数据取回费用。冷归档存储适用于需要超长时间存放的极冷数据，如因合规要求需要长期留存的数据、大数据及人工智能领域长期积累的原始数据、影视行业长期留存的媒体资源、在线教育行业的归档视频等。

9.2　同城冗余存储

对象存储 OSS 在标准存储和低频访问存储类型中，提供了本地冗余存储（部署在单个可用区）和同城冗余（部署在 3 个可用区）类型，它们的逻辑架构相同。

但是本地冗余存储只部署在单个可用区，一旦该可用区出现异常会导致服务不可用，为了提高可用性，设计了同城冗余存储，它部署在 3 个可用区，可以容忍单个可用区出现故障。如图 9-2 所示，数据会存放到 3 个不同位置的数据中心，若某个数据中心出现故障，则剩下的 2 个数据中心仍然可以保证数据完整并对外提供服务。同城冗余存储提供了 12 个 9 的高可靠性、99.995%的高可用性，并且同时支持标准、低频访问存储类型。

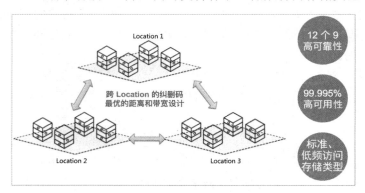

图 9-2 同城冗余物理架构

为了达到提高可用性目的，同城冗余存储在多个可用区的数据中心（Internet Data Center，IDC）考虑了多维度冗余，特别是物理层的冗余设计。同城冗余存储包含如下的技术。

- **同城冗余在多可用区之间的距离和时延设计**。在公共云部署时，会遵循数据中心建设标准，特别是满足对象存储 OSS 的多可用区设计要求，实现跨可用区间典型距离在几十千米内、时延为毫秒级。
- **供电、制冷冗余**。对象存储 OSS 是多地域部署的云服务，要考虑自然灾害、非自然灾害等问题，在数据中心建设时要做好双路市电和柴油发电机备电的设计，以及提供连续制冷能力。
- **网络冗余**。对象存储 OSS 作为公共云服务，既要提供外部的互联网访问、专有网络（Virtual Private Cloud，VPC）访问，还要提供分布式系统的内部网络连接，这些都需要做好冗余设计。
  - ➢ 外部网络。互联网的接入通过多个运营商的边界网关协议（Border Gateway Protocol，BGP）和静态带宽连接，需要考虑访问链路的冗余；而专有网络的接入则通过 VPC 网关实现冗余。
  - ➢ 内部网络。对象存储 OSS 是分布式存储，由多台服务器组成，采用内部网络将多台服务器连通起来，通过数据中心内网络实现冗余，即使某台网络设备出现故障，系统仍然能够正常工作。

- **服务器**。对象存储 OSS 基于分布式系统设计，并根据软件定义存储的方式采用通用服务器实现，通过冗余网络接口实现互联。

对象存储 OSS 同城冗余存储（3AZ）在物理架构上提供机房级别的容灾能力，将用户数据副本分散到同城多个可用区。当出现火灾、台风、洪水、断电、断网等灾难事件，导致某个机房不可用时，OSS 仍然可以提供强一致性的服务能力。

故障切换过程中，用户业务不中断、数据不丢失可以满足关键业务系统对于"零"恢复时间目标（Recovery Time Objective，RTO 表示灾难发生后恢复业务的时间长度）和"零"恢复点目标（Recovery Point Objective，RPO 表示能把数据恢复到灾难发生前具体的时间点）的核心需求。综合各种软硬件技术，同城冗余存储可以提供 99.9999999999%（12 个 9）的数据持久性以及 99.995% 的服务可用性 SLA。

9.3　跨地域复制

尽管同城冗余存储提供了地域内的 3 个可用区冗余，但是一旦该地域出现异常，整个服务就会中断。为了提高业务防御地域故障的能力，对象存储提供跨地域复制功能。跨地域复制技术如图 9-3 所示。

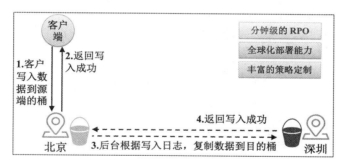

图 9-3　跨地域复制技术

业务根据行业需求，需要实现数据容灾能力，此时可以使用对象存储 OSS 的跨地域复制（Cross-Region Replication）功能。它实现了对象存储跨不同地域的存储空间之间的自动、异步（近实时）复制对象能力，将对象的创建、更新和删除等操作从源存储空间复制到不同地域的目标存储空间。基于该功能，可以满足如下场景需求。

- **合规性要求**。虽然对象存储 OSS 默认对每个存储的对象在物理盘上有多份副本，但合规性要求所规定的数据需要跨一定距离保存副本。通过跨地域复制，可以在远距离地域的 OSS 数据中心之间复制数据，以满足这些合规性要求。

- **最大限度减少延迟**。为了最大限度缩短访问对象时的延迟，可以在地理位置与用户较近的 OSS 数据中心访问对象。
- **数据备份与容灾**。对数据的安全性和可用性有极高的要求，对所有写入的数据，都希望在另一个地域维护副本，以备发生特大灾难，如地震、海啸等导致某个 OSS 地域损毁时，还能使用另一个 OSS 地域的备份数据。
- **数据复制**。由于业务原因，需要将数据从 OSS 的某个地域迁移到另一个地域。
- **操作原因**。在两个不同地域拥有分析同一组对象的计算集群，可以选择在两个不同地域中访问对象。

跨地域复制支持异名存储空间的复制。如果拥有的两个存储空间分属不同地域，那么可以通过配置复制规则，将源存储空间的数据实时复制到目标存储空间。目前跨地域复制支持以下特性。

- **实时复制数据**。对于数据的增加、删除、修改，能够实时监控并复制到目标地域的存储空间。对于 2MB 以下对象，能够做到分钟级别的信息同步，保证两边数据的最终一致。
- **历史数据迁移**。迁移历史数据，让源存储空间中历史数据也能进行复制，形成相同的两份数据。
- **实时获取复制进度**。能够针对实时复制数据展示最近复制的时间节点，针对历史数据的迁移展示迁移的百分比。
- **互通复制**。可以配置存储空间 A 到存储空间 B 的复制，然后配置存储空间 B 到存储空间 A 的复制，实现两个存储空间之间的互通复制。

总体来看，跨地域复制功能满足存储空间跨地域容灾或用户数据复制的需求。目标存储空间中的对象是源存储空间中对象的精确副本，它们具有相同的对象名、版本信息、元数据及内容，如创建时间、拥有者、用户定义的元数据、Object ACL、对象内容等。

9.4　异地多活

跨地域复制技术满足了数据容灾的需求。但是由于复制距离和时延的综合原因，会有一定时间的恢复点目标，也就是说在源端写入数据后，并不是所有数据都能够在目的端读出，业务应用会返回错误，从而导致无法充分利用目的端资源。

为了解决该问题，对象存储 OSS 提供了异地多活架构，实现了业务的一写多读，它表示数据从一个地域写入、同时从多个其他地域读出。异地多活架构的核心技术是"跨地域复制+镜像回源"。异地多活架构如图 9-4 所示。

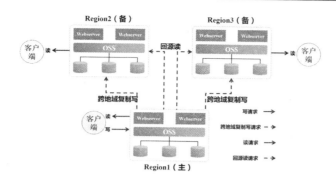

图 9-4　异地多活架构

开通对象存储 OSS 主地域（Region1）到两个备地域（Region2 和 Region3）的跨地域复制功能，以及两个备地域到主地域的镜像回源功能。完成功能配置后，应用的读/写操作如下。

- **在主地域执行写入操作，开发便捷**。利用 OSS 跨地域复制能力，将数据复制到备地域，从而备地域有接近全量的数据，只有 RPO 时间内的数据未及时复制到备地域。
- **读取时可根据地域就近读取，降低延迟**。例如，Region1～Region3 都可以同时读取，其中主地域（Region1）有全量数据，可以读取到所有数据；读取备地域时，如果数据还没有复制过来，此时可通过 OSS 的镜像回源功能，回源到主地域读取数据，应用没有任何感知。

通过异地多活架构，当不同的地域发生故障时，可以实现快速切换，提供容灾的秒级恢复点目标。

若备地域不可用，则上层业务快速切换到另外 2 个地域，并将流量均分，业务能立即恢复，切换也非常方便。

若主地域不可用，则选择新的主地域（如选择 Region2），并开通 Region2 到 Region3 的跨地域复制功能，从而业务可以将写请求切换到新的主地域，读请求也切换到剩下的地域；同时，基于 OSS 的版本控制和业务无更新写，实现了主地域故障切换的数据一致性。

9.5　版本控制

尽管同城冗余存储、跨地域复制、异地多活提供了容灾能力，但是遇到误操作、程序 Bug、覆盖写等导致数据被删除的场景，却无法恢复数据，因为这些误操作也会被执行，从而导致数据丢失。为此对象存储 OSS 开发了"版本控制"功能，开启该功能后，当误删除数据时就可以通过历史版本找回数据。

9.5.1 技术介绍

版本控制是针对存储空间级别的数据保护功能。开启版本控制后，针对数据的覆盖和删除操作将会以历史版本的形式保存下来。在错误覆盖或者删除对象后，能够将存储空间中存储的对象恢复至任意时刻的历史版本。

1. 版本控制状态

针对版本控制状态，存储空间包含 3 种版本控制状态，分别为未开启、开启和暂停。

- 默认情况下，存储空间版本控制状态为"未开启"。一旦存储空间版本控制处于"开启"状态，将无法返回至"未开启"状态。但是，可以暂停存储空间的版本控制状态。
- 当存储空间版本控制处于"开启"状态时，对象存储 OSS 将为新上传的对象生成全局唯一的随机字符串版本 ID。
- 当存储空间版本控制处于"暂停"状态时，对象存储 OSS 将为新上传的对象生成特殊字符串为"null"的版本 ID。

2. 开启版本控制后的对象覆盖操作

在开启版本控制的存储空间中连续执行上传对象操作，对象虽然被多次覆盖，但每次覆盖操作均会产生一个独立的版本 ID，如图 9-5 所示。

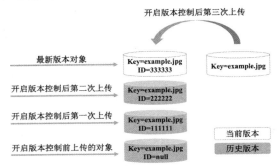

图 9-5　开启版本控制后的对象覆盖操作

3. 开启版本控制后的对象删除操作

在开启版本控制的存储空间中删除对象时，历史版本对象不会被真正删除，而是产生一个删除标记（Delete Marker）来标识对象的当前版本是删除状态。如果再重复上传同名对象，那么将产生新的版本 ID，如图 9-6 所示。

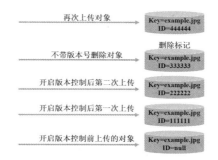

图 9-6　开启版本控制后的对象删除操作

4．暂停版本控制后的对象覆盖操作

在暂停版本控制的存储空间中上传对象时，历史版本数据继续保留，新上传的对象版本 ID 为"null"。如果再重复上传同名对象，将产生新的"null"版本，并自动把前一次的"null"版本覆盖，如图 9-7 所示。

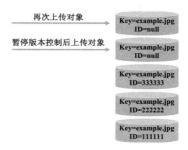

图 9-7　暂停版本控制后的对象覆盖操作

5．暂停版本控制后的对象删除操作

在暂停版本控制的存储空间中删除对象时，历史版本对象不会被真正删除，而是产生一个删除标记来标识对象的当前版本是删除状态，如图 9-8 所示。

综上所述，当存储空间处于版本控制状态时，针对数据的覆盖和删除操作将会以历史版本的形式保存下来。在错误覆盖或者删除对象后，能够将存储空间中存储的对象恢复至任意时刻的历史版本。

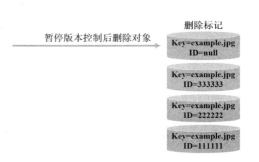

图 9-8　暂停版本控制后的对象删除操作

9.5.2 开启版本控制

开启版本控制后，可以执行上传对象、列举对象、下载对象、删除对象、恢复对象等操作，处理请求时会有相关的对象 ID 值。

1. 上传对象

通过 PUT 操作第一次上传同名对象（Key=example.jpg）时，原始对象版本（ID=111111）作为历史版本，生成的新版本（ID=222222）将作为当前版本保存在存储空间中。当再次上传同名对象时，原始对象版本（包括 ID=111111 及 ID=222222）将作为历史版本，而生成的新版本（ID=333333）则作为当前版本保存在存储空间中，如图 9-9 所示。

图 9-9　开启版本控制后上传对象

2. 列举对象

在开启了版本控制的存储空间中，可以使用 GetBucketVersions 接口（或者 ListObjectVersions 接口）获取对象的所有版本信息，包括删除标记。

- 与 GetBucketVersions（或 ListObjectVersions）接口不同的是，GetBucket（或 ListObject）接口仅返回对象的当前版本，且当前版本不能为删除标记。
- 单个 GetBucketVersions（或 ListObjectVersions）请求最多返回 1000 个版本对象。可以通过发送多次请求来获取对象的所有版本。例如，如果存储空间包含两个 Key（如 example.jpg 和 photo.jpg），且第一个 Key（example.jpg）有 900 个版本，第二个 Key（photo.jpg）有 500 个版本，则单个请求将先按照 Key 的字母顺序，再按照版本的新旧顺序依次列举 example.jpg 的所有 900 个版本，另加 photo.jpg 的 100 个版本。

如图 9-10 所示，在开启了版本控制的存储空间中，调用 GetBucketVersions（或 ListObjectVersions）接口时，将返回存储空间中对象的所有版本，包含删除标记的版本；调用 GetBucket（ListObject）接口时，仅返回对象的当前版本，如果当前版本为删除标记，则不返回该对象，仅返回当前版本 ID 为 444444 的对象。

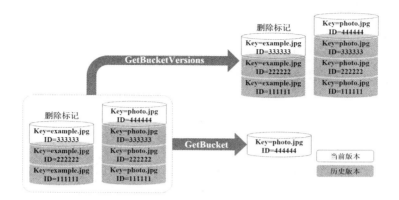

图 9-10　开启版本控制后列举对象

3．下载对象

通过 GET 请求下载对象时，如果没有指定对象的版本 ID，则默认情况下返回对象的当前版本，如图 9-11（a）所示，返回对象的当前版本（ID=333333）。

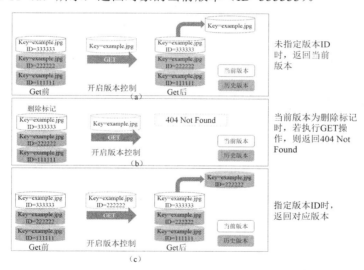

图 9-11　开启版本控制后下载对象

如果当前版本为删除标记，则执行 GET 操作时返回 404 Not Found，如图 9-11（b）所示。

如果要下载指定的对象版本，则通过 GET 请求下载对象时需要指定其版本 ID，如图 9-11（c）所示，获取指定版本 ID 为 222222 的对象。

4．删除对象

如果未指定对象的版本 ID，则会插入一个删除标记作为当前版本，该删除标记也会有相应的唯一版本 ID，但没有相关数据和 ACL 等，如图 9-12（a）所示，当前版本为删除标记，且版本 ID=444444；如果指定对象的版本 ID，则永久删除该指定版本的对象，如图 9-12（b）所示。

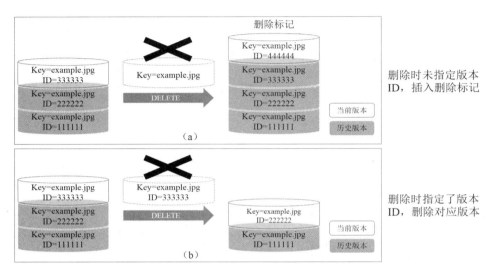

图 9-12　开启版本控制后删除对象

5．恢复对象

开启版本控制后，存储空间中对象的所有版本都将保留，可以通过恢复指定历史版本的方式，使任意对象的历史版本成为当前版本。当前支持通过以下两种方式将对象的历史版本恢复至当前版本。

- **通过复制对象（CopyObject）来恢复对象的历史版本**。复制的对象将成为该对象的当前版本，且所有对象版本都将保留。将原对象的历史版本（ID=222222）复制到同一个存储空间中，OSS 将为该对象生成新的版本（ID=444444），并将其置为该对象的当前版本，因此该对象同时具有历史版本（ID=222222）及当前版本（ID=444444），如图 9-13（a）所示。
- **通过删除对象的当前版本来恢复对象的历史版本**。当通过 DELETE versionID 的方式永久删除当前对象版本（ID=222222）后，下一个历史版本（ID=111111）成为该对象的当前版本，如图 9-13（b）所示。

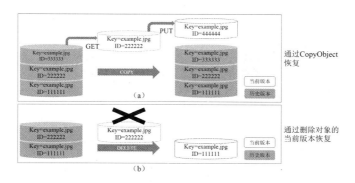

图 9-13　开启版本控制后恢复对象

9.5.3　暂停版本控制

可以通过暂停版本控制，来停止在存储空间中继续累积同一对象的新版本。暂停版本控制后，仍旧可以通过指定版本 ID 对历史版本对象进行下载、复制、删除等操作。

1．上传对象

向暂停版本控制的存储空间上传对象，OSS 将为新生成的对象添加 ID=null 的版本，且每个对象只会保留一个 ID=null 的版本。

如果暂停版本控制的存储空间中存在开启版本控制时生成的对象版本（ID=111111），通过 PUT 操作向该存储空间上传同名对象时，OSS 会为新版本对象分配 null versionID，且该版本作为当前版本，同时开启版本控制时生成的对象版本（ID=111111）将作为历史版本保存下来，如图 9-14（a）所示。

对于暂停版本控制的存储空间中的对象，如果该对象已存在 ID=null 的版本，则通过 PUT 操作向该存储空间上传同名对象时，原 ID=null 的版本将被覆盖，如图 9-14（b）所示。

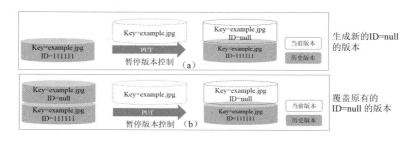

图 9-14　暂停版本控制后上传对象

2．下载对象

可以在暂停版本控制的存储空间中下载当前版本或指定版本的对象。如果没有指定对象的版本 ID，默认情况下返回对象的当前版本，如图 9-15（a）所示；如果要下载指定的版本，则通过 GET 请求下载对象时需要指定其版本 ID，如获取的指定版本 ID=222222，如图 9-15（b）所示。

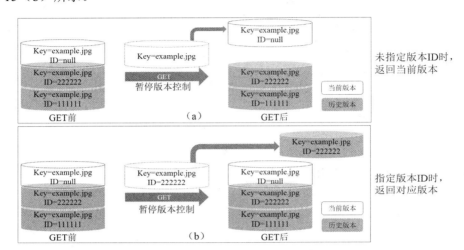

图 9-15　暂停版本控制后下载对象

3．删除对象

如图 9-16 所示，在暂停版本控制的存储空间中执行 DELETE 操作时，分以下三种情形。

- 如果对存储空间中当前版本 ID 不为 null 的对象执行 DELETE 操作时，则 OSS 会插入删除标记作为当前版本，且版本 ID 为 null，如图 9-16（a）所示。
- 如果对存储空间中当前版本 ID 为 null 的对象执行 DELETE 操作时，则 OSS 会插入删除标记作为当前版本，且版本 ID 为 null。由于 OSS 保证同一个对象只会有一个 ID=null 的版本，因此原 ID=null 的版本将被覆盖，如图 9-16（b）所示。
- 如果通过 DELETE versionID 的方式删除对象，则该指定版本的对象将被永久删除，如图 9-16（c）所示将删除 ID=333333 的版本。

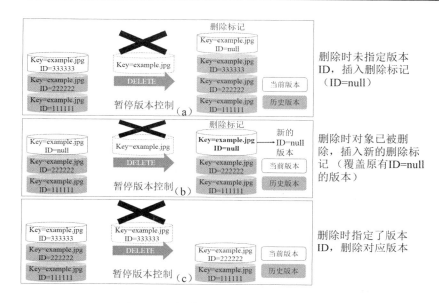

图 9-16　暂停版本控制后删除对象

9.5.4　删除标记

删除标记是用于受版本控制的对象的占位符，即 DELETE 请求中对象的标记符。与其他对象版本一样，删除标记同样有文件名称（Key）和版本 ID，但删除标记在以下方面与其他对象版本不同。

- 没有关联的数据。
- 没有关联的访问控制列表（ACL）值。
- 删除标记不包含数据，因此 GET 请求检索不到任何内容。当前版本为删除标记的对象时，GET 请求会引发 404 错误。
- 只能对删除标记执行 DELETE 操作。拥有 DeleteObjectVersion 的权限账号可以删除"删除标记"。

如果在 DELETE 操作时未指定删除标记的版本 ID，则 OSS 不会删除"删除标记"，而是插入删除标记作为对象的当前版本，删除标记可以进行累积，如图 9-17（a）所示。

如果在 DELETE 请求中指定版本 ID，则该指定版本的对象将被永久删除，如图 9-17（b）所示。

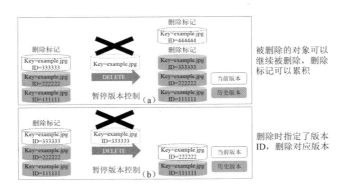

图 9-17　删除标记

9.6　小结

对象存储 OSS 提供分层的数据保护功能，基于本地冗余存储实现跨机柜服务器的纠删码冗余，可以抵御机柜、机器、硬盘的故障。

基于同城冗余存储实现跨可用区的数据冗余，可以抵御可用区级的断电、光缆故障、火灾、洪水、地震等灾害。

基于跨地域复制实现跨地域的数据冗余，即使某个地域的所有可用区都出现故障仍然提供数据服务。同时，结合"跨地域复制+镜像回源"还可以实现异地多活解决方案，充分发挥多地域的资源能力。

除了上述的容灾功能和方案，对象存储 OSS 还提供版本控制能力。开启版本控制后，针对数据的覆盖和删除操作，对象的相关数据将会以历史版本的形式保存下来。在错误覆盖或者删除对象后，能够将存储空间中存储的对象恢复至任意时刻的历史版本。

通过跨机柜服务器的纠删码、跨地域数据冗余、版本控制、跨地域复制等数据保护功能，对数据进行全方位防护。数据保护小结如图 9-18 所示。

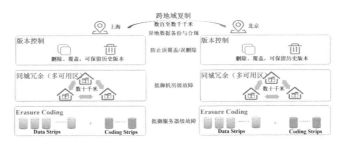

图 9-18　数据保护小结

第 **10** 章

应用与实践

企业数据上云存到对象存储，配置好合理的安全和合规，选择合适的存储数据保护能力后，就需要考虑在各应用场景下如何使用好对象存储的功能，让业务运行更加顺畅，本章将重点介绍对象存储在各种应用场景下的最佳实践。

10.1 场景优化功能

10.1.1 访问域名

为保证应用访问的时延和带宽性能，对象存储按地域（Region）提供本地就近访问的服务，在每个地域提供专门的域名（Domain Name，DN），并通过域名系统（Domain Name System，DNS）将域名解析为 IPv4 或 IPv6 的地址，从而让应用连接 IP 地址进行访问。对象存储 OSS 在全球多个地域提供服务，并采用如表 10-1 所示的访问域名（Endpoint），表 10-1 只展示了部分地域的信息。

表 10-1 对象存储 OSS 访问域名

地域中文名	地域英文名	访问域名
华东 1（杭州）	oss-cn-hangzhou	oss-cn-hangzhou.aliyuncs.com
华东 2（上海）	oss-cn-shanghai	oss-cn-shanghai.aliyuncs.com
华北 2（北京）	oss-cn-beijing	oss-cn-beijing.aliyuncs.com
华南 1（深圳）	oss-cn-shenzhen	oss-cn-shenzhen.aliyuncs.com
亚太东南 1（新加坡）	oss-ap-southeast-1	oss-ap-southeast-1.aliyuncs.com
……	……	……

对象存储创建存储空间时会选择地域，结合存储空间名和地域构造访问域名，就可以生成 HTTP 协议访问存储空间的路径。例如，访问杭州地域的 MyBucket 域名为 "MyBucket.oss-cn-hangzhou.aliyuncs.com"。

基于地域的域名再结合存储空间和对象信息，就可以构造如下的 URL 访问规则。

<Schema>://<Bucket>.<外网 Endpoint>/<Object>

例如，希望用 HTTP 协议访问杭州地域存储空间（MyBucket）中的对象 Object1，则完整的访问路径为"MyBucket.oss-cn-hangzhou.aliyuncs.com/Object1"。

1．选择地域

如果企业希望将保存到对象存储 OSS 的数据开放给其最终用户访问，且希望最终用户有良好的访问体验，就必须考虑用户访问时的网络延迟。除通信线路的质量外，距离是影响网络延迟的一个重要因素。

例如，以杭州用户为例，使用 ping 命令可以测试出其访问不同地域对象存储 OSS 域名的延迟情况。由 10-1 可以看出，距离访问的数据中心越远，数据返回所需时间越长。所以，在选择地域的时候，尽量考虑距离用户更近的地域。

图 10-1　就近访问地域

2．绑定自定义域名

企业通常有自己的域名，为了统一管理对象存储 OSS 提供的域名，可以通过 OSS 的"绑定自定义域名"功能实现。绑定自定义域名需要了解以下概念。

- **用户域名/自定义域名/自有域名**，即在域名服务商处购买的域名，如"www.example.com"。
- **对象存储 OSS 的地域域名**，即 OSS 为存储空间分配的访问域名，可以使用此域名访问存储空间内的资源，如"MyBucket.oss-cn-beijing.aliyuncs.com"。如果想使用自己的用户域名访问对象存储 OSS 的存储空间，必须将用户域名绑定到 OSS 存储空间的域名，并添加 CNAME 记录。

例如，企业客户 A 拥有一个用户域名为"www.example.com"的网站，网站的某张图片链接为"www.example.com/logo.png"。为方便后续管理，客户 A 希望将访问网站中图片的请求转到 OSS，并且不想修改任何网页的代码，也就是对外链接不变。就需要采用"绑定自定义域名"技术来满足此需求，如图 10-2 所示，其流程如下。

图 10-2　绑定自定义域名

（1）在 OSS 创建名为 MyBucket 的存储空间，并将其网站上的图片上传至该存储空间。

（2）登录对象存储 OSS 控制台，将用户域名"www.example.com"绑定到存储空间 MyBucket 的域名"MyBucket.oss-cn-beijing.aliyuncs.com"。

（3）绑定成功后，OSS 后端会将"www.example.com"用户域名映射到存储空间 MyBucket 对应域名。

（4）在企业客户 A 的域名服务器上，添加 CNAME 规则，将"www.example.com"映射成存储空间 MyBucket 的域名"MyBucket.oss-cn-beijing.aliyuncs.com"。

（5）当企业客户 A 的应用发送的"www.example.com/logo.png"请求到达 OSS 后，OSS 后端通过"www.example.com"和 MyBucket 的映射关系，将访问转到存储空间 MyBucket。也就是说，对"www.example.com/logo.png"的访问，实际是访问"MyBucket.oss-cn-beijing.aliyuncs.com/logo.png"。

10.1.2　传输加速

随着全球化的普及，大型企业的分支机构覆盖全球。但是远程分支机构访问异地的对象存储数据会出现时延高、带宽低的问题，非常影响办公效率。

为助力企业业务全地域覆盖，提升用户上传、下载体验，对象存储 OSS 推出传输加速功能。它是专为互联网上传、下载加速而设计的，通过智能调度的系统、优化的传输链路、调优的协议栈与传输算法，并深度结合 OSS 服务端的配套策略，提供端到端的加速方案。

OSS 利用全球分布的云机房，将全球各地用户对存储空间的访问，经过智能路由解析至就近的接入点，使用优化后的网络及协议，来访问对应的存储空间。

1．场景应用

对象存储 OSS 传输加速功能适用于各种需要提升访问速度、提升用户体验的场景。

- **远距离数据传输加速**。例如，全球性的论坛、在线协同办公平台等，其部分客户会因传输距离较远导致上传和下载体验非常差。OSS 传输加速可以让全球各地的客户使用优化后的网络来传输数据，极大地提升上传和下载速度，让不同地域的用户都能有很好的访问体验。
- **GB、TB 级大文件上传和下载**。当客户需要通过互联网远距离上传和下载大文件时，可通过传输加速功能提升传输效果。OSS 传输加速基于互联网传输链路的优化、协议栈调优，可大幅度减小远距离互联网传输超时的比例。分片上传支持出错重传，使用分片上传与传输加速结合，是远距离大文件上传和下载的解决方案。
- **非静态、非热点数据下载加速**。例如，相册应用、游戏、电商、社交应用的评论内容、企业门户网站、金融类 App 等，用户的下载体验直接影响产品竞争力和客户留存率。传输加速作为原生的专为 OSS 上传、下载加速而设计的服务，可以最大限度利用客户端的网络能力，提升用户的下载体验。

2．使用说明

为对象存储 OSS 的某个存储空间开启传输加速功能后，该存储空间会拥有以下外网访问的访问域名。

- **传输加速访问域名**。目前提供以下两个传输加速访问域名。
  - ➢ 全球加速访问域名。其地址为 oss-accelerate.aliyuncs.com，传输加速接入点分布在全球各地，全球各地的存储空间均可以使用该域名进行传输加速。
  - ➢ 非中国内地加速访问域名。其地址为 oss-accelerate-overseas.aliyuncs.com，传输加速接入点分布在除中国内地以外的全球各地。建议只作为非中国内地存储空间绑定的未备案域名做 CNAME 指向使用，其他场景使用全球加速访问域名。
- **默认的访问域名**。例如，"oss-cn-beijing.aliyuncs.com"就是 OSS 在北京区域的默认访问域名，当访问请求不需要加速时，直接使用该地址访问即可。

当需要对数据传输进行加速时，使用传输加速访问域名访问 OSS 可提高传输速度。例如，在美国（硅谷）地域的存储空间名为 test，根目录下有个名字为 123.jpg 的对象。使用传输加速访问路径"test.oss-accelerate.aliyuncs.com/123.jpg"，即可达到访问加速效果。同时，可以通过工具 ossutil 测试实际加速效果，如图 10-3 所示，传输时间由加速前的 6s 提升到 2s，速度提升 3 倍。

图 10-3　工具测试传输加速

同时，对象存储 OSS 还提供了传输加速及非传输加速的对比测试页面路径 oss-accelerate-test.oss-accelerate.aliyuncs.com/acc/oss-transfer-acc-zh.html，通过上传和下载各个区域的 OSS 的响应时间，给出相应的加速百分比，从而可以得到直观的展示。 如果发现加速效果不明显，或者有变慢情况（20%以内），可能是因为测试点与 Bucket 所在数据中心相对较近的缘故，也有可能是本地带宽或其他系统资源的限制导致的，详细信息如图 10-4 所示。

图 10-4　对象存储 OSS 直传和加速上传不同区域对比

10.1.3　上传对象

对象存储通过域名向互联网提供服务，会面临复杂的网络环境，为了更好地适应网络传输，针对不同场景提供了多种数据传输方案。

1．简单上传

简单上传，是指使用对象存储 OSS 的 PutObject 方法上传单个对象。简单上传适用于单次 HTTP 请求交互即可完成上传的场景，如小文件（小于 5GB）的上传。

对象上传要注意性能调优。如果上传大量对象时，在命名上使用了顺序前缀（如时间戳或字母顺序），可能会出现大量对象索引集中存储于存储空间中某个特定分区的情况，此时如果请求速率过大，会导致请求速率下降。建议上传大量对象时，不要使用顺序前缀的对象名。

同时要防止同名对象被覆盖。对象上传默认会覆盖同名对象，为防止对象被意外覆盖，可以通过如下 2 种方式保护已有对象。

- 开启版本控制功能。存储空间开启版本控制功能后，被覆盖的对象会以历史版本的形式保存下来。
- 在上传请求 header 中携带禁止覆盖同名对象的参数 x-oss-forbid-overwrite，并指定其值为 true。当上传的对象在 OSS 中存在同名对象时，该对象会上传失败。

上传对象时还可以设置元信息（Object Meta）。使用简单上传时，可以携带元信息对对象进行描述。例如，可以设定 Content-Type 等标准 HTTP 头，也可以设定自定义信息。

2．表单上传

表单上传，非常适合嵌入在 HTML 网页中来上传对象。比较常见的场景是网站应用，以招聘网站为例，需要填写页面内容同时上传简历，就非常实用。

通过图 10-5 可知，表单上传用于 HTML 网页中传输对象，更有优势。从流程上来说，使用表单上传，减少了服务器转发流程，更加方便。从架构上来说，原来的上传都统一通过网站服务器，上传量过大时，需要扩容网站服务器。采用表单上传，直接从客户端上传数据到 OSS，上传量过大时，压力都在 OSS 上，由 OSS 来保障服务质量。以下是 Python 核心代码示例。

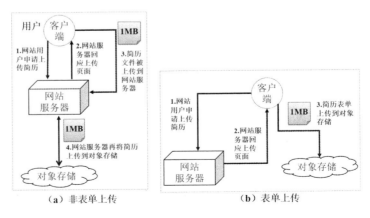

图 10-5　表单上传对比

```
#coding=utf8
...
def convert_base64(input):
    return base64.b64encode(input)
def get_sign_policy(key, policy):
    return base64.b64encode(hmac.new(key, policy, hashlib.sha1).digest())
def get_form(bucket, endpoint, access_key_id, access_key_secret, out):
    #1 构建 Post Policy
    policy="{\"expiration\":\"2115-01-
27T10:56:19Z\",\"conditions\":[[\"content-length-range\", 0, 1048576]]}"
    print("policy: %s" % policy)
    #2 将 Policy 字符串进行 base64 编码
    base64policy = convert_base64(policy)
    print("base64_encode_policy: %s" % base64policy)
    #3 用 OSS 的 AccessKey Secret 对编码后的 Policy 进行签名
    signature = get_sign_policy(access_key_secret, base64policy)
    #4 构建上传的 HTML 页面
    form = '''
<html>
    <meta http-equiv=content-type content="text/html; charset=UTF-8">
    <head><title>OSS 表单上传(PostObject)</title></head>
    <body>
        <form                    action="http://%s.%s"            method="post"
enctype="multipart/form-data">
            <input type="text" name="OSSAccessKeyId" value="%s">
            <input type="text" name="policy" value="%s">
            <input type="text" name="Signature" value="%s">
            <input type="text" name="key" value="upload/${filename}">
            <input         type="text"        name="success_action_redirect"
value="http://oss.aliyun.com">
            <input type="text" name="success_action_status" value="201">
            <input name="file" type="file" id="file">
            <input name="submit" value="Upload" type="submit">
        </form>
    </body>
</html>
    ''' % (bucket, endpoint, access_key_id, base64policy, signature)
    f = open(out, "wb")
```

```
f.write(form)
f.close()
print("form is saved into %s" % out)
```

3．分片上传和断点续传

简单上传在传输较大的对象时，如果过程中出现了网络错误，那么此次上传失败，重试必须从文件起始位置上传，白白浪费了带宽。为了解决该问题，对象存储 OSS 提供分片上传来达到断点续传的效果。相对于其他的上传方式，分片上传适用于以下场景。

- **恶劣的网络环境。** 如果手机端在弱网环境下经常出现上传失败的情况，可以对失败的数据片（Part）进行独立的重试，而不需要重新上传其他的数据片。
- **断点续传。** 中途暂停后，可以从上次完成上传数据片的位置继续上传。
- **加速上传。** 要上传的本地文件很大，可以并行上传多个数据片以加快上传速度。
- **流式上传。** 可以在需要上传的文件大小还不确定的情况下开始上传，在视频监控等行业中比较常见。

通过指定数据片大小、初始化分片上传任务、分片上传、完成上传，就可以实现数据传输。分片上传过程中，如果系统意外崩溃，可以在重启的时候通过 ListMultipartUploads 和 ListParts 两个接口，来获取某个对象的所有的分片上传任务和每个分片上传任务中上传成功的数据片列表，从而就可以从最后一个成功上传的数据片开始继续上传，最终达到断点续传的效果。分片上传的流程图如图 10-6 所示。

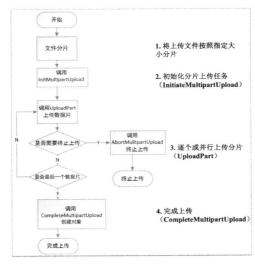

图 10-6　分片上传的流程图

4．追加上传

简单上传、表单上传、断点续传等创建的对象在上传结束后内容长度固定，只能读取、不能修改。如果对象内容发生了改变，那么只能重新上传同名的对象来覆盖之前的内容，这是对象存储 OSS 和普通文件系统的重大区别。

因为以上特性，某些应用场景使用不方便，如视频直播、视频监控等。由于视频数据实时产生，继续采用分片上传存在如下不足。

- **软件架构复杂**。需要结合网络分析，考虑文件分片细节。
- **时延和管理的平衡**。如果对象切分较小，时延比较低，但是在海量对象时会导致管理复杂性；如果对象切分比较大，数据时延又会很高。

为了简化该场景的开发成本，OSS 提供了追加上传（Append Object）方式，在对象后面直接追加内容。此时，对象类型为 Appendable Object，而其他方式上传的对象类型为 Normal Object，每次追加上传的数据都能够即时可读。追加上传的原理如图 10-7 所示。

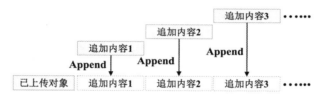

图 10-7　追加上传的原理

如果使用追加上传，那么上述场景的架构就变得很简单。视频数据产生之后，及时通过追加上传到该对象，而客户端只需要定时获取该对象的长度与上次读取的长度进行对比，如果发现有新的数据可读，就触发一次读操作来获取新上传的数据。通过该方式能简化架构，增强扩展性。不仅在视频监控场景，而且在日志上传场景，追加上传也能发挥作用。

5．授权给第三方上传

典型的客户端/服务端系统架构中，服务端接收并处理客户端的请求。服务端使用对象存储时，客户端要上传对象给服务端，服务端再将数据转发到对象存储 OSS。

整个过程数据要在网络上传输两次，一次从客户端到服务端，一次从服务端到 OSS。当访问量很大时，服务端要有足够的带宽来满足多客户端的并发需求，这对服务端架构的伸缩性提出了巨大的挑战。

为了解决此问题，OSS 提供了授权给第三方上传的功能。此时，每个客户端可以直接将文件上传到 OSS，而不是通过服务端转发，从而既节省了成本，又充分利用了 OSS 的海量数据处理能力，无须考虑带宽和并发限制。目前授权上传有两种实现方式：URL 签名和临时访问凭证。

- **URL 签名**。请求 URL 中带 OSS AccessKeyId 和 Signature 字段，使用该 URL 来上传，每个 URL 签名携带过期时间以保证安全。
- **临时访问凭证**。通过阿里云 Security Token Service（STS）来实现授权，通过 STS 服务，可以为第三方应用或子用户（用户身份由自己管理）颁发自定义时效和权限的访问凭证。

6. 上传回调

授权经第三方上传时，客户端传输对象到对象存储 OSS 完成后，服务端无感知，从而导致应用在服务端无法跟踪上传结果。为了解决该问题，可以使用上传回调，其原理如图 10-8 所示。

图 10-8　上传回调的原理

客户端上传对象到 OSS 后，OSS 会向服务端主动发起 HTTP 请求进行回调，从而服务端就可以及时得到上传完成的通知并完成诸如数据库修改等操作，OSS 收到服务端的回调请求响应后才会将状态返回给客户端。

OSS 在向服务端发送 POST 回调请求时，会在 POST 请求的请求体（Body）中包含一些参数来携带特定的信息。参数有两种，一种是系统定义的参数，如存储空间名称、对象名称等；另一种是自定义的参数，可以是根据应用逻辑需要指定的参数，如发起请求的用户 ID。通过合理使用上传回调功能，能降低客户端的逻辑复杂度和网络消耗。

7. RTMP 推流上传

对象存储非常适合视频存放，典型视频推流方案需要部署服务端支持实时信息传输协议（Real Time Message Protocol，RTMP）来接收客户端请求。服务端收到视频流后，再保存到对象存储。因此，需要维护 RTMP 服务端，并付出成本开销。

对象存储 OSS 支持直接使用 RTMP 推送视频流和音频流，推送成功后可以直接点播，对延迟不敏感的应用场景还可以直播。

编程时通过调用 PutLiveChannel 接口，创建 LiveChannel，获取推流地址。

```
host = "oss-cn-hangzhou.aliyuncs.com" #just for example
accessid = "your-access-id"
accesskey = "your-access-key"
bucket_name = "your-bucket"
channel_name = "test-channel"
auth = Auth(accessid, accesskey)
bucket = Bucket(auth, host, bucket_name)
channel_cfg = LiveChannelInfo(target = LiveChannelInfoTarget())
channel = bucket.create_live_channel(channel_name, channel_cfg)
publish_url = channel.publish_url
signed_publish_url = bucket.sign_rtmp_url("test-channel", "playlist.m3u8",
3600)
```

基于 rtmp://your-bucket.oss-cn-hangzhou.aliyuncs.com/live/test-channel 的推流地址，可以得到签名的 URL 地址（控制访问权限和超时）。

```
"rtmp://your-bucket.oss-cn-hangzhou.aliyuncs.com/live/your-
channel?OSSAccessKeyId=LGarxxxxxxHjKWg6&playlistName=t.m3u8&Expires=147220159
5&Signature=bjKraZTTyzz9%2FpYoomDx4Wgh%2FlM%3D"
```

然后，就可以使用 ffmpeg 工具直接推送客户端的视频文件到对象存储 OSS。

```
$  ffmpeg  -i  1.flv  -c  copy  -f  flv  "rtmp://your-bucket.oss-cn-
hangzhou.aliyuncs.                                        com/live/test-
channel?OSSAccessKeyId=LGarxxxxxxHjKWg6&Expires=1472199095&Signature=%2FAvRo7
FTsslInBKgwn7Gz%2FUlp9w%3D"
```

10.1.4　下载对象

对象存储 OSS 支持简单下载（GetObject 接口）来读取已经成功上传的对象，下载时使用 HTTP 的 GET 请求。

与断点续传类似，OSS 还支持断点续传下载，但此时不采用数据片接口，而是使用 HTTP RFC（Request For Comments）标准定义的 Range 参数。如果在请求中使用 Range 参数，则返回消息中会包含整个文件的长度和此次返回的范围。例如，Content-Range: bytes 0‐9/44，表示整个文件长度为 44 字节，此次返回的范围为 0～9 字节。如果请求的 Content-Range 不在范围内，则传送整个文件，并且不在结果中提及 Content-Range，返回码为 206。

当需要将私有存储空间内的对象授权给第三方下载时，不能直接给下载者提供

AccessKey，此时应该使用 URL 签名、临时访问凭证授权给第三方下载，类似授权给第三方上传。

10.1.5　单连接限速

企业基于对象存储 OSS 开发 App 时，存在大量最终用户直接访问 OSS 的情况，此时 App 服务端被绕过，无法控制最终用户连接访问 OSS 的带宽。如果某些用户的连接占用了 OSS 大量的带宽，就会挤占其他用户的资源。

为了解决该问题，对象存储 OSS 提供了单连接限速功能。App 服务端可以在最终用户调用 PutObject、AppendObject、PostObject、CopyObject、UploadPart、Upload Part-Copy、GetObject 请求中控制携带 x-oss-traffic-limit 参数，并设置限速值，OSS 将按照设定的数值控制此次请求的带宽。单连接限速的原理如图 10-9 所示。单连接限速功能适用于以下 2 个场景。

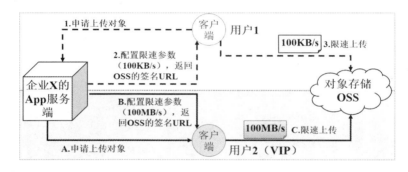

图 10-9　单连接限速的原理

- 对于移动端、Web 端等不易实现客户端限速的场景，可以通过单连接限速的方式实现流量控制，保证其他应用的正常带宽，或者为 VIP 客户分配更高的带宽。
- 将 OSS 的数据分享给其他人时，可在对象 URL 中设置 x-oss-traffic-limit 参数，限制下载速度，通过限制普通用户的带宽，从而保证 VIP 用户拥有更大的带宽。

10.1.6　对象元信息

对象元信息（Object Meta）是上传到对象存储 OSS 的对象的属性描述，元信息分为两种：HTTP 标准属性（HTTP Headers）和 User Meta（用户自定义元信息），如表 10-2 所示。

表 10-2 对象元信息分类

元信息	名 称	描 述
HTTP 标准属性	Content-Type	指定对象的文件类型、编码等
	Content-Encoding	指定对象的压缩类型，可选值：gzip、compress（LZW）、deflate（zlib 结构和 deflate 压缩算法）、identity（不压缩）、br（Brotli 算法）
	Content-Language	指定对象使用的语言
	Content-Disposition	指定对象的展示形式，可选值：inline（直接在应用中打开）、attachment（下载到本地）
	Cache-Control	指定对象的缓存配置，可选值：no-cache（要到服务端进行验证）、no-store（不使用任何缓存）、public（任何地方都可以缓存）、private（只允许缓存在客户端浏览器中）、max-age=<seconds>（设置缓存时间，单位为秒）
	Expires	指定缓存的有效时间，值为 GMT 时间
	Last-Modified	对象的最后修改时间
	Content-Length	对象的大小
User Meta	以 x-oss-meta- 为前缀的参数	对象可以有多个类似的参数，但所有的 User Meta 总大小不能超过 8KB。这些 User Meta 信息会在读对象（GetObject）或者读对象元数据（HeadObject）的时候在 HTTP 头部中返回

10.1.7 存储空间标签和对象标签

企业客户存放海量数据到对象存储，需要对相同特征的数据进行分门别类，然后进行批量管理。例如，将属于某个用户、属于某些团队的数据批量地授权给第三方，或者将某些团队数据进行归档，如果针对每个对象单独操作，则会带来管理复杂度。为了解决此问题，对象存储 OSS 引入了存储空间标签（Bucket Tag）和对象标签（Object Tag）功能，可以在策略中指定标签来实现灵活地管理。

- 存储空间标签，存储空间可设置 20 个标签，每个标签是 Key-Value Pair（键值对）。Key 最大长度为 64 字节，不能以 http://、https://、Aliyun 为前缀，且不能为空；Value 最大长度为 128 字节，可以为空。
- 对象标签，对象可设置 10 个标签，每个标签是 Key-Value Pair。Key 最大长度为 128 字节，Value 最大长度为 256 字节。

可以在创建时添加标签，也可以针对已有对象添加标签。基于标签就可以在 RAM 授权用户时为授权策略（Policy）指定标签。例如，下面的策略就是授权用户可以列举所有拥有存储空间标签为 keytest=valuetest 的存储空间。

```
{
    "Version": "1",
```

```
    "Statement": [{
        "Action": [ "oss:ListBuckets" ],
        "Resource": [ "acs:oss:*:1932487924256138:*" ],
        "Effect": "Allow",
        "Condition": { "StringEquals": { "oss:BucketTag/keytest":
        "valuetest" } }
        } ]
}
```

10.1.8 选取内容

数据分析时，需要读取对象存储上指定对象的全量数据，但实际分析后发现只需要其中部分数据。此时，传输对象的全量数据会消耗带宽资源，分析也会消耗大量计算资源。

为了优化资源使用、降低成本，对象存储 OSS 提供选取内容（OSS Select）特性，通过将条件、Projection 下推到 OSS 做基本的过滤，从而只返回有用的数据，如图 10-10 所示，它将返回更少的数据，该特性提供如下的功能点。

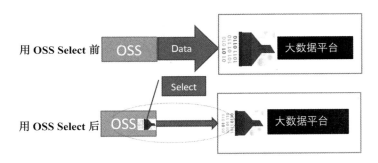

图 10-10　OSS Select

- 支持的文件编码为 UTF-8，符合 RFC 4180 标准的 CSV 文件（包括 TSV 等类 CSV 文件，文件的行列分隔符及 Quote 字符都可自定义）。
- 支持的文件存储类型，包括标准存储型、低频访问型。
- 支持加密方式的文件，覆盖 OSS 完全托管、KMS 加密类型。
- 控制台支持选取内容，针对 128MB 以下的文件，提取 40MB 以下的数据记录可以直接使用对象存储 OSS 控制台。
- 生态集成，OSS Select 已经和阿里云数据分析产品整合，如 DataLakeAnalytics、EMR、MaxCompute、HybridDB 等产品。

10.2　生命周期管理

对象存储 OSS 作为海量存储资源池会保存多年的数据。而数据是有生命周期的，最新的数据最热，需要保存在昂贵的标准存储，历史的数据访问频度低，可以保存在便宜的归档存储，从而节约整体的成本。由于数据量巨大，应用把历史数据手动地从标准存储读出，再写入归档存储，需要开发、管理、运维，处理不当还有数据丢失的风险。为了解决该问题，OSS 提供了生命周期管理（LifeCycle）功能，应用只需要配置生命周期规则，所有的数据搬动都由 OSS 完成，并且保证数据一致性。

10.2.1　规则介绍

生命周期规则可以定期将非热点数据转换为低频访问、归档存储或冷归档存储，将不再需要访问的数据删除，从而使用户更高效地管理数据、节省成本。生命周期规则的典型场景如下。

- 某医疗机构的医疗档案，上传至 OSS 半年内需要偶尔访问，半年后基本不再访问。可以通过配置生命周期规则，将已上传 180 天的医疗档案转为归档存储。
- 某公司服务热线的录音文件，上传至 OSS 的 2 个月内，需要作为数据统计及核查的依据，2 个月后偶尔访问，半年后基本不再访问，2 年后数据不再需要存储。可以通过配置生命周期规则，设置录音文件上传 60 天后转为低频访问，180 天后转为归档存储，730 天后删除。
- 某存储空间内有大量文件需要全部删除，但是手动删除每次仅可以删除最多 1000 个文件，比较麻烦。此时，可以配置匹配整个存储空间的生命周期规则，设置一天后删除所有文件，此存储空间内的数据会在第二天被全部删除。

1．规则包含信息

生命周期规则包含以下三大类信息。

- **匹配策略**，匹配对象的名字、标签。
  - ➢ 按前缀匹配，按指定前缀匹配对象和碎片。
  - ➢ 按标签匹配，按指定标签的 Key 和 Value 匹配对象。
  - ➢ 按前缀+标签匹配，按指定前缀和一个或多个标签的筛选条件匹配对象。
  - ➢ 配置到整个存储空间，匹配整个存储空间内的所有对象和碎片。
- **文件过期策略**，设置对象的过期时间。
  - ➢ 过期天数，指定一个过期天数 N，对象会在其最后修改时间的 N 天后过期。

> ➤ 过期日期，指定一个过期日期，最后修改时间在该日期之前的对象全部过期。

- **指定操作**，设置文件过期后的动作。
  - ➤ 类型转换（Transition），将指定存储类型的对象转换为另外的存储类型。
  - ➤ 过期删除（Expire），将指定存储类型的过期对象按规则删除。

2. 配置元素

配置生命周期规则涉及的各个元素的定义如下。

- **\<ID\>**：每个规则唯一的标志。
- **\<Status\>**：取值为 Enabled 或 Disabled，OSS 只会应用取值为 Enabled 的生命周期规则。
- **\<Prefix\>**：前缀。
- **\<Expiration\>**：过期删除操作。
  - ➤ \<CreatedBeforeDate\>：设置过期时间。指定过期日期，并指定对象过期后执行什么操作。最后修改时间在该日期之前的对象会全部过期，并执行指定的操作。
  - ➤ \<Days\>：设置过期天数。指定过期天数 N，并指定对象过期后执行什么操作。对象会在其最后修改时间的 N 天后过期，并执行指定的操作。
- **\<Transition\>**：过期转换操作。
  - ➤ \<CreatedBeforeDate\>或\<Days\>指定绝对或相对转换时间。
  - ➤ \<StorageClass\>指定对象转储的存储类型。

3. 使用示例

配置如下的生命周期规则，其筛选条件指定了 Prefix 为 doc/，此规则将应用于 Prefix 为 doc/的对象（如 doc/test1.txt 和 doc/test2.jpg 等对象），并指定完成以下操作。

- 在对象最后修改时间超过 180 天后，将其转换为 IA 存储类型（Transition）。
- 在对象最后修改时间超过 365 天后，将其删除（Expiration）。

```
<LifecycleConfiguration>
  <Rule>
    <ID>test-rule0</ID>
    <Prefix>doc/</Prefix>
    <Status>Enabled</Status>
    <Transition>
      <Days>180</Days>
      <StorageClass>IA</StorageClass>
    </Transition>
    <Expiration>
```

```
    <Days>365</Days>
  </Expiration>
 </Rule>
</LifecycleConfiguration>
```

10.2.2　存储类型转换

对象存储 OSS 支持标准存储、低频访问、归档存储、冷归档存储 4 种存储类型，可以根据需要转换文件的存储类型。

不同存储类型的价格和性能有差异，合理地配置生命周期规则，可以在既满足应用性能需求情况下，又能降低整体成本。

通过配置生命周期规则，可以实现对象在不同文件存储类型之间的转换，如图 10-11 所示。

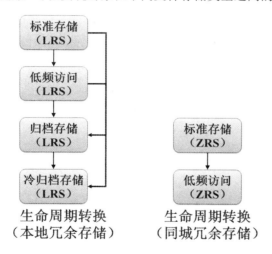

图 10-11　生命周期转换支持的存储类型

- 标准存储（本地冗余）类型可转换为低频访问（本地冗余）、归档存储和冷归档存储类型。
- 低频访问（本地冗余）类型可转换为归档存储和冷归档存储类型。
- 标准存储（同城冗余）类型可转换为低频访问（同城冗余）类型。
- 归档存储类型可转换为冷归档存储类型。

在对象存储 OSS 控制台就可以完成生命周期转换的配置，如存储空间的存储类型为本地冗余。对存储空间内指定前缀的文件可配置如图 10-12 所示的生命周期规则。

图 10-12　生命周期转换的配置示例

10.2.3　解冻对象

在访问归档存储或冷归档存储类型的文件之前，需要先通过 RestoreObject 接口解冻文件。

归档存储类型的文件在执行解冻前后的状态变换过程如下。

- 归档存储类型文件初始时处于冷冻状态。
- 提交一次解冻请求后，文件处于解冻中的状态，完成解冻任务通常需要 1min。
- 服务端完成解冻任务后，文件进入解冻状态，此时可以对文件进行任何操作。解冻状态默认持续 24h，24h 内再次调用 RestoreObject 接口可将解冻状态延长 24h，最多可延长 7 天。
- 解冻状态结束后，文件再次返回冷冻状态。

冷归档存储类型的文件在执行解冻前后的状态变换过程如下。

- 冷归档存储类型的文件初始时处于冷冻状态。
- 提交一次解冻请求后，文件处于解冻中的状态，不同优先级的首字节取回时间如下。
  - ➤ 高优先级（High Priority），1h 以内。
  - ➤ 标准（Standard），2～5h。

> ➤ 批量（Bulk），5～12h。

- 服务端完成解冻任务后，文件进入解冻状态，此时可以读取文件。同时，可以指定解冻的天数，最短是 1 天，最长是 7 天。
- 解冻状态结束后，文件再次返回冷冻状态。

10.3　静态网站托管

对象存储 OSS 对互联网提供 HTTP 的访问能力，因此将自己的存储空间配置成静态网站托管模式，访问存储空间的域名就直接访问 index.html 网页，同时可以通过存储空间绑定的自定义域名访问该静态网站。

10.3.1　使用说明

为了更方便地管理在对象存储 OSS 上托管的静态网站，OSS 支持以下功能。

- **静态页面支持（Index Document Support）**。静态页面是指当用户直接访问静态网站域名时，OSS 返回的默认静态页面（相当于网站的 index.html）。
- **错误页面支持（Error Document Support）**。错误页面是指在用户访问该静态网站时，如果遇到 HTTP 4×× 错误（最典型的是 404 Not Found 错误），OSS 返回给用户的错误页面。通过指定错误页面，可以为用户提供恰当的出错提示。

针对访问域名中的子目录来显示首页，还有进一步的优化。例如，某网站设置默认首页为 index.html，默认 404 页面为 error.html，存储空间为 oss-sample，访问域名为 oss-cn-hangzhou.aliyuncs.com，则

- 若未开通子目录首页：
  - ➤ 用户访问路径为 oss-sample.oss-cn-hangzhou.aliyuncs.com 时和访问路径为 oss-sample.oss-cn-hangzhou.aliyuncs.com/directory 时，访问的页面文件相同。访问这两个路径，最终都是访问 oss-sample 的 oss-sample.oss-cn-hangzhou.aliyuncs.com/index.html 对象。
  - ➤ 用户访问 oss-sample.oss-cn-hangzhou.aliyuncs.com/object 对象时，如果 oss-sample 存储空间中文件不存在，对象存储 OSS 会返回既定的错误对象 oss-sample.oss-cn-hangzhou.aliyuncs.com/error.html。
- 若已开通子目录首页：
  - ➤ 用户访问路径为 oss-sample.oss-cn-hangzhou.aliyuncs.com，即访问路径 oss-sample.oss-cn-hangzhou.aliyuncs.com/index.html。

> ➢ 用户访问路径为 oss-sample.oss-cn-hangzhou.aliyuncs.com/directory，即访问路径 oss-sample.oss-cn-hangzhou.aliyuncs.com/directory/index.html。

> ➢ 用户访问路径为 oss-sample.oss-cn-hangzhou.aliyuncs.com/subdir 时，如果 subdir/不存在，OSS 会根据设置的文件 404 规则返回对应信息，文件 404 规则可选值如下。
>
> ◆ Redirect（默认值）。检查 subdir/index.html 是否存在。若存在，则返回 302 状态码，Location 头为 oss-sample.oss-cn-hangzhou.aliyuncs.com/subdir/；若不存在，则返回默认 error.html 页；若该页未设置，则返回 404 状态码。
>
> ◆ NoSuckKey。返回默认 error.html 页。若该页未设置，则返回 404 状态码。
>
> ◆ Index。检查 object 对应文件是否存在。若存在，则直接返回这个文件内容。若不存在，则返回默认 error.html 页；若该页未设置，则返回 404 状态码。

10.3.2 静态网站托管绑定自定义域名

要实现静态网站托管，企业必须使用已完成备案的域名，如"www.aliyun.com"这样已完成备案的域名。然后通过 OSS 绑定自定义域名进行配置，并设置"公共读存储空间"，实现企业的静态网站托管。

1. 上传网页文件到存储空间

配置静态网站托管前，需要先上传两个 html 格式的文件作为网站首页和默认 404 页面，另外还需要上传部分文件作做测试用。创建两个 html 格式的文件：index.html 文件用作网站首页，error.html 文件用作网站的错误页面。

- **默认首页**。创建名为 index.html 的文件作为静态网站的默认首页，内容如下。

```html
<html>
  <head>
    <title>Hello OSS!</title>
    <meta charset="utf-8">
  </head>
  <body>
    <p>开始阿里云 OSS 托管</p>
    <p>这是索引页面</p>
  </body>
</html>
```

- **默认 404 页面**。创建名为 error.html 的文件，作为静态网站的默认 404 页面，内容如下。

```html
<html>
<head>
```

```
    <title>Hello OSS!</title>
    <meta charset="utf-8">
</head>
<body>
    <p>这是 404 错误页面</p>
</body>
</html>
```

登录对象存储 OSS 控制台，选择要作为静态网站托管的存储空间，将上述 index.html、error.html 网页文件和 123.jpg 图片文件上传到该存储空间。

2．对象存储上配置静态网站托管

首先，选择静态网站托管的存储空间，选择"基础设置"→"静态页面"命令。然后，单击"设置"按钮，将 index.html 设置为默认首页，将 error.html 设置为默认 404 页面。

3．对象存储将自有域名绑定到存储空间

将自有域名 examplewebsite.com 绑定到存储空间。绑定完成后，就可以使用该域名代替对象存储 OSS 分配的域名来访问存储空间。

首先，选择静态网站托管的存储空间，选择"传输管理"→"域名管理"命令。然后，在弹出的"绑定用户域名"对话框中，将申请的自定义域名填写在"用户域名"栏，并开启"自动添加 CNAME 记录"。最后，单击"提交"按钮。

4．测试网站

要验证网站是否正常运行，请在浏览器中尝试如表 10-3 所示的访问路径。

表 10-3　静态网站绑定自定义域名验证

访问路径	结果
examplewebsite.com	显示 index.html 默认首页
examplewebsite.com/123.jpg	显示 123.jpg 图片
examplewebsite.com/abc	显示 error.html 默认 404 页面

10.4　数据处理应用场景

对象存储作为非结构化存储的数据底座，非常适合保存图片、视频、文档等文件。对于此类文件，在浏览器、App 查看时都存在数据处理的需求，如图片的缩放、旋转、加水印等。

常规的解决方案是计算服务器通过互联网、专有网络（Virtual Private Cloud，VPC）从对象存储 OSS 读取数据，然后进行数据处理。但是，该方案存在带宽需求大、网络时延高等问题，同时还需要运维大量的数据处理服务器，从而带来较大的成本。

为了优化数据处理，对象存储 OSS 设计了"智能数据处理卸载框架"，如图 10-13 所示。它在 OSS 就近的数据中心部署计算引擎，实现数据就近访问，从而降低了带宽需求并优化访问时延，也降低了成本。并且在对象存储的数据路径上和计算框架打通，实现数据和计算关联。通过将数据处理的算子下推计算引擎，从而支持种类丰富的数据分析处理能力，结合集群调度系统提供离线请求、实时请求的灵活调度，最终提供对象存储数据处理的服务能力。

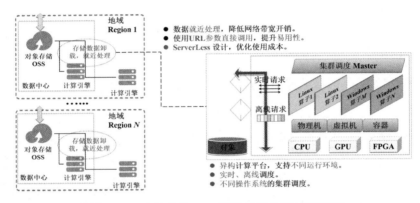

图 10-13　对象存储 OSS 智能数据处理卸载框架

10.4.1　场景介绍

对象存储 OSS 通过"智能数据处理卸载框架"，为云上数据打通了处理与使用的快速通道。通过简单的 RESTful 接口，可以方便地按业务需求在多个地域通过互联网设备上对存储在 OSS 中的数据进行分析处理。数据处理能力，包含以下两种服务方式。

- **原生数据处理服务**。它包括图片处理和视频截帧，其中图片处理包括图片的缩略、剪裁、参数调节等。原生数据处理服务无须开通，默认集成在 OSS 中，创建完存储空间后，即可使用。
- **集成数据处理服务**。OSS 与阿里云智能媒体管理服务（Intelligent Media Management，IMM）深度结合，支持文档预览、文档格式转换、人脸识别、图片分析、二维码识别等丰富的数据分析处理操作。

1．调用方式

为了易于使用，OSS 的数据处理调用采取 URL 加参数的方式，从而在直接请求 URL 的同时就可以完成数据处理。图 10-14 所示的圆形裁切处理支持以下两种调用方式。

图 10-14　图片处理圆形裁切示例

- **GET 方式调用**，用于立即处理并返回结果的场景，参数在 QueryString 中传递。例如，"桶访问路径/example.jpg? x-oss-process =image/circle,r_100"，就是将图片 example.jpg 裁切成半径为 100"像素的圆形。
- **POST 方式调用**，用于需要将处理结果写回 OSS 的场景，参数在请求体（Body）中指定，特别是 sys/saveas 参数，如下所示。

```
POST /ObjectName?x-oss-process HTTP/1.1
Content-Length: ContentLength
Content-Type: ContentType
Host: BucketName.oss-cn-hangzhou.aliyuncs.com
Date: GMT Date
Authorization: SignatureValue
x-oss-process=image/resize,w_100|sys/saveas,o_dGVzdC5qcGc,b_dGVzdA
```

图片处理参数 "x-oss-process=module/action,parame_value" 的具体说明如下。

- **x-oss-process（数据处理的固定参数名）**。当携带该参数时，可以做对应的数据处理操作。
- **module（操作模块）**。OSS 的原生数据处理操作模块共有 2 个：图片处理模块（image）和视频处理模块（video）。集成数据处理服务操作模块有 1 个，就是智能媒体管理服务（imm）模块。
- **action（数据处理类型）**。例如，circle 表示圆形裁切类型。
- **parame（数据处理对应的参数）**。它采用 key_value 形式，通过下划线（_）分割。例如，r_100 表示 Key 为 r（半径）、Value 为 100（像素）。当某些操作参数唯一时，可以单独使用 Value，具体以各个操作中的定义为准。

2. 数据处理类型

数据处理类型如表 10-4 所示。

表 10-4　数据处理类型

操作模块	功　　能	数据处理类型
image	图片缩放	resize
	图片裁剪	crop
	图片旋转	rotate
	图片锐化调节	sharpen
	图片格式转换	format
	图片质量调节	quality
	图片水印	watermark
	其他功能	cycle/indexcrop/rounded-corners/auto-orient/ blur/bright/contrast/interlace/average-hue/info
video	视频截帧	snapshot
imm	文档预览	docpriview
	图片识别	imagetag
	人脸识别	facedetect

10.4.2　原生图片处理

对象存储 OSS 提供丰富的图片处理能力,通过在 URL 中加入参数即可返回图片处理结果,实现云上的图片 Ps(Photoshop)。

1. 图片高级压缩

随着拍照设备分辨率及业务显示要求的提高,图片处理功能需要支持更加灵活且压缩率更高的图片格式,如 HEIF 和 WebP M6 等。但传统的图片编解码技术在处理这类格式图片时的效率较低,无法满足业务的实时性需求。为满足此类需求,OSS 推出了图片高级压缩(format)功能,能够更高效地将图片转换为高压缩率格式。使用图片高级压缩操作,原图支持以下参数。

- **参数为 heic**,将原图压缩为 HEIF 格式。
- **参数为 WebP**,将原图压缩为 WebP M6 格式。

例如,将 JPEG 格式的原图转换为 HEIF 格式,处理参数为"format,heic",图片处理的访问路径如下。

桶访问路径/sample.jpg?x-oss-process=image/format,heic

压缩格式对比如表 10-5 所示。

表 10-5　压缩格式对比

格　　式	分　辨　率	大　　小
JPEG（原图）	3924 像素×2550 像素	6.11MB
HEIF	3924 像素×2550 像素	329KB（压缩率为 95%）
HEIF	923 像素×600 像素	50 KB（压缩率为 99.2%）

2．图片缩放

基于不同尺寸的移动设备，需要将原始图片缩放为不同大小的缩略图，从而提高客户体验。为满足此需求，OSS 提供图片缩放（resize）功能。使用图片缩放操作，原图支持以下参数。

- **指定宽高缩放。**
  - ➢ 参数为 m，指定缩放的模式，取值范围有以下 5 种。
    - ◆ lfit（默认值）。等比缩放，缩放图限制为指定 w 与 h 的矩形框内的最大图片。
    - ◆ mfit。等比缩放，缩放图为延伸出指定 w 与 h 的矩形框外的最小图片。
    - ◆ fill。将原图等比缩放为延伸出指定 w 与 h 的矩形框外的最小图片，之后将超出的部分进行居中裁剪。
    - ◆ pad。将原图等比缩放为指定 w 与 h 的矩形框内的最大图片，之后使用指定颜色居中填充空白部分。
    - ◆ fixed。固定宽高，强制缩放。
  - ➢ 参数为 w，指定目标缩放图的宽度，取值范围为[1,4096]。
  - ➢ 参数为 h，指定目标缩放图的高度，取值范围为[1,4096]。
  - ➢ 参数为 l，指定目标缩放图的最长边，取值范围为[1,4096]。
  - ➢ 参数为 s，指定目标缩放图的最短边，取值范围为[1,4096]。
  - ➢ 参数为 limit，指定当目标缩放图大于原图时是否进行缩放。取值范围为 0/1。1（默认值）表示不按指定参数进行缩放直接返回原图，0 表示按指定参数进行缩放。
  - ➢ 参数为 color，当缩放模式为 pad（缩放填充）时，可以设置填充的颜色。取值为 RGB 颜色值。例如，000000 表示黑色，FFFFFF 表示白色。其中，默认值为 FFFFFF（白色）。

- **按比例缩放。**
  - ➢ 参数为 p，按百分比缩放图片。取值范围为[1,1000]，小于 100 为缩小，大于 100 为放大。

例如，将原图缩放 50%，处理参数为"resize,p_50"，图片处理的访问路径如下。

桶访问路径/example.jpg?x-oss-process=image/resize,p_50

3．内切圆

对象存储 OSS 支持将图片处理成内切圆（circle），该功能需要指定内切圆的半径。使用内切圆操作，参数为 r（内切圆的半径），取值范围为[1,4096]。

例如，内切圆裁剪半径为 100，处理参数为"circle,r_100"，图片处理的访问路径如下。

桶访问路径/example.jpg?x-oss-process=image/circle,r_100

4．自定义裁剪

OSS 支持在原图上裁剪指定大小的矩形图片，使用自定义裁剪（crop）操作，原图支持以下参数。

- **参数为 w**，指定裁剪宽度。取值范围为[0,图片宽度]，默认为最大值（图片宽度）。
- **参数为 h**，指定裁剪高度。取值范围为[0, 图片高度]，默认为最大值（图片高度）。
- **参数为 x**，指定裁剪起点横坐标（默认左上角为原点），取值范围为[0,图片边界]。
- **参数为 y**，指定裁剪起点纵坐标（默认左上角为原点），取值范围为[0,图片边界]。
- **参数为 g**，设置裁剪的原点位置（原点按照九宫格的形式分布，一共有 9 个位置可以设置，为每个九宫格的左上角顶点），取值范围：nw（左上）、north（中上）、ne（右上）、west（左中）、center（中部）、east（右中）、sw（左下）、south（中下）、se（右下）。

例如，从图片(100,50)开始，裁剪至图片边界。处理参数为"crop,x_100,y_50"（裁剪时默认使用 w 和 h 的最大值，所以可省略参数 w 和 h），图片处理的访问路径如下。

桶访问路径/example.jpg?x-oss-process=image/crop,x_100,y_50

5．索引切割

OSS 支持将原图按指定大小分割，并截取需要的图片。使用索引切割（indexcrop）操作，原图支持以下参数。

- **参数为 x**，指定在 x 轴切割出的每块区域的长度，取值范围为[1,图片宽度]。
- **参数为 y**，指定在 y 轴切割出的每块区域的长度，取值范围为[1,图片高度]。
- **参数为 i**，选择切割后返回的图片区域。取值范围为[0,区域数]，默认 0 表示第一块。

例如，按 x 轴切割图片，并选取切割后的第 1 块区域，处理参数为"indexcrop,x_100，i_0"，图片处理的访问路径如下。

桶访问路径/example.jpg?x-oss-process=image/indexcrop,x_100,i_0

6. 圆角矩形

OSS 支持将矩形图片的 4 个角切成圆角，使用圆角矩形（rounded-corners）操作，参数为 r（表示圆角的半径），取值范围为[1,4096]。

例如，使用 30 像素的裁剪圆角半径裁剪，处理参数为"rounded-corners,r_30"，图片处理的访问路径如下。

桶访问路径/example.jpg?x-oss-process=image/rounded-corners,r_30

7. 自适应方向

OSS 支持将原图按自适应方向（auto-orient）旋转，使用自适应方向操作，参数为 value（指定图片是否进行自适应旋转），取值范围为 0/1。0 表示保持原图方向不进行自适应旋转，1 表示将图片进行自适应旋转。

例如，将图片进行自适应旋转，处理参数为"auto-orient,1"，图片处理的访问路径如下。

桶访问路径/example.jpg?x-oss-process=image/ auto-orient,1

8. 旋转

OSS 支持将原图按指定方向旋转（rotate），使用旋转操作，参数为 value（图片按顺时针旋转的角度），取值范围为[0,360]，默认值为 0，表示不旋转。

例如，将原图按顺时针旋转 90°，处理参数为"rotate,90"，图片处理的访问路径如下。

桶访问路径/example.jpg?x-oss-process=image/rotate,90

9. 模糊

OSS 支持将原图增加模糊（blur）效果，使用模糊操作，原图支持以下参数。

- **参数为 r**，设置模糊半径。取值范围为[1,50]，该值越大，图片越模糊。
- **参数为 s**，设置正态分布的标准差。取值范围为[1,50]，该值越大，图片越模糊。

例如，将图片进行半径为 3、标准差为 2 的模糊处理，处理参数为"blur,r_3,s_2"，图片处理的访问路径如下。

桶访问路径/example.jpg?x-oss-process=image/blur,r_3,s_2

10．亮度

OSS 支持将原图增加亮度（bright）效果，使用亮度操作，参数为 value（指定图片的亮度），取值范围为[-100, 100]。取值＜0 表示降低图片亮度，取值=0 表示不调整图片亮度，取值＞0 表示提高图片亮度。

例如，将图片亮度提高 50，处理参数为"bright,50"，图片处理的访问路径如下。

桶访问路径/example.jpg?x-oss-process=image/bright,50

11．锐化

OSS 支持提高原图的清晰度，使用锐化（sharpen）操作，参数为 value（设置锐化效果的强度），取值范围为[50,399]，取值越大，图片越清晰，但过大的值可能会导致图片失真，为达到较优效果，推荐取值为 100。

例如，对原图进行锐化处理，锐化参数为 100，处理参数为"sharpen,100"，图片处理的访问路径如下。

桶访问路径/example.jpg?x-oss-process=image/sharpen,100

12．对比度

OSS 支持调整原图的对比度（contrast），使用对比度操作，参数为 value（指定图片的对比度），取值范围为[-100,100]。取值＜0 表示降低图片对比度，取值=0 表示维持原图对比度，取值＞0 表示提高图片对比度。

例如，将图片对比度降低 50，处理参数为"contrast,-50"，图片处理的访问路径如下。

桶访问路径/example.jpg?x-oss-process=image/contrast,-50

13．渐进显示

OSS 支持原图按渐进方式显示，使用渐进显示（interlace）操作，参数为 value（指定渐进显示方式），取值范围为 0/1，取值为 1 表示先模糊后逐渐清晰（特别适合网络环境比较差的场景），取值为 0 表示不用渐进显示（采用普通方式显示，即自上而下的扫描式）。

例如，将 example.jpg 图片按渐进方式显示，处理参数为"interlace,1"，图片处理的访问路径如下。

桶访问路径/example.jpg?x-oss-process=image/format,jpg/interlace,1

14．质量变换

OSS 支持修改原图的质量（修改图片质量可以改变图片大小），使用质量变换（quality）操作，原图支持以下参数。

- **参数为 q**，设置图片的相对质量，对原图按百分比进行质量压缩，取值范围为[1,100]。
- **参数为 Q**，设置图片的绝对质量，将原图质量压缩至 Q%，如果原图质量小于指定参数值，则按照原图质量重新进行压缩，取值范围为[1,100]。

例如，将图片相对质量设置为 80%，处理参数为"quality,q_80"，图片处理的访问路径如下。

桶访问路径/example.jpg?x-oss-process=image/ quality,q_80

15．格式转换

OSS 支持将图片格式进行转换，使用格式转换（format）操作，原图支持图片格式的参数有 jpg、png、webp、bmp、gif、tiff。

例如，将 example.gif 动图转换为 PNG 格式，处理参数为"format,png"，图片处理的访问路径如下。

桶访问路径/example.gif?x-oss-process=image/format,png

16．图片水印

OSS 支持给图片文件增加水印（watermark）文字或图片，使用图片水印操作，原图支持以下参数。

- **参数为 t**，指定水印文字或图片的透明度。取值范围为[0,100]，默认值为 100，表示透明度为 100%（不透明）。
- **参数为 g**，指定水印在图片中的位置。取值范围为九宫格：nw（左上）、north（中上）、ne（右上）、west（左中）、center（中部）、east（右中）、sw（左下）、south（中下）、

se（右下）。

- **参数为 x**，指定水印的水平边距，即水印与图片边缘的水平距离。取值范围为[0,4096]，默认值为 10，单位是像素（px）。
- **参数为 y**，指定水印的垂直边距，即水印与图片边缘的垂直距离。取值范围为[0,4096]，默认值为 10，单位是像素（px）。
- **参数为 voffset**，指定水印的中线垂直偏移。取值范围为[-1000,1000]，默认值为 0，单位是像素（px）。

而对于需要添加的水印文字、水印图片、图文混合水印 3 种方式，分别支持如下的参数。

- 水印图片。
  - ➢ 参数为 image，指定作为水印图片的完整对象名称，该名称需进行 Base64 编码。取值范围为 Base64 编码后的字符串。例如，如果水印图片的对象为存储空间内 image 目录下的 panda.png，那么需要编码的内容为 image/panda.png，编码后的字符串为 aW1hZ2UvcGFuZGEucG5n。
  - ➢ 参数为 p，指定水印图片按照主图的比例进行缩放，取值为缩放的百分比。例如，设置参数值为 10，如果主图大小为 100×100，则水印图片大小就为 10×10，取值范围为[1,100]。
- 水印文字。
  - ➢ 参数为 text，指定文字水印的文字内容，文字内容需进行 Base64 编码。取值范围为 Base64 编码后的字符串，最大长度为 64 个字符（最多 21 个汉字）。
  - ➢ 参数为 type，指定文字水印的字体，字体名称需进行 Base64 编码。取值范围为 Base64 编码后的支持字体及字体编码，默认值为 wqy-zenhei（编码后的值为 d3F5LXplbmhlaQ）。
  - ➢ 参数为 color，指定文字水印的文字颜色，参数值为 RGB 颜色值。取值范围为 RGB 颜色值。例如，000000 表示黑色（默认值），FFFFFF 表示白色。
  - ➢ 参数为 size，指定文字水印的文字大小。取值范围为[0,1000]，默认值为 40，单位是像素。
  - ➢ 参数为 shadow，指定文字水印的阴影透明度。取值范围为[0,100]，默认值为 0，表示没有阴影。
  - ➢ 参数为 rotate，指定文字顺时针旋转角度。取值范围为[0,360]，默认值为 0，表示不旋转。
  - ➢ 参数为 fill，指定是否将文字水印铺满原图。取值范围为 0/1，1 表示将文字水印铺满原图，0（默认值）表示不将文字水印铺满原图。

- 图文混合水印。
  - ➢ 参数为 order，指定文字水印和图片水印的前后顺序。取值范围为 0/1，0（默认值）表示图片水印在前，1 表示文字水印在前。
  - ➢ 参数为 align，指定文字水印和图片水印的对齐方式。取值范围为 0/1/2，0 表示文字水印和图片水印上对齐，1 表示文字水印和图片水印中对齐，2（默认值）表示文字水印和图片水印下对齐。
  - ➢ 参数为 interval，指定文字水印和图片水印间的间距。取值范围为[0,1000]，默认值为 0，单位是像素。

例如，为原图 example.jpg 添加水印图片 panda.png，水印图片透明度为 90%（t_90），水印图片位于主图的右下方、水平边距为 10、中线垂直偏移为 10（g_se,x_10,y_10），所以处理参数为 "watermark, image_cGFuZGEucG5n（cGFuZGEucG5n 是 panda.png 进行 Base64 编码后的值），t_90,g_se,x_10,y_10"，图片处理的访问路径如下。

桶访问路径/example.jpg?x-oss-process=image/watermark,image_cGFuZGEucG5n,t_90,g_se,x_10,y_10

例如，为原图 example.jpg 添加水印文字 "Hello World"（text_SGVsbG8gV29ybGQ），水印文字字体为文泉驿正黑（type_d3F5LXplbmhlaQ），水印文字颜色为白色，字体大小为 30（color_FFFFFF,size_30），文字阴影透明度为 50%（shadow_50），水印文字位置为右下、水平边距为 10、中线垂直偏移为 10（g_se,x_10,y_10），图片处理的访问路径如下。

桶访问路径/example.jpg?x-oss-process=image/watermark, text_SGVsbG8gV29ybGQ,type_d3F5LXplbmhlaQ,size_30, color_FFFFFF, shadow_50,t_100,g_se, x_10,y_10

17．获取图片主色调

OSS 支持获取图片主色调（average-hue），使用获取图片主色调操作，返回 0xRRGGBB 格式的色调信息（RR、GG、BB 都是十六进制数，表示红、绿、蓝三种颜色）。

例如，获取某示例图片主色调，处理参数为 "average-hue"，图片处理的访问路径如下。

桶访问路径/example.jpg?x-oss-process=image/average-hue

该请求返回的平均色调信息为 0x5c783b，对应的颜色为 RGB（92,120,59）。

18．获取图片信息

OSS 支持获取图片信息（info），如 EXIF 信息。使用获取图片信息操作，可返回详细信息。

例如，获取某示例图片信息，处理参数为"info"，图片处理的访问路径如下。

桶访问路径/example.jpg?x-oss-process=image/info

该请求返回原图如下详细信息。

```
{
  "Compression": {"value": "6"},
  "DateTime": {"value": "2015:02:11 15:38:27"},
  "ExifTag": {"value": "2212"},
  "FileSize": {"value": "23471"},
  "Format": {"value": "jpg"},
  "GPSLatitude": {"value": "0deg "},
  "GPSLatitudeRef": {"value": "North"},
  "GPSLongitude": {"value": "0deg "},
  "GPSLongitudeRef": {"value": "East"},
  "GPSMapDatum": {"value": "WGS-84"},
  "GPSTag": {"value": "4292"},
  "GPSVersionID": {"value": "2 2 0 0"},
  "ImageHeight": {"value": "333"},
  "ImageWidth": {"value": "424"},
  "JPEGInterchangeFormat": {"value": "4518"},
  "JPEGInterchangeFormatLength": {"value": "3232"},
  "Orientation": {"value": "7"},
  "ResolutionUnit": {"value": "2"},
  "Software": {"value": "Microsoft Windows Photo Viewer 6.1.7600.16385"},
  "XResolution": {"value": "96/1"},
  "YResolution": {"value": "96/1"}
}
```

19. 图片处理模板

OSS 支持丰富的图片处理操作，而且操作可以进行组合（可以既做缩放、又做水印），从而导致参数很多而且很长。为了易于用户使用，对象存储 OSS 的图片处理还支持模板化，将各种处理组合保存为模板，后续使用时直接采用模板名，从而提升效率。

首先，登录对象存储 OSS 控制台并创建样式（style，模板），步骤如下。

步骤 1，选择"Bucket 列表"选项，之后单击目标 Bucket 名称。

步骤 2，单击"数据处理"→"图片处理"→"新建样式"命令。

步骤 3，在"新建样式"面板配置样式，可以使用基础编辑和高级编辑两种方式。

- **基础编辑**。按照系统列出的图片处理参数选择需要的图片处理方式，如缩放图片、添加水印、修改图片格式等。
- **高级编辑**。URL 中使用的操作和参数编辑图片处理方式，格式为"image/action1, parame_value1/action2, parame_value2/"等。例如，"image/resize,p_63/quality, q_90"表示先将图片缩放到原图的 63%，再设置图片相对质量为 90%，将该样式保存为 small。

创建好<StyleName>样式，并组合 style 模板的操作，就可以构建样式的访问格式。

桶访问路径/ObjcetName?x-oss-process=style/<StyleName>

例如，将原图 example.jpg 按照 small 样式进行图片处理，处理参数为"style/small"，图片处理的访问路径如下。

桶访问路径/example.jpg?x-oss-process=style/small

20．图片处理结果的持久化

图片处理的 URL 可以在浏览器中直接查看，但是并未持久化。为了满足图片处理持久化保存、以便于后续使用的需求，OSS 提供了图片处理结果持久化保存的功能。该功能使用图片处理结果的持久化（saveas）操作，支持如下参数。

- **参数为 o**，持久化保存的目标文件名称，参数需经过 URL Safe 的 Base64 编码。
- **参数为 b**，持久化保存的目标存储空间名称，参数需经过 URL Safe 的 Base64 编码。

例如，将目标图片缩放之后保存到名称为 test 的存储空间，文件名称为 test.jpg。处理参数为"sys/saveas,o_dGVzdC5qcGc,b_dGVzdA"，基于 POST 的请求如下。

```
POST /ObjectName?x-oss-process HTTP/1.1
Host: oss-example.oss.aliyuncs.com
Content-Length: 247
Date: Fri, 04 May 2012 03:21:12 GMT
Authorization: OSS qn6qrrqxo2oawuk53otf****:KU5h8YMUC78M30dXqf3JxrT****=
x-oss-process=image/resize,w_100|sys/saveas,o_dGVzdC5qcGc,b_dGVzdA
```

其中，"dGVzdC5qc"是 test.jpg 的 Base64 编码，"dGVzdA"是 test 的 Base64 编码。

21．图片处理的原图保护

结合静态网站托管功能，OSS 将存储空间中的网页和图片配置为"公共访问"权限，从而让互联网所有用户访问。为了保护图片的版权，常常使用图片水印功能，但因为存储空间的权限为公共访问，所以用户修改 URL 就能够访问到原图，从而导致原图被访问、无法有效保护版权。

为了解决该问题，对象存储 OSS 推出图片处理的原图保护功能，如图 10-15 所示。

图 10-15　图片处理的原图保护

登录对象存储 OSS 控制台，选择"Bucket 列表"选项并单击目标 Bucket 名称。然后，单击"数据处理"→"图片处理"→"访问设置"命令，就可以在图形界面中设置相关参数。

- **原图保护**。开启原图保护后，图片文件只能通过传入 stylename 和带签名的方式访问，将禁止直接访问 OSS 原文件或传入图片参数修改图片样式的访问。
- **原图保护后缀**。设置被保护的原图后缀，只有带有所设置后缀的原图，才会被保护。例如：将此参数设置为 jpg，依然可以直接访问除.jpg 后缀以外（如.png）的原图。
- **自定义分隔符**。选中指定的分隔符之后，图片处理服务会将分隔符后的内容作为样式名称处理。目前仅支持短划线（-）、下划线（_）、正斜线（/）、感叹号（!）。

配置成功后，"bucket.<endpoint>/object?x-oss-process=style/<StyleName>"将返回成功；而"bucket.<endpoint>/object"尽管为公共访问权限，也将返回失败。

10.4.3　原生视频处理

对象存储 OSS 支持对视频编码格式为 H264 的视频文件进行截帧，使用 video 类中的快照（snapshot）操作，支持如下参数。

- **参数为 t**，指定截图时间。取值范围为[0,视频时长]，单位为毫秒。
- **参数为 w**，指定截图宽度。取值范围为[0,视频宽度]，单位为像素。
- **参数为 h**，指定截图高度。取值范围为[0,视频高度]，单位为像素。
- **参数为 m**，指定截图模式。取值范围为不指定/fast，不指定（默认模式）表示根据时间精确截图，fast 表示则截取该时间点之前的最近一个关键帧。

- **参数为 f**，指定输出图片的格式。取值范围为 jpg/png。
- **参数为 ar**，指定是否根据视频信息自动旋转图片。取值范围为不指定/auto，不指定（默认模式）表示不旋转，auto 则会在截图生成后根据视频旋转信息自动旋转。

例如，为存储空间 video-demo 的视频 example.mp4 使用 fast 模式截取视频 7s 处的内容，输出为 JPG 格式的图片，宽度为 800，高度为 600。处理参数为 "video/snapshot, t_7000, f_jpg, w_800, h_600, m_fast"，视频处理的访问路径如下。

桶访问路径/example.mp4?x-oss-process=video/snapshot,t_7000,f_jpg,w_800,h_600,m_fast

10.4.4　集成数据处理

对象存储 OSS 能够与 IMM 深度结合，支持文档预览、人脸识别、图片识别等丰富的数据分析处理操作。

1．使用介绍

希望在对象存储 OSS 中使用 IMM 功能，首先要开通 IMM 服务并进行授权，然后在对象存储 OSS 控制台选择计划开通该功能的目标存储空间，找到"智能媒体"页签。在可选的 IMM 三个功能"文档预览""人脸识别""图片识别"中，选择"绑定"选项即可。

绑定 IMM 功能成功后，在对象存储 OSS 控制台就可直接使用高级功能。由于集成的 IMM 云服务在不断发布新功能，因此对象存储 OSS 控制台也会提供更多新功能。集成的智能媒体处理功能介绍如图 10-16 所示。

图 10-16　集成的智能媒体处理功能介绍

2．文档预览

对于 PPT、XLS、DOC、PDF 格式的文档，通常需要安装对应的软件才能预览。此时，既占用资源、又存在兼容性问题，而且部分文档还需要昂贵的 License 费用。为了解决该问题，OSS 整合 IMM 的文档在线预览功能，直接在浏览器中查看文档，无须安装任何软件，兼容主流的浏览器，按需支付预览费用，从而为文档的内容查看提供了利器。文档预览原理如图 10-17 所示。文档预览流程如下。

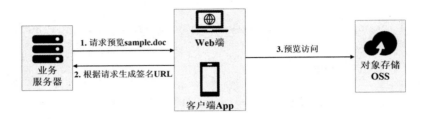

图 10-17　文档预览原理

（1）客户端（Web 端或客户端 App）向服务端发起预览请求，并提供要预览的文件名。

（2）服务端（业务服务器）根据请求文件进行 URL 签名，将签名完成的 URL 提供给客户端。同时，服务端在云端将原文档渲染为浏览器可预览格式。

（3）客户端拿到签名后，直接访问 OSS 查看文件。

对象存储 OSS 支持文档预览时，使用 imm 类中的文档预览（previewdoc）操作，参数为 copy，取值范围为 0/1，值为 1 表示支持在浏览器中复制内容，值为 0 表示不支持复制（可以更好地保护文档不被复制）。

例如，预览存储空间 doc-demo 中的文档 example.docx，处理参数为"imm/previewdoc，copy_1"，文档预览的访问路径如下。

桶访问路径/example.docx?x-oss-process=imm/previewdoc,copy_1

3．人脸识别

OSS 集成图片 AI 技术，检测图片中的人脸矩形框和属性。如果图片有多张人脸，则会把多张人脸的矩形框和属性都检测出来。基于这些元数据，可以应用于年龄、性别的统计。此时，使用 imm 类中的人脸识别（detectface）操作，无须额外的参数。

例如，请求将存储空间 image-demo 中的 person.jpg 图片进行人脸识别，处理参数为"imm/detectface"，人脸识别的访问路径如下。

桶访问路径/person.jpg?x-oss-process=imm/detecface

该请求会返回人脸矩形框描述，它包含 4 个值，分别为左上角纵坐标、左上角横坐标、宽度、高度。人脸属性包含 6 个值，分别为性别、年龄、人脸头部姿势、眼睛状态、人脸模糊度、人脸质量。

```
{
    "Faces":[
        {
            "Age":29,                                       //年龄
            "Attractive":0.95,
            "Emotion":"HAPPY",                              //表情
            "EmotionConfidence":0.9875330924987793,         //表情置信度
            "EmotionDetails":{                              //表情细节
                "ANGRY":0.00016857109585544094,
                "CALM":0.012278525158762932,
                "DISGUSTED":0.000012325451280048583,
                "HAPPY":0.9875330924987793,
                "SAD":0.0000388074986403808,
                "SCARED":0.0000006888585176056949,
                "SURPRISED":0.00005436393257 6961815
            },
            "FaceAttributes":{                              //人脸属性
            "Beard":"NONE",
            "BeardConfidence":1,
            "FaceBoundary":{                                //人脸矩形框
                "Height":928,                               //左上角纵坐标
                "Left":607,                                 //左上角横坐标
                "Top":628,                                  //宽度
                "Width":894                                 //高度
            },
            "Glasses":"NONE",
            "GlassesConfidence":1,
            "Mask":"NONE",
            "MaskConfidence":0.9999999403953552,
            "Race":"YELLOW",
            "RaceConfidence":0.598323404788971
            },
            "FaceConfidence":0.9704222083091736,            //人脸置信度
```

```
"FaceId":"4199e1985b6d3bb075f0994c82e6d2fd82a274c11ce183e1fdb222dd3aa8c7ce",
            "Gender":"MALE",                                    //性别
            "GenderConfidence":1,                               //性别置信度
         }
      ],
      "ImageUri":"oss://image-demo/person.jpg",
      "RequestId":"5C3D854A3243A93A275E9C99",
      "httpStatusCode":200,
      "success":true
   }
```

4. 图片识别

OSS 集成图片 AI 技术，检测图片中内容的标签，如自然景观、灾难场景、建筑、交通工具等。基于标签可以将图片分类，从而实现基于标签的图片相册。此时，使用 imm 类中的图片识别（tagimage）操作无须额外的参数。

例如，请求对存储空间 imm-demo 中的 image.jpg 文件进行图片识别，从而处理参数为“imm/tagimage”，图片识别的访问路径如下。

桶访问路径/image.jpg?x-oss-process=imm/tagimage

该请求会返回识别的分级标签信息，如下所示。

```
   {
      "ImageUri":"oss://image-demo/example.jpg",
      "RequestId":"5C3D858E530E23D52CA0ED09",
      "Tags":[
         {
            "TagConfidence":0.2999534606933594,    //标签置信度
            "TagLevel":1,                          //标签级别，1 表示顶级
            "TagName":"自然景观"                   //标签名称
         },
         {
            "ParentTagName":"自然景观",            //上级标签名称
            "TagConfidence":0.2999534606933594,    //标签置信度
            "TagLevel":2,                          //标签级别，2 表示第二级
            "TagName":"夜晚"                       //标签名称，夜晚是自然景观的下级标签
         }
```

```
    ],
    "httpStatusCode":200,
    "success":true
}
```

10.5　应用场景最佳实践

对象存储 OSS 针对数据迁移、数据备份与容灾、数据直传、数据处理与分析、音视频转码等应用领域提供最佳实践，帮助企业更加高效地使用 OSS，满足业务需求。本节挑选 5 个应用场景重点介绍，从而使读者更好地理解对象存储在解决方案层面如何更好地支撑业务。

10.5.1　随机化对象名前缀

对象存储需要支持对象的遍历（ListObjects）操作，而且按照对象名的字典序（如 a,b,c,…顺序）返回结果。因此，需要将对象名按顺序组织起来保存，以便于更好地支持遍历操作。

由于对象存储管理了海量的对象，为了提供扩展性，常常采用 Range ParHtion（按前缀分区）方式管理对象，从而技术上支持将对象名分散到更多分区，以提供更高的请求处理能力。

但是，应用设计时常常简单粗暴地选择顺序前缀（如时间戳或字母顺序）来作为对象名。当应用的请求量出现爆炸式增长时，比如百万人在一秒内同时上传视频，将会集中在某个时间戳前缀上产生百万对象，从而对象存储在该时间戳的分区上要处理百万/秒的请求，导致该分区出现请求热点，此时可能会出现请求超时、业务挂住等严重问题。

为了解决热点问题，就要消除对象名中的顺序前缀。可以在对象名前缀中引入某种随机性，从而让对象索引（及 I/O 负载）均匀分布在多个分区，建议使用以下 2 种随机化方案。

- **哈希前缀**。原有方式使用日期与客户 ID 生成对象名，该对象名会包含如下的顺序时间戳前缀。

```
sample-bucket-01/2017-11-11/customer-1/file1
...
sample-bucket-01/2017-11-12/customer-2/file4
```

此时，可以对客户 ID 计算哈希（MD5），并取若干字符的哈希前缀作为对象名前缀。假如取 4 个字符的哈希前缀，结果如下。

```
sample-bucket-01/2c99/2017-11-11/customer-1/file1
```

```
...
sample-bucket-01/7a01/2017-11-12/customer-2/file4
```

通过固定字段的哈希生成对象名，应用在读/写时也很方便地构造对象名，同时也将海量对象分散到更多分区，从而得到极佳的性能和扩展性。

- **反转对象名**。原有方式使用毫秒精度的 Unix 时间戳生成对象名，该命令方式同样属于顺序前缀。

```
sample-bucket-02/1513160001245.log
...
sample-bucket-02/1513160002153.log
```

此时，可以通过反转时间戳前缀来避免对象名包含顺序前缀，反转后结果如下。

```
sample-bucket-02/5421000613151.log
...
sample-bucket-02/3512000613151.log
```

由于对象名中的前 3 位数字代表毫秒时间，会有 1000 种取值。而第 4 位数字，每 1s 就会改变一次。同理第 5 位数字每 10s 就会改变一次。依此类推，反转对象名后，极大地增强了前缀的随机性，从而将负载压力均匀地分摊在各个分区上，避免出现性能瓶颈。

10.5.2　网页上传数据

基于 Web 端上传数据，常见方法是用户利用浏览器上传文件到应用服务器（图 10-18 中的业务服务器），应用服务器再把文件上传到对象存储 OSS，具体流程如图 10-18 所示，该方案有以下 3 个缺点。

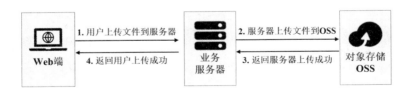

图 10-18　网页上传文件的流程

- **上传慢**。用户数据需先上传到应用服务器，再上传到 OSS。如果用户数据不通过应用服务器中转，而是直传到 OSS，速度将大大提升。
- **扩展性差**。如果后续用户增多，应用服务器会成为瓶颈。
- **费用高**。需要支付多台应用服务器的费用，如果数据直接传送到 OSS，不通过应用服务器，那么将能节约成本。

通过数据直传 OSS 实现性能和成本的优化，常见有以下 3 种网页直传方法。

- 利用 **OSS Browser.js SDK 将文件上传到 OSS**。在网络条件不好的状况下，还可以通过断点续传的方式上传大文件。
- 使用**表单上传方式将文件上传到 OSS**。利用 OSS 提供的 PostObject 接口，使用表单上传方式将文件上传到 OSS。
- 通过**小程序上传文件到 OSS**。例如，微信小程序和支付宝小程序等利用 OSS 提供的 PostObject 接口来实现表单上传。

1. 支付宝小程序直传

小程序是当下比较流行的移动应用，如支付宝小程序、微信小程序。小程序是一种全新的开发模式，无须下载和安装，为终端用户提供更优的用户体验。小程序上传文件到 OSS 是利用 OSS 的 PostObject 接口来实现的表单文件上传，它分为以下 3 步。

步骤 1，配置 Bucket 跨域访问。网页直传 OSS 类似于网站的跨域访问，需要在 OSS 侧配置跨域访问（Cross-Origin Resource Sharing，CORS）。登录对象存储 OSS 控制台后，选择目标 Bucket 名称并单击"权限管理"→"跨域设置"命令，然后在"设置"中"创建规则"，设置好关键的"允许来源为*（或需要的域名）、允许 Method 为 POST"，详细配置细节参考官网设置跨域访问。

步骤 2，获取直传 OSS 的签名，可以通过以下两种方式生成签名。

- 服务端提供签名 **URL**。服务端先搭建签名服务，然后客户端向服务端申请直传 OSS，服务端根据上传文件大小设置好上传超时时间，并生成带有签名的 URL，再将签名 URL 返回给客户端。从而客户端就可以在给定的超时时间内直传指定的文件。
- 客户端获取**临时安全令牌（STS）并签名请求**。服务端先搭建 STS 服务，然后客户端向服务端申请直传 OSS，此时服务端调用 STS 生成临时账号，再将它返回给客户端。从而客户端使用 STS 生成签名（Signature）并上传文件。

步骤 3，支付宝小程序上传。例如，采用 STS 直传 OSS 的代码示例如下。

```
const host = '<host>';           //访问域名
const signature = '<signatureString>';   //步骤 2 中返回 STS 后计算的签名
const ossAccessKeyId = '<accessKey>';    //步骤 2 中返回的 STS 字段
const policy = '<policyBase64Str>';      //控制直传 OSS 的策略
const securityToken = '<x-oss-security-token>'; //步骤 2 中返回的 STS 字段
const key = '<object name>'
```

```
my.chooseImage({
```

```
    chooseImage: 1,
    success: res => {
      const path = res.apFilePaths[0];
      my.uploadFile({
          url: host,
          fileType: 'image',
          fileName: 'file',
          filePath: path,
          formData: {
              key,
              policy,
              OSSAccessKeyId: ossAccessKeyId,
              signature,
              success_action_status: '200',
              // 'x-oss-security-token': securityToken //使用 STS 签名时必传
          },
          success: (res) => {
              //默认上传成功状态码为 204，此处被 success_action_status 设置为 200
              if (res.statusCode === 200) {
                console.log('上传成功');
              }
              my.alert({ content: 'success info: ' + res.data });
          },
          fail: err => {
            console.log(err);
          }
      });
    }
});
```

2. 微信小程序直传

微信小程序上传文件到 OSS 与支付宝小程序上传文件到 OSS 类似，也分为以下 3 步。

步骤 1，配置存储空间跨域访问。

步骤 2，获取直传对象存储 OSS 的签名。

步骤 3，微信小程序上传。例如，采用 STS 直传 OSS 的代码示例如下。

```
const host = '<host>';              //访问域名
const signature = '<signatureString>';   //步骤 2 中返回 STS 后计算的签名
const ossAccessKeyId = '<accessKey>';    //步骤 2 中返回的 STS 字段
const policy = '<policyBase64Str>';        //控制直传 OSS 的策略
const securityToken = '<x-oss-security-token>'; //步骤 2 中返回的 STS 字段
const key = '<object name>'
const filePath = '<filePath>';          //待上传文件的文件路径
wx.uploadFile({
  url: host,                        //开发者服务器的 URL
  filePath: filePath,
  name: 'file',                     //必须填 file
  formData: {
    key,
    policy,
    OSSAccessKeyId: ossAccessKeyId,
    signature,
    // 'x-oss-security-token': securityToken //使用 STS 签名时必传
  },
  success: (res) => {
    if (res.statusCode === 204) {
      console.log('上传成功');
    }
  },
  fail: err => {
    console.log(err);
  }
});
```

10.5.3　移动应用上传数据

对于 Android/iOS 移动应用来说，只需要申请一次 STS 凭证，就能多次使用该 STS 凭证上传数据到对象存储 OSS。该方案让数据上传更高效，但由于数据路径不通过应用服务器（图 10-19 中的业务服务器），应用服务器无法得知用户上传的文件信息。因此，App 开发者将无法对应用上传数据进行跟踪管理。

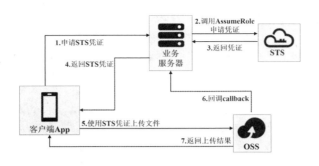

图 10-19 移动应用直传的流程

为了解决此问题，OSS 提供了上传回调方案用于移动应用直传。OSS 在收到 Android/iOS 移动应用的数据（图 10-19 中步骤 5）和在返回客户端 App 上传结果（图 10-19 中步骤 7）之间，触发一个上传回调任务（图 10-19 中步骤 6）先回调业务服务器，得到业务服务器返回的内容，然后将此内容返回给 Android/iOS 移动应用，从而让业务服务器能够跟踪上传文件。

1．上传回调信息

通过上传回调功能，可让用户的业务服务器知道当前上传文件的基本信息，它包含如下信息。

- **bucket**，移动应用上传文件到 OSS 的指定存储空间。
- **object**，移动应用上传文件到 OSS 后保存的文件名。
- **etag**，该上传的文件的 etag，即返回给用户的 etag 字段。
- **size**，上传文件的大小。
- **mimeType**，资源类型。
- **imageInfo**，图片信息，包括 imageInfo.height（图片高度）、imageInfo.width（图片宽度）、imageInfo.format（图片格式，如 jpg、png 等）。

通过上传回调传输自定义参数，可以达到信息传递的目的。例如，作为开发者如果希望知道当前用户所使用的 App 版本、当前用户所在的操作系统版本、用户的 GPS 信息、用户的手机型号，那么可以在 Android/iOS 端上传文件时，指定以下自定义参数。

- **x:version**，指定 App 版本。
- **x:system**，指定操作系统版本。
- **x:gps**，指定 GPS 信息。
- **x:phone**，指定手机型号。

Android/iOS 移动应用上传文件到 OSS 时附带上述参数，然后 OSS 把这些参数放到

CallbackBody 里发给应用服务器，从而就能达到给应用服务器传递信息的目的。

2．上传回调对应用服务器的要求

应用服务器必须有公网地址并能接收 POST 请求，如 www.abc.com/callback.php 或 11.22.33.44/callback.php。必须能给 OSS 正确的响应，返回格式必须是 JSON（内容自定义），OSS 会把应用服务器返回的内容再返回给 Android/iOS 移动应用。

3．上传回调实践

步骤 1，在移动应用端设置上传回调。移动应用在构造上传请求时，必须把以下内容指定到上传请求里面。

- 回调服务器（**callbackUrl**）信息。例如，回调服务器信息为 example.com/callback.php，其中地址"example.com"必须公网能访问。
- 上传回调给应用服务器的内容（**callbackBody**），即指定 OSS 提供给应用服务器的变量，如 bucket、object、size。如下是 iOS 指定上传回调的示例。

```
OSSPutObjectRequest * request = [OSSPutObjectRequest new];
request.bucketName = @"<bucketName>";
request.objectKey = @"<objectKey>";
request.uploadingFileURL = [NSURL fileURLWithPath:@<filepath>"];
//设置回调参数
request.callbackParam = @{
    @"callbackUrl": @"example.com/callback.php",
    @"callbackBody":
@"filename=${object}&size=${size}&photo=${x:photo}&system=${x:system}"
    };
//设置自定义变量
request.callbackVar = @{
    @"x:phone": @"iphone6s",
    @"x:system": @"ios9.1"
    };
```

步骤 2，应用服务器收到回调请求。根据不同的请求 URL 和回调内容，应用服务器收到的回调请求会有所不同，如下是上传 5 字节的 test.txt 文件的示例。

```
POST /index.html HTTP/1.0
Host: 121.43.113.8
Connection: close
Content-Length: 81
```

```
Content-Type: application/x-www-form-urlencoded
User-Agent: ehttp-client/0.0.1
authorization:kKQeGTRccDKyHB3H9vF+xYMSrmhMZjzzl2/kdD1ktNVgbWE****G0G2SU/Ra
HBovRCE8OkQDjC3uG33esH2txA==
x-oss-pub-key-url:
aHR0cDovL2dvc3NwdWJsaWMuYWxpY2RuLmNv****YWxsYmFja19wdWJfa2V5X3YxLnBlbQ==
filename=test.txt&size=5&photo=iphone6s&system=ios9.1
```

10.5.4 基于对象存储的大数据分析

对象存储 OSS 可以作为大数据分析的数据存储平台，支持丰富的数据分析应用，如阿里云的 MaxCompute、DataLakeAnalytics、HDP（Hortonworks Data Platform）2.6 Hadoop 平台、CDH 平台、Impala、Spark 等。

本节重点讲解 Spark 使用 OSS Select 的最佳实践，并通过测试分析加速效果。

通过配置 Spark 使用 OSS Select 加速数据查询，介绍使用 OSS Select 查询数据的优势。

步骤 1，配置 Spark 支持读/写 OSS。由于 Spark 默认未将 OSS 的支持包放到它的 CLASSPATH 中，需要配置 Spark 支持读/写 OSS，因此需在所有 CDH 节点执行以下操作。

进入${CDH_HOME}/lib/spark 目录，链接 OSS 包路径，执行以下命令。

```
[root@cdh-master spark]# cd jars/
[root@cdh-master jars]# ln -s ../../../jars/hadoop-aliyun-3.0.0-
cdh6.0.1.jar hadoop-aliyun.jar
[root@cdh-master jars]# ln -s ../../../jars/aliyun-sdk-oss-2.8.3.jar
aliyun-sdk-oss-2.8.3.jar
[root@cdh-master jars]# ln -s ../../../jars/jdom-1.1.jar jdom-1.1.jar
```

进入${CDH_HOME}/lib/spark 目录，运行查询。若查询正常，则表示配置正确。

```
[root@cdh-master spark]# ./bin/spark-shell
...
Using Scala version 2.11.8 (Java HotSpot(TM) 64-Bit Server VM, Java
1.8.0_152)
Type in expressions to have them evaluated.
Type :help for more information.
scala>
scala> val myfile = sc.textFile("oss://{your-bucket-name}/50/store_sales")
myfile:        org.apache.spark.rdd.RDD[String]        =        oss://{your-bucket-
```

```
name}/50/store_sales MapPartitions RDD[1] at textFile at <console>:24
   scala>
   scala> myfile.count()
   res0: Long = 144004764
   scala>
   scala>     myfile.map(line     =>     line.split('|')).filter(_(0).toInt     >=
2451262).take(3)
   res15: Array[Array[String]] = Array(Array(2451262, 71079, 20359, 154660,
284233, 6206, 150579, 46, 512, 2160001, 84, 6.94, 11.38, 9.33, 681.83, 783.72,
582.96, 955.92, 5.09, 681.83, 101.89, 106.98, -481.07), Array(2451262, 71079,
26863, 154660, 284233, 6206, 150579, 46, 345, 2160001, 12, 67.82, 115.29, 25.36,
0.00,   304.32,   813.84,   1383.48,   21.30,   0.00,   304.32,   325.62,   -509.52),
Array(2451262, 71079, 55852, 154660, 284233, 6206, 150579, 46, 243, 2160001,
74, 32.41, 34.67, 1.38, 0.00, 102.12, 2398.34, 2565.58, 4.08, 0.00, 102.12,
106.20, -2296.22))
   scala>
   scala> myfile.map(line => line.split('|')).filter(_(0) >= "2451262").saveAs
TextFile("oss://{your-bucket-name}/ spark-oss-test.1")
```

步骤 2，配置 Spark 支持 OSS Select，从而将算子下推。

下载 OSS Select 的 Spark 支持包到${CDH_HOME}/jars 目录，然后解压缩。

进入${CDH_HOME}/lib/spark/jars 目录，链接 OSS Select 包路径，执行以下命令。

```
[root@cdh-master jars]# pwd
/opt/cloudera/parcels/CDH/lib/spark/jars
[root@cdh-master jars]# rm -f aliyun-sdk-oss-2.8.3.jar
[root@cdh-master jars]# ln -s ../../../jars/aliyun-oss-select-spark_2.11-
0.1.0-SNAPSHOT.jar aliyun-oss-select-spark_2.11-0.1.0-SNAPSHOT.jar
[root@cdh-master jars]# ln -s ../../../jars/aliyun-java-sdk-core-3.4.0.jar
aliyun-java-sdk-core-3.4.0.jar
[root@cdh-master jars]# ln -s ../../../jars/aliyun-java-sdk-ecs-4.2.0.jar
aliyun-java-sdk-ecs-4.2.0.jar
[root@cdh-master jars]# ln -s ../../../jars/aliyun-java-sdk-ram-3.0.0.jar
aliyun-java-sdk-ram-3.0.0.jar
[root@cdh-master jars]# ln -s ../../../jars/aliyun-java-sdk-sts-3.0.0.jar
aliyun-java-sdk-sts-3.0.0.jar
[root@cdh-master jars]#  ln  -s  ../../../jars/aliyun-sdk-oss-3.3.0.jar
aliyun-sdk-oss-3.3.0.jar
```

```
[root@cdh-master jars]# ln -s ../../../jars/jdom-1.1.jar jdom-1.1.jar
```

步骤 3，使用 spark on yarn 进行对比测试，其中 Node Manager 节点有 4 个，每个节点最多可以运行 4 个容器（Container），每个容器配备的资源是 1 核 2GB 内存。

准备测试数据，共 630MB，包含 3 列，分别是姓名、公司和年龄。

```
ot@cdh-master jars]# hadoop fs -ls oss://select-test-sz/people/
Found 10 items
-rw-rw-rw-        1      63079930   2018-10-30   17:03   oss://select-test-
sz/people/part-00000
...
-rw-rw-rw-        1      63079930   2018-10-30   17:16   oss://select-test-
sz/people/part-00009
```

进入${CDH_HOME}/lib/spark/，启动 spark-shell，分别测试使用 OSS Select 查询数据和不使用 OSS Select 查询数据。

```
[root@cdh-master spark]# ./bin/spark-shell
...
Using Scala version 2.11.8 (Java HotSpot(TM) 64-Bit Server VM, Java
1.8.0_152)
Type in expressions to have them evaluated.
Type :help for more information.
scala>
scala> val sqlContext = spark.sqlContext
sqlContext:                org.apache.spark.sql.SQLContext              =
org.apache.spark.sql.SQLContext@4bdef487
scala> ## 使用 OSS Select 查询数据
scala> sqlContext.sql("CREATE TEMPORARY VIEW people USING com.aliyun.oss "
+
     |   "OPTIONS (" +
     |   "oss.bucket 'select-test-sz', " +
     |    "oss.prefix 'people', " + // objects with this prefix belong to
this table
     |    "oss.schema 'name string, company string, age long'," + // like
'column_a long, column_b string'
     |   "oss.data.format 'csv'," + // we only support csv now
     |   "oss.input.csv.header 'None'," +
     |   "oss.input.csv.recordDelimiter '\r\n'," +
     |   "oss.input.csv.fieldDelimiter ','," +
```

```
        |  "oss.input.csv.commentChar '#'," +
        |  "oss.input.csv.quoteChar '\"'," +
        |  "oss.output.csv.recordDelimiter '\n'," +
        |  "oss.output.csv.fieldDelimiter ','," +
        |  "oss.output.csv.quoteChar '\"'," +
        |  "oss.endpoint 'oss-cn-shenzhen.aliyuncs.com', " +
        |  "oss.accessKeyId 'Your Access Key Id', " +
        |  "oss.accessKeySecret 'Your Access Key Secret')")
res0: org.apache.spark.sql.DataFrame = []
scala>    val sql: String = "select count(*) from people where name like
'Lora%'"
sql: String = select count(*) from people where name like 'Lora%'
scala>    sqlContext.sql(sql).show()
+--------+
|count(1)|
+--------+
|   31770|
+--------+
scala>
scala> ## 使用 Spark 查询数据（不采用 OSS Select）
scala> val textFile = sc.textFile("oss://select-test-sz/people/")
textFile: org.apache.spark.rdd.RDD[String] = oss://select-test-sz/people/
MapPartitionsRDD[8] at textFile at <console>:24
scala>                      textFile.map(line            =>
line.split(',')).filter(_(0).startsWith("Lora")).count()
res3: Long = 31770
```

步骤 4，对比测试结果。如图 10-20 所示，使用 OSS Select 查询数据耗时 15s，不使用
OSS Select 查询数据耗时 54s，使用 OSS Select 能大幅度加快查询速度。

图 10-20　Spark 使用 Oss Select 卸载数据分析

10.5.5 敏感数据保护场景

对象存储 OSS 保存了海量的非结构化数据，其中也可能包括敏感数据。敏感数据主要包括个人隐私信息、密码/密钥、敏感图片等高价值数据，这些数据通常会以不同的格式存储在各类存储系统。如何更好地发现、定位、保护这些数据，对企业非常重要。

OSS 本身提供了细粒度的权限管理和数据加密等数据安全选项，以及同城冗余存储、跨区域复制、版本控制等数据保护机制，还提供了访问日志存储和实时日志查询等记录监控与审计能力，但这些功能都不涉及敏感数据。

为了解决该问题，可使用 OSS+SDDP（Sensitive Data Discovery and Protection）的方案，从而更好地针对敏感数据进行识别、分类、分级和保护。

1. 敏感数据保护功能

SDDP 与 OSS 结合使用如图 10-21 所示，SDDP 在完成数据源识别授权后，从海量数据中快速发现和定位敏感数据，对敏感数据分类、分级并统一展示，同时追踪敏感数据的使用情况，并根据预先定义的安全策略，对数据进行保护和审计，以便随时了解数据资产的安全状态，其功能如下。

- **敏感数据识别**。企业拥有大量数据，但无法准确获知这些数据是否包含敏感信息，以及敏感数据所在的位置。基于 OSS 与 SDDP 结合的方案，利用 SDDP 内置算法规则或根据行业特点自定义规则，对存储在 OSS 中的数据进行整体扫描、分类、分级，并根据结果做进一步的安全防护。例如，利用 OSS 的访问控制和加密等功能，对数据进行保护。
- **数据脱敏**。数据进行对外交换供他人分析或使用时，未进行脱敏处理会导致敏感信息的意外泄露。基于 OSS 与 SDDP 结合的方案，可以支持灵活多样的内置或自定义脱敏算法，可实现生产类敏感数据脱敏后，供开发、测试等非生产环境使用的场景，并确保脱敏后的数据保真可用。
- **异常检测和审计**。SDDP 可通过智能化的检测模型，对访问 OSS 中的敏感数据的行为进行检测和审计。为数据安全管理团队提供相关告警，并基于检测结果完善风险预判和规避方案。

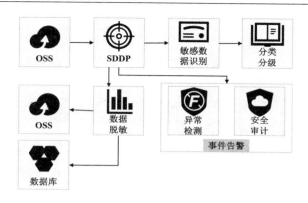

图 10-21　SDDP 与 OSS 结合使用

2．敏感数据保护配置的步骤

步骤 1，登录敏感数据保护控制台。

步骤 2，在左侧导航栏中单击"资产保护授权"按钮。

步骤 3，在 OSS 页签中单击"未授权"按钮。

步骤 4，选中需要授权的 OSS Bucket，并单击"批量授权"按钮。也可以单击目标 Bucket 的右侧"授权"按钮，为单个 Bucket 授权。

步骤 5，对于选中的"资产批量处理"页面，根据需求配置以下参数。

- **识别权限**，开启或关闭 SDDP 识别选中资产敏感数据的访问权限。
- **审计权限**，开启或关闭 SDDP 对选中资产进行数据审计的权限。
- **脱敏权限**，开启或关闭 SDDP 对选中资产进行敏感数据脱敏的权限。
- **敏感数据采样**，设置 SDDP 对选中资产进行敏感数据采样的条数。可选取值为 0 条、5 条、10 条。
- **审计日志存档**，设置选中资产的审计日志保存时间。可选取值为 30 天、90 天、180 天。

步骤 6，单击"确认"按钮。完成资产授权后，SDDP 将会对开启授权的 OSS 存储空间中的文件执行敏感数据检测。已授权资产中的数据可进行编辑或取消授权，取消授权后，SDDP 不会检测该文件桶中的数据。

步骤 7，添加安全策略。扫描完成后，可以根据敏感数据扫描结果进行相应的安全加固措施，如配置数据加密、添加访问权限等。也可以根据需要，在 SDDP 控制台开启 OSS 安全审计功能，实现对 OSS 中存储的敏感文件的异常行为检测和智能安全审计。

10.6 小结

基于对象存储构建应用，首先需要做好基础配置。将数据搬到对象存储，要合理使用在线、离线迁移服务，同时根据企业安全合规要求设置账户认证、访问授权、数据加密、日志监控、沙箱防护、合规管理能力，为了保证数据不丢不错，需要恰当设置同城冗余、跨地域复制、异地多活、版本控制等特性，从而让数据在对象存储的安全保护环境下保存。

然后根据企业应用的需求选择功能运用，掌握桶和对象的创建、删除、查看等基本功能，并根据需求合理运用访问域名、传输加速、上传优化、下载优化、单连接限速、对象元信息、标签功能、选取内容、生命周期管理、静态网站托管等优化功能。

接着基于海量存储的文件做数据处理挖掘数据价值，可以使用原生图片处理的压缩、缩放、切割、旋转、亮度、水印等功能实现云上的图片 PS，基于视频还可以使用原生视频处理的截帧功能，以及利用集成数据处理的文档预览、人脸识别、图片识别高级功能。

最后为了支撑生态集成，还可以采用各种应用场景的最佳实践。例如，通过网页上传场景下的小程序上传、App 直传场景下的数据直传、数据直传回调，大数据分析场景下与 MaxCompute（阿里云数据分析服务）、DLA（Data Lake Analytics，阿里云开源数据分析服务）、开源 Impala、开源 Spark 等整合的最佳实践，可以更好地掌握对象存储相关功能和应用场景，从而更加顺畅地使用对象存储。

对象存储相关功能和应用场景如图 10-22 所示。

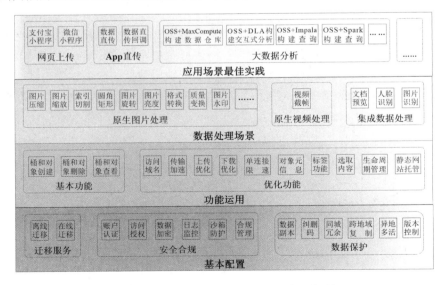

图 10-22　对象存储相关功能和应用场景

第三篇　总结与展望

　　本篇主要介绍新场景、新趋势带来的技术影响，特别是对存储的影响。存储从盘发展到存储区域网络（Storage Area Network，SAN）就是因为主机的核心应用场景需要高可靠、高可用存储，此时单盘无法满足，从而发明 SAN 存储。网络附加存储（Network Attached Storage，NAS）的诞生，则是为了提高多服务器之间数据共享场景的易用性。对象存储的出现，则是为了满足互联网海量数据存储的需求，以及直接提供公网的访问能力。

　　因此，本篇通过数据湖、混合云、移动网络 5G、人工智能等新场景，来看业界新场景对存储的需求。同时，结合计算、网络、存储领域的新趋势，特别是 HDD、SSD、持久化内存（AEP）的趋势，提取存储系统的核心技术挑战。

第 **11** 章

新场景、新趋势、新技术

对象存储服务作为公共云的基础设施即服务（IaaS），为平台即服务（PaaS）和软件即服务（SaaS）提供基础的数据存储平台。因此，上层服务的新场景（如数据湖、混合云、移动网络 5G、人工智能等）将给存储带来新的变化。

同时，对象存储作为海量数据资源池，对底层的存储趋势非常依赖，如硬盘的叠瓦式磁记录（Shingled Magnetic Recording，SMR）、SSD 的分区名字空间（Zoned Name Space，ZNS）、3D QLC（Quad Level Cell），以及 Intel 公司开发的持久化内存 AEP 技术。这些新技术，也会给存储设计带来新的挑战。

11.1 数据湖存储

11.1.1 数据湖介绍

数据湖（Data Lake）最初是在 2011 年由 Pentaho CTO James Dixon 在 *Big data requires a big architecture* 文章中提出的，随着技术演进，数据湖发展为能够存储各种类型数据的统一数据平台。它提供弹性容量和吞吐能力，广泛覆盖各类数据源，支持多种计算与处理分析引擎。

数据湖支撑数据分析、机器学习场景，提供数据管理的细粒度授权、审计功能。数据湖对存取的数据没有格式类型限制，数据产生后可以按照其原始内容和属性直接放入数据湖，无须在数据上传前对数据进行任何结构化处理。

数据湖可以存储结构化数据（如关系数据库中的表）、半结构化数据（如 CSV、JSON 、XML、日志等）、非结构化数据（如电子邮件、文档、PDF 等），以及二进制数据（如图形、音频、视频等），因此数据湖存储功能至关重要。

业界的数据湖技术各有差异，本节将以阿里巴巴的数据湖实践为参考，展开详细讨论。

数据湖涵盖的范围较广，在相关功能上与数据仓库（Data Warehouse）概念类似，容易让企业的管理决策者产生混淆。不过从产品应用场景角度，就可以找出数据湖和数据仓库的不同。

- **存储类型的差异**。数据湖在功能上支持各种类型数据的存储，数据类型可以是非结构化形态、未处理形态，数据可以在确定需要使用时才进行对应的处理与转换。而数据仓库则是经过处理的结构化数据，数据存储的 Schema 在数据存放前就要提前定义好。

- **应用场景的范围**。存储到数据湖中的数据通常会按照原始形态直接存储，随着业务的发展，会使用不同的计算引擎对数据进行分析与处理。数据湖中的数据在企业组织中通常会被多个不同应用、系统和部门使用和分析，覆盖的场景广泛，并且范围也会动态延展，因此需要提供更多的灵活性，以适应快速变化的应用场景。数据仓库中的数据使用场景通常是在数据收集期间就已经明确的，数据仓库常应用在 BI、业务、运营等商业决策相关场景，数据仓库也可以把已经存在的数据转换到新场景，但在灵活性方面不如数据湖，需要更多的数据转换时间和开发资源投入。

11.1.2　基于对象存储构建数据湖

数据湖存储技术是不断发展的，从早期 Hadoop 生态的 HDFS 到现在流行的对象存储，大概经历了以几个阶段，如图 11-1 所示。

- **HDFS Only 阶段**。2006 年左右，Hadoop 首次在 IT 领域亮相，实现早期对大数据的重新定义，通过分布式架构提供以往商用硬件从来没能达到的强大数据存储能力，随后的各发行版本提供众多开源计算引擎，该阶段如图 11-1（a）所示。与此同时，数据量激增、应用场景的丰富导致 Hadoop 的问题凸显，因此越来越多的方案开始转型，解决靠单一 Hadoop 无法解决的问题。

- **对象存储-冷数据阶段**。在开源 Hadoop 转型过程中，对象存储提供强有力的支撑。对象存储的低成本优势，可以作为 HDFS 的冷数据存储介质。此时，数据分析应用直接从 HDFS 读取热数据，历史冷数据由 HDFS 备份，恢复机制按需导入，从而优化整体方案的成本竞争力，该阶段如图 11-1（b）所示。

- **对象存储分层阶段**。随着对象存储性能的优化，提供文件数量、存储容量没有限制的优点，解决了 HDFS 因为 Name Node 设计机制无法支撑海量小文件的问题。此时，数据分析应用可以直接从对象存储读取数据，写入时保存到 HDFS，充分利用 HDFS 和对象存储实现分层存储，该阶段如图 11-1（c）所示。

- **对象存储为主阶段**。伴随着对象存储的读/写性能提升，完全可以替换 HDFS 作为主要存储系统，此时数据分析应用无须对小文件进行合并处理，就可以直接存入对象存储系统，系统的响应能力完全不会因为文件数量的增加而有任何降低。但由于对象存储不能完备支持文件系统目录操作，然而有些数据分析应用仍需使用目录的较多功能，因此会用 HDFS 来存放临时目录，该阶段如图 11-1（d）所示。

- **Object Storage Only 阶段**。Hadoop 产生后的十多年时间内，是移动应用、智能物联网设备高速发展的阶段，HDFS 协议的访问特点，使得此类设备都需要通过中间节点实现数据的中转汇聚与转发，而对象存储 RESTful 协议的便捷性让移动应用、智能物联网设备可以在数据产生后，就直接上传到存储系统，不再需要任何中间环节。对于数据分析来说，元数据发现与管理是关键能力，对象存储自身提供事件机制，在写入数据后，对象存储可以立即事件通知数据分析应用生成写入对象的元数据，并存储到各种元数据管理系统，支撑后续的数据搜索、查询使用。因此，相信未来大数据分析的数据可以全部存放到对象存储，该阶段如图 11-1（e）所示。

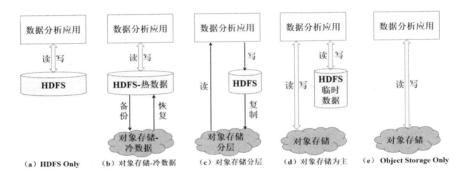

图 11-1　基于对象存储构建数据湖存储的技术演进

阿里云对象存储 OSS 已经加入 Hadoop 生态体系，Hadoop 生态的计算引擎可以直接使用 OSS（低版本 Hadoop 通过 Connector 使用）。大量的云原生计算引擎都可以支持对象存储的直接访问，为存储在数据湖中的数据提供更便捷的分析与处理通道。

11.1.3　数据湖架构

数据湖虽然不是新概念，但最近不断被提及，关键还在于应用需求随着企业业务演进，需要更低廉的数据存储成本、更精细的数据资产管理、可共享的元数据、更实时的数据更新频率，以及更强大的数据接入工具，因此业界提出如图 11-2（a）所示的数据湖架构，它包含以下分层。

- **数据湖存储逐渐用对象存储取代 HDFS。**通过对象存储的海量扩展能力提升数据规模、降低存储成本，实现计算和存储分离架构，将结构化数据、非结构化数据、半结构化数据流入数据湖存储。
- **数据湖元数据管理和数据分析平台。**数据湖需要统一的元数据和统一的权限管理（Catalog 管理），从而支持多套数据湖分析平台的接入。
- **数据湖行业应用。**基于分析平台，结合行业需求构建分析应用，如 BI 分析、可视化展示。

阿里云基于该架构分层提供数据湖最佳实践，如图 11-2（b）所示，IaaS 服务的对象存储 OSS 作为数据湖存储底座，PaaS 的阿里云 MaxCompute 平台、阿里云 EMR 开源平台、开源大数据平台 Hadoop 生态都可以构建在 OSS 之上，然后通过 SaaS 层的行业应用满足场景特定的数据分析需求。通过阿里云对象存储 OSS 构建数据湖存储底座，具有以下优势。

- **海量弹性。**计算存储分离，存储规模弹性扩容。
- **生态开放。**对 Hadoop 生态友好，且无缝对接阿里云各计算平台。
- **高性价比。**统一存储池，避免重复复制，多种类型冷热分层。
- **更易管理。**加密、授权、生命周期、跨区复制等统一管理。

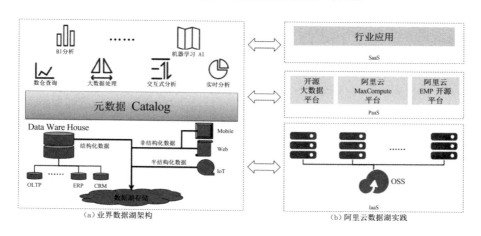

图 11-2　数据湖架构

通过将 OSS 作为数据湖存储，完成数据分析架构的构建。但数据湖的数据需要流转起来，才能产生更多的价值。图 11-3 所示就是数据湖的数据流转过程，从左到右分别为从各种数据源沉淀数据入湖到对象存储，基于云存储构建数据湖，针对数据湖保存海量数据的数据处理与分析，以及分析结果的数据可视化。

图 11-3　基于对象存储 OSS 为基础的数据湖数据流转

通过阿里云的数据湖实践，在数据存储引擎层面、云原生数据处理与分析平台层面，以及应用结合验证层面都有非常深入的打磨和优化，数据湖提供如下的竞争力。

1）强大的数据存储引擎

数据湖的重要目标是将所有企业数据能够集中存储，以供企业的各类应用在授权下进行访问。结合该设计目标，数据湖通过元数据管理、自动化数据采集、自动化数据解析和处理等技术来满足需求。

阿里云的数据湖底层基于阿里云自研的分布式存储引擎搭建，提供体系化的数据存储能力，支持结构化/半结构化/非结构化数据源。数据湖统一存储提供数据的管理能力，冷热分层的存储方式解决数据分散在各个系统、需要在不同系统中反复复制等运维烦恼。

2）深入结合云原生数据处理与分析平台

数据湖可以对接多种差异化的计算引擎、支撑不同负载，多种计算引擎可共享同一存储系统，打破数据孤岛，洞察数据价值。

因为数据湖对存储的文件类型提供充足的灵活性，没有传统"入仓"的各种限制，数据一产生，就能从对接的数据通道上传到数据湖，根据后续对接的分析需求，再进行数据抽取（Extract）、转换（Transform）、加载（Load），生成所需要的格式数据，生成的数据可以再存储到数据湖，供其他阶段的分析使用，数据湖具有以下优势。

- **内容灵活性**。各类应用、智能物联网设备都可以轻松存储原始数据，而不需要设备消耗大量计算资源进行转换，降低终端智能设备能耗，当数据需要分析的时候再进行对应的转换。

- **数据湖中数据可以与多种计算与分析平台结合**。对于企业来说，计算存储分离架构让资源规划更灵活，应对业务的快速变化时更容易构建平台和系统，从而极大提升了效率。

3）内部及外部应用的有效验证

经过 20 多年的发展，阿里巴巴已经成为数字经济体，技术上它也是阿里云数据湖产品的最佳实践者。阿里云数据湖首先支撑阿里巴巴内部的电商、移动办公、文娱、物流、本地生活等各种复杂业务，建立了完善的自我证明机制，让产品和方案得到有效的验证。同时，阿里云的数据湖方案也支持了在线教育、互联网广告、新媒体、网络游戏等行业用户，在快速发展过程中满足实际业务需求。

11.1.4　数据湖应用场景

基于阿里云数据湖实践，针对典型的数据分析场景，提供了如下的最佳实践，作为构建数据湖的参考。

1. 开源生态（Hadoop/EMR）和云原生服务构建数据湖

在游戏、社交、电商、资讯等互联网应用场景中，存在大量通过计算分析来提供个性化内容的需求。面对数据规模的快速增长，会有多样化的数据来源渠道，如应用自身产生的数据、采集的各类日志数据、数据库中抽取的各类数据，数据处理需求旺盛，包括在线、离线、交互式查询，从而需要多种计算引擎的支撑。

云原生数据湖就具备数据集中存储、计算引擎多样化和灵活化的特点，如图 11-4 所示，它提供如下的关键能力。

- 对象存储 OSS 提供海量、安全和高可靠的云存储服务，可以支撑 EB 级的数据湖，客户无须考虑存储量扩容。OSS 作为数据湖存储底座，各类型数据可以统一存储，与 Hadoop 生态、云原生数据处理引擎无缝结合。数据湖存储与计算解耦合的优势让云上计算的构建更加灵活，可以根据数据处理特点选择 EMR、MaxCompute 等多种大数据处理服务。
- 阿里云提供的云原生大数据处理体系包含开源生态 Spark、HIVE、presto、Flink 等 10 多种计算引擎，从而让基于 Hadoop 生态的应用能够更加平滑地迁移到数据湖。通过云原生数据湖存储与计算分离特性，计算资源的按需使用，无须按照业务峰值购买常驻计算资源。

- 数据湖构建（Data Lake Formation，DLF）具备元数据构建能力，支持对接多种数据源生成元数据，生成的元数据可以统一提供给多种计算引擎。
- 热点访问数据的访问加速。结合数据湖加速能力缓存热点数据，提供更高吞吐能力，输出高达 Tbit/s 级别的带宽。

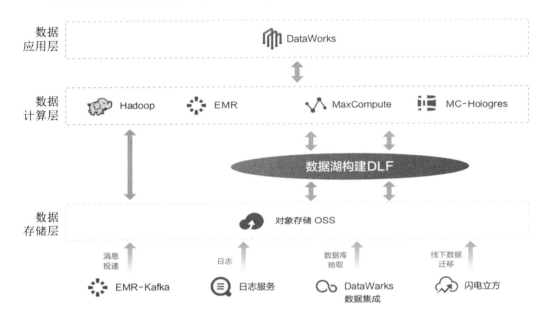

图 11-4　基于 EMR 开源生态和云原生服务构建数据湖

2. 云原生数据湖分析

Hadoop 开源生态发展多年，存在过于复杂、组件过多、配置管理难、计算不够弹性、存储不易扩展等问题，而且也有资源闲置、数据库入湖难、不够自动化、难以支持实时分析等痛点。

为了解决这些问题，阿里云研发云原生数据湖分析（Data Lake Analytics，DLA）技术，一站式提供数据库入湖、元数据管理和自动发现、Serverless SQL 分析与 Serverless Spark 计算等功能。

该场景最佳实践的核心在于 DLA 打造云原生的服务与引擎，端到端地满足基于 OSS 的数据管理、分析、计算等需求，如图 11-5 所示，DLA 具有以下优势。

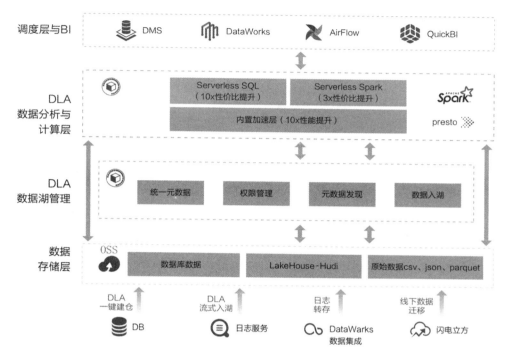

图 11-5　云原生数据湖分析（DLA）

- 数据湖管理一站式，构建安全数据湖，提供统一开放的元数据服务，对 OSS 数据进行管理，支持库表权限。利用元数据爬取功能，可以一键创建 OSS 上的元数据信息，轻松自动识别 csv、json、parquet 等格式，快速建立库表信息，方便计算引擎使用。一键将 RDS、PolarDB、MongoDB 等数据库的数据同步到 OSS，搭建冷热数据分层的业务架构，对多源海量数据进行数据洞察分析。支持流式构建 Hudi 格式，满足 $T+10\text{min}$ 的延迟要求，极大优化分析的端到端延迟。
- Serverless 化 SQL 分析，帮助业务构建"即开即用"数据湖。用户无须购买任何资源，即可运行标准的 SQL 语法查询数据，并支持对数据湖存储 OSS Cache 加速，提升 10 倍的性能。能够分析 RDS、PolarDB、ADB、MongoDB 等 10 种数据源，比传统 presto、Impala 方案提供更高的性价比。
- Serverless 化 Spark 计算，帮助用户自主玩转数据湖。用户无须购买任何资源，即可使用云原生的 Spark 服务，支持 OSS 数 PB 内容的数据清洗、机器学习能力，并且用户可编程快速玩转数据湖。数据湖方案提供更好的计算弹性，比传统自建 Spark 方案提供更高的性价比。

3. 大数据冷热分层存储

在日常业务中，存在数据积累数量大、随着时间推移访问热度大幅降低的场景，此时大量数据已经成为冷数据，有明确的长期存储成本优化需求。采用 HDFS 计算存储融合架构时，会出现计算和存储增速不匹配，扩容存储资源会导致计算资源闲置，从而出现成本浪费。

通过冷热数据分层模式，可以显著优化成本，让存储扩容产生的计算资源的闲置不再发生，如图 11-6 所示，大数据冷热分层存储具有以下优势。

- 通过将温、冷数据定期存储到 OSS，利用 OSS 弹性扩展能力，极大降低客户资源规划难度。存储到 OSS 的冷数据，可以直接使用 EMR、DLA 等多种云原生计算引擎进行数据处理，原有计算任务几乎无须调整就可以直接使用。
- 通过冷热分层存储，解决积累的冷数据空间扩容、资源闲置和长期存储成本优化难题。将冷数据沉降到 OSS 归档类型，进一步降低成本。

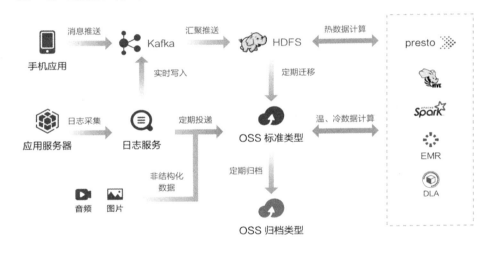

图 11-6　构建分层模式混合数据湖

4. 海量数据的交互式查询数据湖方案

数据源可能来自多个渠道，且实时产生的数据中有大量的数据是半结构化数据，需要对存储的数据做联机分析处理（Online Analytical Processing，OLAP）。数据的分析和发现常来自临时或某时段内的需求，如周报、月报等历史数据分析。同时，需要对接流式计算产生的数据，并将分析后的结果在数据应用中可视化呈现。

通过使用阿里云数据湖分析产品 DLA，以及 EMR 服务提供的分布式查询引擎 presto

和 Impala，对已有数据进行查询，相比于 HIVE 基于 Hadoop 的数据仓库工具，能够更加灵活、更快速地获得查询结果。OSS 直接支持多种交互式查询服务和引擎，对应的数据分析产品可以直接查询 OSS 中的数据。阿里云数据湖提供多种加速方案，用来提升交互式查询的访问速度，包括 JindoFS 和 DLA SQL 内置的加速功能，如图 11-7 所示。

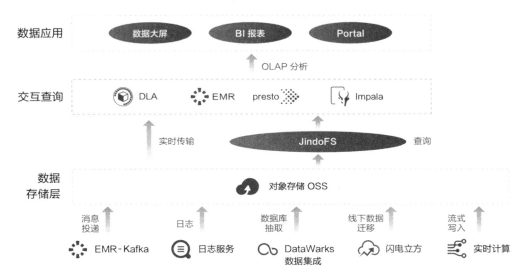

图 11-7　海量数据交互式查询数据湖方案

5．数据湖构建机器学习能力

互联网电商、游戏、社交等行业包括推荐、风控、预测等在内的常用机器学习场景，以及图像、人脸、语音、NLP、无人驾驶行业的模型训练等深度学习场景，还有基于 CPU 资源的在线预测服务和基于 GPU 资源的在线推理场景。在这些场景中，需要解决数据量大、模型训练性能弱、训练出的模型效果差等问题，同时还有在线资源弹性扩容预测困难、基于 GPU 资源消耗过大的挑战，为此阿里云提供基于数据湖打造机器学习能力，如图 11-8 所示。

训练场景中阿里云机器学习 PAI DLC 专注于深度学习的分布式训练加速，让训练速度倍速提升，大大缩短训练时长，相同资源规模下更省时间，按量付费的方式也更节省资源成本。同时提供个性化推荐和风控等解决方案，为企业提供 AI 专家服务和保障业务。

推理场景中 PAI Blade 和 EAS 组合，支持自动化弹性伸缩，按量付费无须担心资源浪费。同时，支持多模型的管理和 A/B 测试，可以更好地选择效果优质的模型；基于 GPU 资源不变的条件，推理并发量翻倍提升，在客户业务量不变的情况下可大量节省 GPU 资源。

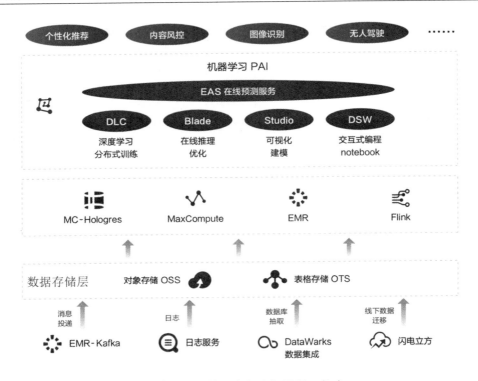

图 11-8　基于数据湖打造机器学习能力

11.1.5　数据湖应用实践

基于应用场景的最佳实践方案，阿里云数据湖还和行业进行深入的结合，提供在线教育、在线游戏、互娱新媒体、互联网广告等行业的应用实战。

1. 在线教育数据湖

在线教育行业通常需要满足统一存储池和多应用分析需求，统一存储池要求课件素材、应用日志、学习采样等数据集中存储，多应用分析能够对不同类型数据提供学习资料播放、离线分析、机器学习等功能。如图 11-9 所示的方案可以满足该需求并具有以下优势。

- OSS 可以支持音频、视频、图片、日志、消息等各种类型的数据集中存储，轻松对接在线教育场景下各种数据产生源，让各种类型数据直接访问。
- 提供计算弹性扩展与存储弹性扩展能力，减少对底层基础设施运维的投入。
- 使用 EMR 搭建 Spark、HIVE、presto 等大数据处理服务，对存储的数据进行分析，通过智能算法分析学生学习质量，可提供对应指导。

- 使用 DLA 支持 Serverless Spark、Serverless presto 云原生处理引擎，降低分析与计算的成本。引擎内置缓存服务，可提升分析效率。

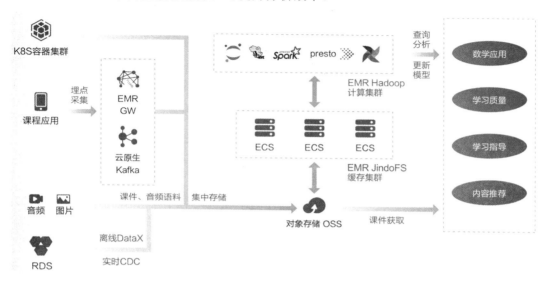

图 11-9　在线教育数据湖

2．在线游戏数据湖

在线游戏行业因为游戏的火爆存在典型的触发式高峰，而且游戏用户的画像分析是核心竞争力点，该行业通常包括以下需求。

- 需要对游戏打点数据、用户访问日志、营收情况进行分析，用来及时调整游戏关卡难度、掉宝率、资源产出率等。
- 使用物理服务器构建计算集群存在弹性能力不足问题，需要提供资源弹性扩展能力。
- 传统的大数据集群，计算和存储资源高度捆绑，升级成本高，客户希望能够有效控制成本增长。

通过日志服务采集数据、OSS 存储数据、EMR 和 DLA 的计算数据，以及丰富的可视化工具为在线游戏提供数据湖方案，如图 11-10 所示，该方案具有以下优势。

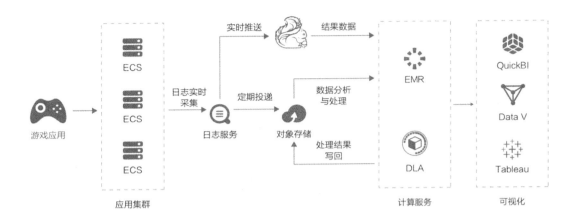

图 11-10　在线游戏数据湖

- 通过日志服务一站式满足游戏日志数据采集、实时和离线处理分析需求，通过托管式服务大幅度降低管理运维难度。
- 提供计算与存储弹性扩容能力，减少对底层运维基础设施的投入，降低管理运维难度。
- 提供存储与计算的解耦合，让架构设计更具灵活性，资源利用率大幅提升，资源升级成本更优化。
- 使用 EMR 对存储在 OSS 的游戏日志数据进行离线计算、深度处理分析。
- 使用 DLA 支持 Serverless Spark、Serverless presto 云原生处理引擎，降低分析与计算的成本。

3．互娱新媒体数据湖

互娱新媒体行业需要从手机客户端、容器服务端处理海量的音频、图片、视频等数据，该行业通常存在以下用户需求。

- 对持续积累的请求日志数据中的冷数据进行成本优化，避免存储成本线性增长。
- 计算资源和存储资源增速不同，资源扩容难以同时保证计算和存储资源的高利用。
- 引入新的存储后能够不改变已有的计算任务。

通过日志服务采集数据，对象存储 OSS 的标准类型、归档类型存储，以及开源生态的EMR、presto、Spark 等分析引擎为互娱新媒体提供数据湖方案，如图 11-11 所示，该方案具有以下优势。

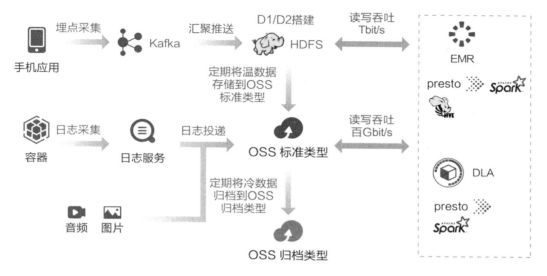

图 11-11　互娱新媒体数据湖

- **分层存储**。多存储类型解决温、冷数据长期存储成本优化问题，让用户资源扩容更加灵活。
- **访问便捷**。OSS 支持 Hadoop 生态，存储到 OSS 的冷数据可以直接运行现有计算任务。
- **软件化输出**。JindoFS 作为云原生的数据湖解决方案，支持通过软件化的方式输出，帮助用户构建数据湖加速方案，支撑高吞吐需求。
- **Serverless 分析与计算**。DLA 支持 Serverless Spark 与 SQL，从而帮助用户降低成本，并内置缓存加速性能。

4．互联网广告数据湖

互联网广告领域非常关注存储成本和各种维度的用户行为分析和查询，通常有以下需求。

- 资源扩容具备弹性，资源使用量按照业务量变化动态增减。
- 存储与计算解耦合，通过计算弹性扩容，控制常驻的计算集群规模，降低总体拥有成本。
- 能够支持互联网广告场景所需要的不同类型计算引擎的访问。

为了解决互联网广告行业的痛点问题，结合 OSS 标准类型和归档类型实现成本优化，并通过弹性计算资源实现数据湖方案，如图 11-12 所示，该方案具有以下优势。

- 使用 OSS 统一存储各类数据集，对接多种计算引擎，支撑离线计算、点对点查询、实时查询多种场景。
- 通过阿里云 ECS 的弹性伸缩能力，可以根据业务压力动态增减资源，无须按照业务峰值提前准备资源，减少资源常驻。计算集群规模，优化使用成本，提升行业竞争力。
- 计算与存储分离架构让广告业务系统架构的构建更具灵活性。
- DLA Serverless Spark 支持按作业（Job）的粒度弹性扩展，极大降低计算成本。
- DLA Serverless SQL 按照扫描量计费，极大降低交互式分析成本。

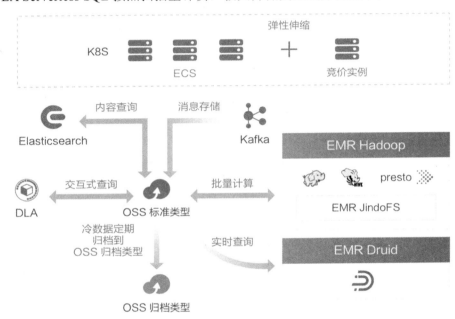

图 11-12　互联网广告数据湖

11.1.6　数据湖存储的关键特性

对象存储作为数据湖存储底座，具有可以提供计算存储分离解耦、按需扩展海量存储池、安全访问、数据保护、高性能等优点，以对象存储 OSS 为例，提供如表 11-1 所示的特性。

尽管对象存储作为数据湖存储底座满足了大部分场景需求，但是还有部分 HDFS 支持的文件系统语义不能提供。面向未来，需要更多的数据分析应用适配对象存储接口，降低对文件语义的依赖；同时对象存储也可以适当地扩展部分接口能力，方便数据湖应用的使用。

表 11-1　数据湖存储的关键特性

数据湖存储的关键竞争力	对象存储的关键特性
按需扩展海量存储池	扁平命名空间，性能和容量可以随着系统扩展线性提升
	自动扩展，不限制存储空间大小，按需收费，无须客户自己配置
	12 个 9 的数据持久性，99.995%的服务可用性 SLA。提供跨地域复制、同城冗余保护机制，以及多版本数据保护和数据一致性检查
高效数据计算	提供 RESTful API，具有互联网可访问能力，无须提前映射和挂载操作
	兼容开源 Hadoop 生态，无缝对接阿里云多种不同的计算平台
	支持算子卸载能力，应用从单个文件中仅读取需要的数据，从而提升数据获取效率
安全数据管理	数据生命周期管理，将符合规则的数据自动删除或者转储到更低成本的存储
	客户端和服务端两种数据加密能力，避免数据泄露
	WORM（Write Once Read Many）特性，支持数据保留合规
	多种数据访问安全控制策略，实现针对存储空间、对象、角色的长期或者临时授权，从而满足最小权限数据共享的安全策略

11.2　混合云存储

11.2.1　混合云介绍

根据维基百科定义，云计算是按需使用的高可用计算系统资源（特别是云存储能力和计算算力），它无须用户参与系统的运维管理，通常来说，用户通过互联网访问云计算服务。基于部署模式（Deployment models），云计算分为专有云（Private Cloud）、公共云（Public Cloud）、混合云（Hybrid Cloud）等。云计算部署分类如图 11-13 所示。

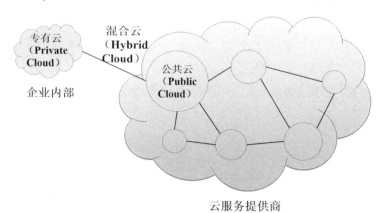

图 11-13　云计算部署分类

- **专有云**，强调只为单一组织部署运维基础设施，是否内部管理或者第三方管理并不重要。采用专有云模式需要重度参与资源的运维、运营等决策管理，由于专有云是资本集中的重资产模式，需要规划好数据中心、机房、硬件、环境等。尽管实现物理上的隔离，但要支撑业务发展，每一步都需要分析和解决对应安全问题。

- **公共云**，由云计算厂家管理运维基础设施，客户通过互联网订购服务、按需付费。从架构上讲，公共云和专有云没有太大差别，核心是公共云把数据存储在非自有的隔离环境，存在多租户访问的安全顾虑。因此公共云提供强大的安全技术来解决数据安全问题、隔离问题，从而给客户提供安心的云环境，如同把钱存到银行比把钱放到自家保险箱更安心，因为银行提供全面的安保措施。

- **混合云**，组合公共云和专有环境（Private Environment）实现，如部署专有云或者自有资源，提供多种部署模式。

广义混合云，将涉及云计算的技术全部涵盖在内，包括同构云计算、异构云计算、传统IT和云计算的混合，以及包括多云在内的云计算能力。狭义混合云，通过私有云确保IT服务交付和核心业务安全合规的同时，选择公共云提高IT对业务创新的响应速度。目前，混合云主要集中在公共云和专有云的组合（狭义混合云），未来将会扩展到其他形态的运行态组合（广义混合云）。图11-14所示的阿里云混合云管理平台包含专有云、公共云、VMware、OpenStack等基础设施。

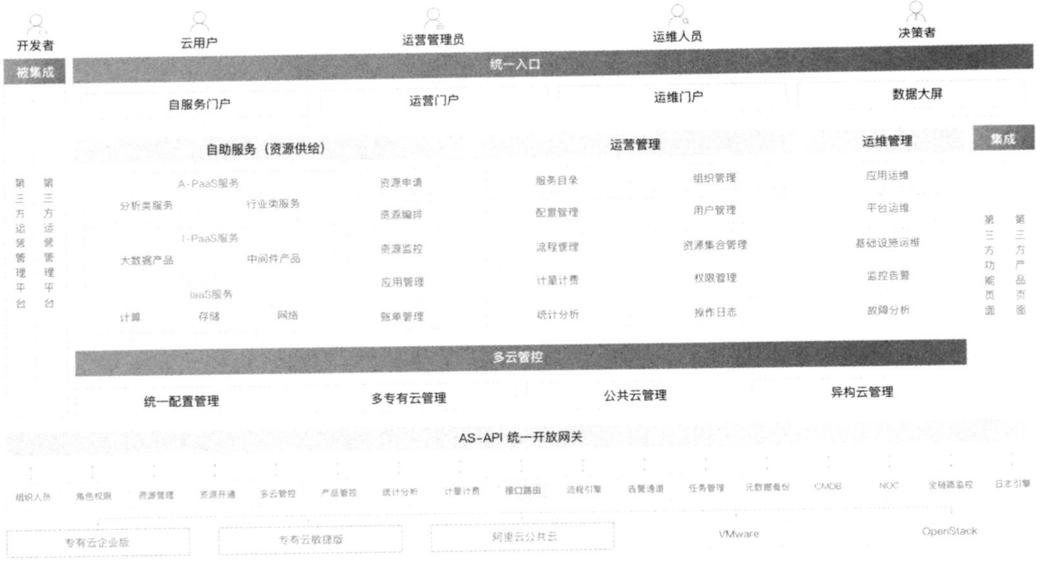

图11-14　阿里混合云管理平台

11.2.2　混合云存储产品

公共云还未兴起之前，存储领域里的产品以 SAN、NAS 为主，随着企业应用发展，特别是视频的流行，导致数据量暴涨，从而企业大量使用分布式存储。随着公共云的普及，越来越多的企业开始选择上云，也越来越享受公共云的灵活性、易用性和可靠性。

但历史原因导致大量数据还在本地数据中心，要将它们在短期内完全迁移到公共云会有诸多挑战，如涉及系统重新构建、应用程序重新开发、运维体系重新建设。阿里云通过混合云实践提供如图 11-15 所示的混合云存储产品系列。

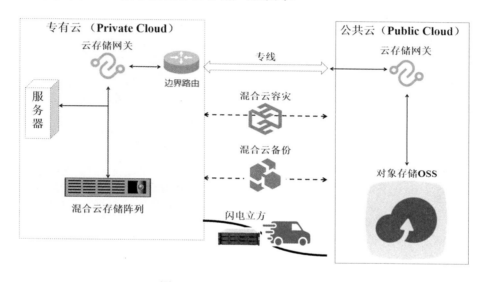

图 11-15　混合云存储产品系列

1．闪电立方

通过将闪电立方运送到客户数据中心，充分利用现场环境的带宽（Tbit/s 级），把应用保存在本地服务器的文件、NAS 的文件、HDFS 的文件等经过压缩、数据加密后复制到闪电立方设备，从而可以保证数据的加密传输。

采取快递运输方式将闪电立方设备从客户数据中心运送到阿里云数据中心，基于预配置的加解密信息，就可以在同数据中心内将闪电立方里的文件极速上传（Tbit/s 级）到对象存储服务。从而 10PB 的数据在 Tbit/s 级带宽下，只需要 1 天就能完成复制，基于现有的快递运输体系只需天级就能完成设备的搬运，因此可以大大地提升迁移速度，详细信息请参考本书第 7 章内容。

2．混合云存储阵列

混合云存储阵列（Hybrid Cloud Storage Array，HCSA）基于专有的本地存储设备，并集成云存储服务，从而将云存储的低成本和可扩展性与生产环境的高性能和高可用性相结合，提供一种经济高效、易于管理的存储解决方案。

混合云存储阵列集文件存储、块存储、对象存储于一体，具有顶级的数据访问性能。同时，混合云存储阵列拥有灵活的云扩展能力，为业务提供多种云功能，可以利用云空间扩展本地存储，或者进行站外备份与灾难恢复，如图 11-16 所示。

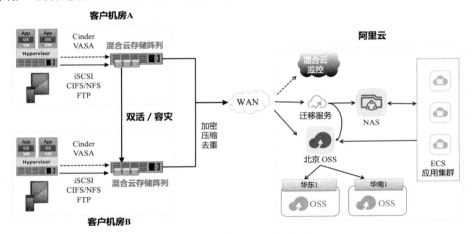

图 11-16　混合云存储阵列

阿里云混合云存储阵列作为软硬一体的存储设备，集成了阿里云存储服务，融合了公共云存储和传统存储阵列的优点。

- **简单。**客户无须更改原有的 IT 架构，就可以像使用本地存储设备一样使用阿里云混合云存储阵列，同时使用本地存储空间和云端存储空间，无须关注本地设备存储协议与云存储协议之间的兼容性。
- **灵活。**与阿里云存储无缝结合，充分利用公共云存储的易于扩展、快速部署、按需付费的优势，快速响应客户业务需求的变化。
- **高效。**自动云分层，热数据存放在本地存储空间，确保数据的高速访问，冷数据放在云端，充分利用公共云存储的海量空间。云缓存功能确保当数据存放在云端的时候，也能利用本地存储空间的缓存功能为应用提供快速响应。
- **可靠。**阿里云混合云存储阵列采用全冗余的硬件设计，支持数据加密，云端分布式存储提供多副本跨区域保护，11 个 9 的数据高可靠性，完备的数据一致性校验，确保用户数据的安全和可靠。

3. 云存储网关

云存储网关（Cloud Storage Gateway，CSG）是一款可以部署在用户本地数据中心和阿里云的网关产品。它以阿里云对象存储 OSS 为后端存储，为云上和云下应用提供业界标准的文件服务（NFS 和 SMB）和块存储服务（iSCSI）。云存储网关目前有以下两种形态。

- 文件网关。它将 OSS 桶的对象结构与 NAS 文件系统的目录/文件建立映射关系，用户通过标准 NFS 和 SMB 协议即可读/写指定 OSS 桶的对象，并利用本地存储空间作为热数据缓存，使用户在享受 OSS 桶海量空间的同时，还能保障数据访问的高性能。文件网关还高度兼容 POSIX 和第三方备份软件，如果是小文件的备份和共享读/写场景，则推荐使用标准型或基础型文件网关；如果是对性能有要求或者同时有多个客户端访问数据的场景，则推荐使用增强型/性能型文件网关。
- 块网关。它在 OSS 中创建存储卷，提供 iSCSI 协议访问。本地应用程序可将这些卷作为 iSCSI 目标进行访问，块网关提供透传模式、缓存模式两种方式。透传模式可以将块卷数据切片同步上云，适用于专线等高速链路客户。缓存模式提供本地缓存盘进行读/写加速，缓存数据异步上云，适用于期望本地快速访问，但上云链路慢的客户。

部署在云上的云存储网关和部署在客户数据中心的存储网关可以形成集群，通过该集群，文件数据可以在云上、线下集群之间自由流动，实现数据和业务的协同迁移，典型的场景有文件备份、数据分发和容灾。同时通过集群也可以实现在多个物理机房快速发布数据。作为轻量级存储网关，云存储网关可在用户数据中心部署，也可在阿里云数据中心部署，如图 11-17 所示。

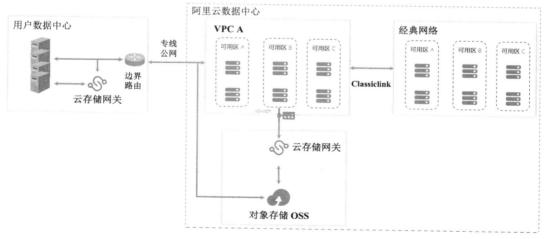

图 11-17　云存储网关

4. 混合云容灾服务

混合云容灾服务（Hybrid Disaster Recovery，HDR）为数据中心提供企业级应用的本地备份与云上容灾一体化的服务，如图 11-18 所示，混合云容灾服务解决如下的核心问题。

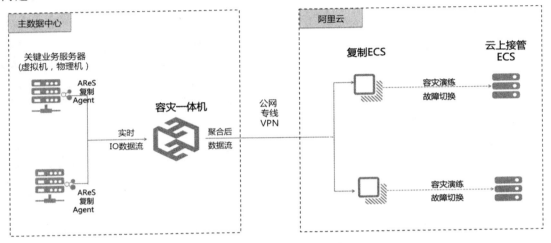

图 11-18　混合云容灾服务

- **应用级容灾实现业务持续性（Business Continuity）**。在数据中心出现故障或系统长时间维护作业时，在云上快速恢复应用运行，缩短业务停机时间，极大减少损失。
- **数据级容灾**。在自有数据中心保存数据库、虚拟机镜像、物理机数据的副本，容灾功能将副本数据自动存储到公共云。在自由数据中心发生重大灾害时保障数据安全，同时提供高效的本地和云上的双重恢复。

利用混合云容灾服务的服务器整机复制能力，可以方便地将本地服务器迁移到阿里云 ECS，无须重构就可以完成应用轻松上云。

5. 混合云备份服务

混合云备份服务（Hybrid Backup Recovery，HBR）是一种高效、安全、低成本的全托管式云备份存储服务。可以使用混合云备份将企业数据中心的数据、分支机构数据，或云上资源备份到混合云备份的云上备份仓库，如图 11-19 所示。

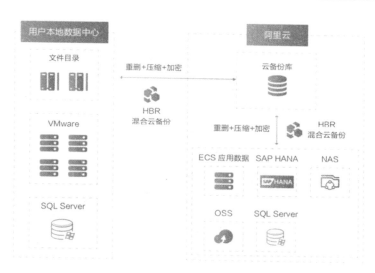

图 11-19　混合云备份服务

在本地数据中心部署 HBR 客户端后，用户可以通过专线、公网将指定需要备份的本地文件、NAS 文件、VMware 虚拟机，以及 SQL Server 数据库备份到阿里云的备份库中。同时，通过高等级加密及高效的重删压缩技术，确保数据传输的高效性和安全性。

11.2.3　混合云存储的关键特性

混合云存储的技术和公共云存储的技术类似，最大的差别是公共云采用开发运维（DevOps）一体化模式。因此为提高混合云的开发、运维效率，以及提高混合云存储稳定性，需要将混合云存储的运维数据和公共云打通，保证在公共云上能够访问混合云存储的运维数据，从而让混合云享受公共云的智能运维能力。

只需要上传混合云存储的运维数据，就可以保证业务数据安全性，并且可以针对运维数据开通审计功能，确保所有的运维数据访问都能被跟踪。

11.3　移动网络 5G 存储

11.3.1　移动网络 5G 介绍

5G 是第 5 代无线技术通信技术，其相对于 4G 而言，最核心的技术指标聚焦在高速率、低延时和大连接 3 个主要应用场景方向上，而这 3 个方向的落地各不相同，如图 11-20 所示。

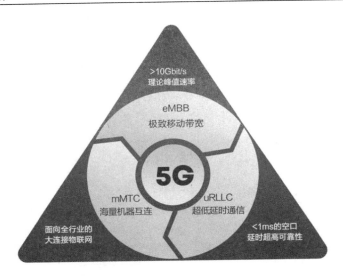

图 11-20　5G 技术简述

- **高速率**。在网络空载单点测试的实验环境下，5G 的无线下载速率可达 2000Mbit/s～4000Mbit/s，在真实现网中测试，5G 下载速率为 300Mbit/s～600Mbit/s，为 4G 下载速率的 2～4 倍。5G 类似 4G，均有速率叠加技术不断进行速率升级，因此 5G 的下载速率还可以更快，这完全取决于业务场景需求和运营商成本投入。
- **低延时**。5G 提供超高可靠性、超低延时通信，请求响应时间可低于 1ms，主要面向车联网、工业控制等对延时和可靠性具有高要求的垂直行业。对于 5G 标准的制定，工业界厂家均参与其中，提出在运动控制、设备互联、可移动生产设备、AR 等诸多应用场景的需求。
- **大连接**。5G 也针对未来物联网海量功耗低、带宽低、成本低和延时要求不高的场景所设计，为它们提供大量终端设备的连接。在实际商用中，国内 NB-IoT 场景平均每个基站仅接入数百个终端，利用率过低。而 5G 设计每平方千米可实现 100 万个终端的大容量接入，目前来看技术超前市场发展。

鉴于 5G 提供的高速率、低延时和大连接能力，按照现有端设备直接和公共云互联方式会出现骨干网带宽不足以支撑的问题，由此增加边缘计算（Edge Computing）层，在前端服务 5G 设备的计算和数据存储，特别是要在边缘（Edge）部署存储并保证和中心的体验一致。5G 的"端—边—云"架构如图 11-21 所示。

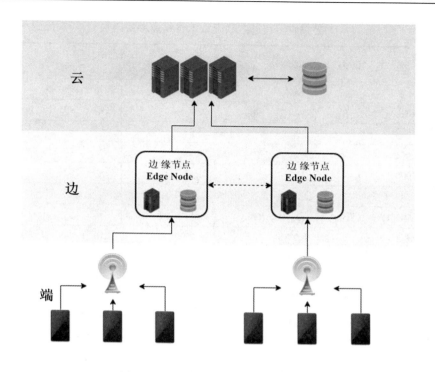

图 11-21　5G 的"端—边—云"架构

11.3.2　中心存储

中心存储可以复用现有公共云存储服务，它的核心是提供高可靠性、高可用性、海量扩展和易使用的特性。同时，需要将公共云存储前置到边缘，特别是服务于互联网的对象存储，它非常适合 5G 设备的访问，因此要保证中心公共云对象存储和边缘侧对象存储的联动。

11.3.3　边存储

边存储前置于靠近 5G 设备的区域，所以边存储部署的地点会非常多，但是每个地点的数据量却不大，因此需要做好存储小型化的设计，以及大量边存储部署地点的管理和运维。

11.3.4　端访问

端设备从移动互联网的 2G、3G、4G 逐步发展到 5G，传输速率也不断提升，如表 11-2所示，不同的传输速率会影响端访问的设计，如 2G 弱网时的传输就需要特别关注。

表 11-2　移动互联网技术传输速率对比

	技 术 点	上传速率（bit/s）	下载速率（bit/s）	备　注
1G	无数据传输	N/A	N/A	发明于 1980 年
2G	GSM、EGSM	2.7K	9.6K	发明于 1995 年，短信
2.5G	GPRS	42.8K	85.6K	
	Edge	45K	90K	
3G	CDMA2000（电信）	1.8M	3.1M	发明于 2003 年，图片、语音
	TD-SCDMA（移动）	384K	2.8M	
	WCDMA/HSPA（联通）	1.8M/5.76M	2.4M/7.2M	
4G	电信、移动、联通	50M	0~150M	发明于 2009 年，视频
5G	Wi-Fi（理论带宽）	600M	1G~20G	

端设备通过移动互联网访问对象存储，需要结合网络传输速率设计传输包大小和超时。假设网络上传速率为 u，下载速率为 d，应用超时为 t，则有如下公式。

若上传数据包大小为 P，则 $P=u \times t$。

若下载数据包大小为 G，则 $G=d \times t$。

- 2.5G 网络 GPRS 技术的上传速率 u 为 42.8Kbit/s、下载速率 d 为 85.6Kbit/s，为优化应用体验设置超时为 1s，那么上传数据包大小 P 为 5.35 KB，下载数据包大小 G 为 10.7KB。
- 3G 网络 WCDMA 技术的上传速率 u 为 1.8Mbit/s、下载速率 d 为 2.4Mbit/s，为优化应用体验设置超时为 1s，那么上传数据包大小 P 为 230 KB，下载数据包大小 G 为 300KB。
- 4G 网络技术的上传速率 u 为 50Mbit/s，下载速率 d 为 100Mbit/s，为优化应用体验设置超时为 1s，那么上传数据包大小 P 为 6.25MB，下载数据包大小 G 为 12.5MB。
- 5G 网络技术的上传速率 u 为 600Mbit/s，下载速率 d 为 1Gbit/s，为优化应用体验设置超时为 1s，那么上传数据包大小 P 为 75MB，下载数据包大小 G 为 125MB。

上述理论计算提供了不同移动互联网技术时推荐的数据包大小，但使用时还应结合实际带宽调整。同时，除上下行速率外，还要关注上下行丢包率、上下行延迟、最大传输单元（Maximum Transmission Unit，MTU）、DNS 延迟、连接稳定性等指标。

11.3.5　5G 存储的关键特性

5G 领域由于高速率、低时延和大连接的革新，要求中心存储前移到边并实现为边存储，同时要保证小规模部署、海量部署地点管理运维、中心和边的一致性设计。

同时 5G 的端设备需要针对高速带宽合理设计传输包大小和延迟，从而为端设备上的应用提供更好的用户体验。

11.4　人工智能存储

11.4.1　人工智能介绍

人工智能（Artificial Intelligence，AI）是由机器提供的智能，而不是人类或动物提供的自然智能（Natural Intelligence），教科书描述为机器设备认知（Perceives）环境并采取行动以达到其目标，从而人工智能常用于描述机器模仿（Mimic）人类的认知（Cognitive）功能，如学习和解决问题。业界典型的人工智能实践，就是语音识别、语音合成、视觉图像识别、语言处理等。

11.4.2　人工智能存储架构

目前广泛应用的人工智能处理集中在视频、图片、语音、语言处理等，它们都先需要保存大量的文件，然后进行数据处理，最后将数据处理结果持久化存储以便于未来使用。

阿里云智能媒体管理（Intelligent Media Management，IMM）针对不同行业的业务场景封装整合完整的人工智能处理能力，提供文档的格式转换及预览、图片的内容识别、人脸检测、二维码检测、人脸搜索等功能，适合媒资管理、智能网盘、社交应用等开发者使用。智能媒体管理可以结合对象存储 OSS、表格存储 TableStore 为文档管理、图片社交分析等领域提供实用的场景化一站式解决方案。智能媒体管理产品数据存储处理架构如图 11-22 所示。

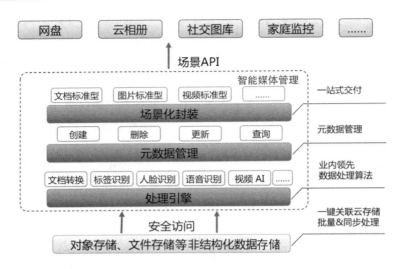

图 11-22　智能媒体管理产品数据存储处理架构

智能媒体管理采用分层架构进行设计，包含处理引擎、元数据管理、场景化封装三层，且存在依赖的上下模块。

- 对下依赖对象存储、文件存储等阿里云存储服务，通过安全的机制访问阿里云存储中的非结构化数据（如图片、视频），提取有价值的信息。
- 对上基于场景理解进行封装，支撑网盘、云相册、社交图库、家庭监控等图片和视频应用场景，为应用提供新的价值。

基于阿里云存储提供就近构建计算框架，可以支持批量异步处理、准实时同步处理，一键关联阿里云存储（如指定 OSS 桶的目录前缀、指定 OSS 桶的某个对象）后，实现快速的自动数据处理。例如，标签场景检测 DetectImageTags 就会检测指定图片中的标签信息，并以 JSON 格式返回。

DetectImageTags 请求 API 的示例如下。

```
POST https://imm.cn-shanghai.aliyuncs.com
?Action=DetectImageTags
&Project=test-project
&ImageUri=oss://imm-test/testcases/cat.jpg                //检测的图片地址
...
```

DetectImageTags 请求 API 成功返回 JSON 结果，其示例如下。

```
{
  "Tags": [
```

```
{
    "TagConfidence": 0.9864643812179565,
    "TagLevel": 1,
    "TagName": "动物"
  },
  {
    "TagConfidence": 0.9864643812179565,
    "TagLevel": 2,
    "ParentTagName": "动物",
    "TagName": "宠物"
  },
  {
    "TagConfidence": 0.9864643812179565,
    "TagLevel": 3,
    "ParentTagName": "宠物",
    "TagName": "猫"
  },
  {
    "TagConfidence": 0.5677459836006165,
    "TagLevel": 4,
    "ParentTagName": "猫",
    "TagName": "狸花猫"
  }
  ],
  "RequestId": "BB73FB6F-B482-46A8-BD30-76F861F20423",
  "ImageUri": "oss://imm-test/testcases/cat.jpg"
}
```

11.4.3　人工智能存储的关键特性

目前人工智能应用主要在图片、视频、语音，它们都是大文件，而且训练时需要大规模的并发访问提高效率，因此人工智能场景需要存储提供以下关键能力。

- **高带宽处理能力**。支撑海量图片、视频、语音的大文件访问。
- **高并发处理能力**。人工智能训练场景会并发访问大量文件，从而需要高并发来支撑。
- **元数据管理能力**。人工智能针对指定对象的处理结果，通常会保存为 JSON 格式，通过内置的元数据管理功能，并和原对象关联，使用方便，无须每次使用都进行数据处理。

11.5　存储新技术趋势

11.5.1　新技术趋势

存储作为基础设施产品，其底层的计算、网络、存储技术演进将影响存储系统的设计，因此需要关注相关领域的新趋势。

- 计算密度越来越高。2020 年，ARM Neoverse N1 Platform 宣布单芯片支持 128 个核。2019 年，Intel 公司发布的企业级 Cascade Lake 芯片支持 4～56 核。
- 网络带宽迅速提升。2010 年左右，业界发布 100Gbit/s 网络。2016 年，业界著名网络供应商发布 200Gbit/s 和 400Gbit/s 网络，根据 2020 年 Ethernet Alliance 的目标，2023 年将发布 800Gbit/s 技术，2025 年将发布 1.6Tbit/s 技术。
- 存储密度提高，性能降低。不管是 HDD 的叠瓦磁记录（Shingled Magnetic Recording，SMR）技术，还是 SSD 的 3D QLC 技术，都让盘的容量大幅提升，但是单 TB 的性能也极速下降。2018 年，HGST 发布 14TB 的 SMR 盘，但性能和 10TB 盘几乎没有区别，而每 TB 的性能则下降约 40%。

从上述分析可知，计算和网络性能持续提升，而存储每 TB 的性能则持续下降，从而出现技术趋势上的矛盾。该矛盾影响数据中心设计，特别是服务器设计，需要保证计算、网络、存储的平衡，不能让单服务器盘数过多而出现爆炸半径过大问题。

11.5.2　硬盘技术

如图 11-23 所示，磁头技术从垂直磁记录（Perpendicular Magnetic Recording，PMR）发展到热辅助磁记录（Heat-Assisted Magnetic Recording，HAMR），磁盘介质记录技术则有二维磁记录（Two Dimensional Magnetic Recording，TDMR）和叠瓦磁记录，以下是详细描述信息。

- 垂直磁记录，也称为常规磁记录（**Conventional Magnetic Recording，CMR**）。使用旧的平行读/写技术，磁性记录颗粒的磁化方向与盘片平行，当颗粒尺寸不断降低来提升密度时，室温情况颗粒会对随机热运动更敏感，失去稳定性，导致位翻转。为解决该问题，垂直磁记录技术将磁性记录颗粒的磁化方向垂直于碟片，磁头能产生两倍于平行读/写技术所能产生磁场。更大的写入磁场，允许更好的材料来做磁记录介质，从而使碟片存储密度可以在一定程度内得到提高。

- **热辅助磁记录**。磁头使用镭射热加热高度稳定媒体，以辅助磁性录写数据技术。热辅助磁记录需要像铂铁合金这样高度稳定的磁性复合材料，它们可以在极小的面积内储存单个字节而不再受限于超顺磁性，从而提高存储密度。

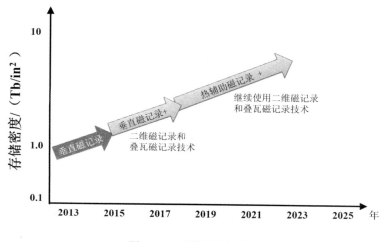

图 11-23　硬盘技术演进

- **二维磁记录**。通过采用多个回读磁头同时访问多个数据磁道，提高数据存储密度。
- **叠瓦磁记录**。记录数据时可以让磁盘上的磁道层叠起来，就像屋顶的瓦片那样层层叠加，从而提高磁盘存储密度。

基于上述的硬盘技术，估计 2023 年热辅助磁记录技术的硬盘可以达到单盘 40TB 的容量，比现有的 14TB 接近 3 倍的存储容量提升。连接硬盘的串行连接 SCSI 接口（Serial Attached SCSI，SAS）协议，从 3.0 版本的 12Gbit/s 提升到 4.0 版本的 22.5Gbit/s，所以支持 SAS 4.0 的接口卡可以连接比 SAS 3.0 接口卡多 2 倍的硬盘。由此可见，随着 SAS 协议的发展、硬盘技术的演进，单个 SAS 接口卡有能力管理 6 倍的存储容量（SAS 4.0 的 2 倍带宽提升，以及硬盘容量 3 倍提升），因此需要重新考虑服务器设计来保证分布式系统计算、网络、存储的平衡。

11.5.3　固态硬盘新技术

固态硬盘（Solid-State Drive，SSD）是以闪存（NAND Flash）作为永久性存储器的计算机存储设备，其存储介质有以下技术。

- SLC（Single-Level Cell），每个存储 Cell 为 1bit。
- MLC（Multi-Level Cell），每个存储 Cell 为 2bit。
- TLC（Triple-Level Cell），每个存储 Cell 为 3bit。

- QLC（Quad-Level Cell），每个存储 Cell 为 4bit。
- PLC（Penta-Level Cell），每个存储 Cell 为 5bit。

基于新技术的固态硬盘，可以做到单盘 60TB～100TB。同时，数据中心的固态硬盘采用 SATA、PCI-E（PCI Express）、mSATA 等接口，而基于 PCI-E 的非易失性内存主机控制器接口规范（NVM Express，NVMe）技术将成为主流。随着 PCI-E 技术发展，PCIe 3.0 在 X16 时带宽为 126Gbit/s，PCIe 4.0 在 X16 时带宽为 252Gbit/s。由此可见，随着 PCI-E 的带宽提升，可以连接更多的固态硬盘，使固态硬盘容量飞速提升，因此设计固态盘存储系统时需要考虑系统均衡。

11.5.4　内存新技术

除了硬盘和固态硬盘的技术发展，内存也出现掉电不丢失的新技术。Intel 公司发布的 Optane persistent memory 技术，提供单条持久化内存容量为 128GB～512GB，将普通 128GB 内存容量提升 4 倍，而且系统掉电后数据不丢失。内存接口也从 DDR4 演进到 DDR5，最大传输速率从 3.2Gbit/s 提升到 6.4Gbit/s。由此可见，DDR 速率的 2 倍提升和持久内存（AEP）的 4 倍容量提升并未按比例提升。

11.5.5　新技术影响存储

通过对存储相关新技术的分析，可以发现，"计算算力的大力提升、网络带宽的飞速发展，和存储每 TB 的性能降低相比，出现趋势上的矛盾"。因此，新技术趋势极大地影响存储系统的设计，必须在服务器形态设计上找到均衡。

11.6　小结

通过对数据湖、混合云、移动网络 5G、人工智能的场景分析，提取新场景带来的存储核心需求。数据湖存储要求海量扩展、安全管理、高带宽，支持 HDFS 替换；混合云存储需要云上、云下一体化体验，小型化部署，智能运维；移动网络 5G 存储要实现"端—边—中心"联动，以及设备端在高速网络下的传输设计；人工智能存储非常强调高带宽、高并发，以及支持元数据管理功能。

同时，从计算、网络、存储的技术趋势分析，特别是从 HDD、SSD、持久化内存（AEP）的技术趋势分析，提出存储核心挑战，计算算力的大力提升、网络带宽的飞速发展，和存储每 TB 的性能降低相比，出现趋势上的矛盾，必须要做好计算、网络、存储的均衡设计。

新场景、新趋势、新技术小结如图 11-24 所示。

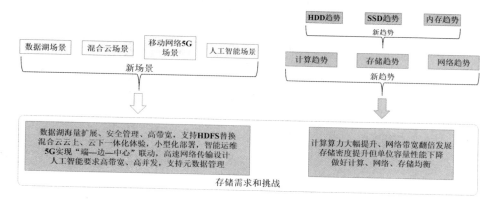

图 11-24　新场景、新趋势、新技术小结

探寻阿里二十年技术长征
呈现超一流互联网企业的技术变革与创新

Alibaba Group 阿里巴巴集团 | 技术丛书 **阿里巴巴官方出品，技术普惠精品力作**

电子工业出版社.
PUBLISHING HOUSE OF ELECTRONICS INDUSTRY
http://www.phei.com.cn

反侵权盗版声明